KB104838

이이화의 ── 동학농민혁명사

2

이이화의 ── 동학농민혁명사

2 침략에 맞서
들불처럼 타오르다

교유서가

일러두기

· 일부 인명과 지명, 책명은 외래어표기법을 따르지 않고 통상적 표기에 따랐다.

· 역사를 이야기하기 위한 근현대사 인물에는 존칭을 붙이지 않았다.

· 근현대사 인물의 직함이나 소속은 당시를 기준으로 삼았다.

· 객관적 사실을 서술한 부분에서는 저자를 3인칭화했다.

1장

경복궁 점령과
청일전쟁 도발

세계열강과 일본, 조선 침략을 호시탐탐 노리다

아시아 대륙의 동쪽 끝 섬나라에서 태양과 바다를 바라보며 살던 일본 민족은 오랫동안 한반도를 집어삼키려는 달콤한 꿈을 꾸고 있었다. 1868년 '메이지유신' 이후 날로 강해지던 일본에서는 어느덧 대륙 진출론과 정한론이 대두되었다. 정한론자들은 조선의 실정을 살피며 호시탐탐 침략의 기회를 노리고 있었다. 그러다가 1893년 보은집회와 원평집회가 열린 뒤 1894년 동학농민혁명 1차 봉기가 일어나고 전주성이 농민군에게 함락되자 드디어 때가 왔다고 판단하고 민활하게 움직였다.

일본 침략자들은 청나라가 조선에 원병을 보내자 그것을 빌미로 일본군을 한반도에 파병했다. 일본군은 경복궁을 점령하고 친일 개화 정권을 수립했으며 청일전쟁을 일으켰다. 일본군은 청일전쟁에서 승리를

〈**정한론논의도**〉 일본에서는 1868년 메이지유신 이후 조선을 정복하겠다는 정한론이 대두되었다(독립기념관).

거두었으나 러시아, 프랑스, 독일 등 삼국의 간섭을 받았다. 청일전쟁과 일본의 승리를 계기로 동아시아 국제질서가 개편되었다.

이를 지켜보던 동학농민군은 집강소 활동을 전개하면서 2차 봉기를 준비했다. 일본 정부는 그야말로 물실호기(勿失好機)라 여기고 조선을 집어삼키려는 작전을 치밀하게 펼쳤다. 이렇게 해서 일본 제국주의자들은 타이완과 조선을 식민지로 만드는 실마리를 열어 동아시아와 세계의 평화를 짓밟는 침략자가 되었다.

서양 세력이 동쪽으로 침투하던 19세기 후반, 한반도는 열강의 각축장이 되어 유럽의 발칸반도와 같은 분쟁 지역이라는 비유마저 생겼다. 조선은 더이상 극동의 은둔자가 아니라 국제사회에 알몸을 드러낸 갓난아이와도 같았다. 이제 너도나도 이 땅을 넘보며 집적거렸다.

조선에서 벌어진 열강의 패권 다툼은 초기에는 청나라와 일본을 중심으로 전개되었다. 1882년 임오군란이 일어나자 개항 이후 일본에게 기선을 제압당한 청나라가 먼저 신속하게 움직였다. 여흥 민씨 문벌 세력과 결탁했던 위안스카이는 군란의 막후 인물인 흥선대원군을 납치해 톈진(天津)에 유폐하고 조선 조정을 장악했다. 또 1884년 갑신정변이 일어났을 때는 개화파와 끈이 닿았던 일본군을 몰아내어 조선에서의 주도권을 놓치지 않았다.

청나라 입장에서 조선은 번속국(藩屬國, 변경에 있는 속국)이었기에 외교는 물론 내정까지 간섭한다는 정책을 펴고 있었다. 그러나 일본은 '조선은 독립국이므로 청나라의 간섭을 배제해야 한다'는 논리와 함께 '열강은 청나라나 일본의 간섭을 배제하고 조선을 중립국화해야 한다'는 주장을 내세웠다. 일본은 조선에 대한 자신들의 정치적·군사적·경제적 개입을 강화하려는 속셈이었고 러시아, 영국 등 제국주의 열강은 조선에서 이권을 차지하려면 청나라나 일본의 기득권을 부정해야 한다는 계산이었다.

일본은 조선 정복의 실현을 위해 조선의 정치 동향, 민중의 동태 등 정세를 분석했고 이권 확보와 상인 및 거류민의 안전을 당면 과제로 끊임없이 내세웠다. 동학농민혁명의 진행과정을 담은 『갑오조선내란시말(甲午朝鮮內亂始末)』은 다음과 같은 논지를 폈다.

조선은 독립국이라고는 하나 실제로는 단지 오늘날 한 가닥 명맥만이 겨우 이어지거나 없어지는 사이를 맴돌고 있다. 무슨 연유든 실로 조선은 동양의 발칸반도와 같다. 사방의 이웃이 손톱과 이를 갈면서 그 고기를 살핀 지가 오래되었지만, 또 어찌하지도 않았다. …… 이 나라의 내부 모습을 관찰하니 여러 종류의 숨은 '불평당'의 세력이 지금은 점차 그 걸음을 내디뎌 조정의 기강이 흔들리는 기회를 틈타 혁명을 간절히 바라고, 나아가 여러 곳에서 봉기하여 안으로는 간사한 자를 배척하여 충량(忠良)에 힘쓰고, 밖으로는 척왜(斥倭)·척양(斥洋)의 주의를 실행해야 한다는 것을 명분으로 삼고 오직 지방 토민의 환심을 사는 데 힘을 쏟고 있다. 켜켜이 쌓인 적폐 때문에 계속 조정을 싫어하는 토민들은 다투어 이에 호응하여 그 세력이 대단히 창궐하다.

이는 조선에 동학농민군 봉기가 일어나자 그 과정을 상세히 분석하고 수변 성세를 파악한 문서다. 여기서 말하는 '불평당'은 동학교도와 농민 세력이었다. 조선 내정의 위기 상황은 곧 일본의 역할이 증대되는 것을 의미하기도 했다. 이어 청나라, 영국과는 달리 일본의 역할을 은근히 강조하고 있다. 이 글을 써서 일본 정부에 건의한 자는 필명이 '함남일인(函南逸人)'으로 전해지는데, 정책 참모의 한 사람으로 여겨진다. 한편, 『오사카아사히신문(大阪朝日新聞)』에 게재된 "조선과 인근 나라"의 내용은 다음과 같다.

마침내 조선에 난이 일어났다. 관군은 이를 평정할 수 없어 원군을 청나라에 청했다. 청나라 원군은 이미 인천에 들어왔고 우리나라(일본)도 병사를 파견하여 제국 공서(公署)와 신민을 보호하려고 한다. 양국은 이미 행문지조(行文知照, 문서로 서로 알림)를 거쳤다. …… 서구의 야망은 조금이라도 그 틈이 보이면 남하의 뜻이 있다. 날카로운 손톱을 움직이면 무기가 되므로 조선은 실로 그 먹이가 된다. 조선이 망하면 청나라가 어렵게 되며 그렇기 때문에 청나라가 이를 비호하려는 뜻이 있다. 조선은 굽혀 청나라에 속할 것이다. 조선은 우리와는 입술과 이 같은 사이다. 어찌 다른 탄식소리를 용납하겠는가? 조선은 작다고는 하지만 그 관계성을 볼 때 매우 크다.

— 『오사카아사히신문』, 1894년 6월 10일

여기서는 조선과 일본의 특수관계를 말하고, 또 러시아를 청나라보다 더 무서운 침략 세력으로 규정했다. 또 열강이 조선에 접근한 실상을 전하면서 위기감을 고조시켰다. 곧 인천항에 중국, 미국, 영국, 러시아 군함이 정박했다는 사실을 전하면서 "동양의 대국을 유지하는 것은 이러하다"라는 제목으로 "오늘에 있는 조선의 독립을 붙들어주는 것은 과연 누가 맡을 것인가? 청나라에 대항하여 동양의 대국을 유지하는 것도 과연 우리의 일인가?"라고 물었다.

— 『오사카아사히신문』, 1894년 6월 13일

이제 청나라와 일본 두 나라가 패권을 다투면서 서두른 조선 출병의 배경과 각국의 명분을 살펴보자. 갑신정변 시기 청나라군이 일본군과 충돌하면서 일본 군인의 사상, 일본공사관의 피해 등이 일어났다. 그 뒤 일본은 갑신정변의 배상 문제를 들고나왔다. 일본은 청나라에 전면전쟁을 불사한다고 압박했으나 청나라는 복잡한 내정 문제와 열강과의 대치중에 전면전을 수행할 여력이 없었다. 그리하여 북양대신 이홍장은 울며 겨자 먹기로 일본 총리대신 이토 히로부미(伊藤博文)에게 굴복해 배상금을 지불한다는 합의를 했다.

1885년에 체결한 톈진조약은 표면적으로는 청나라와 일본 사이에 맺은 조약이지만 사실은 조선에 대한 패권 다툼을 위한 발판이었다. 톈진조약 중 3조에는 "조선에 변란이 일어나 출병할 때는 한쪽 나라가 상대국에게 통지한다"는 내용이 포함되었다. 이는 예전처럼 청나라가 조선에 대해 지배적인 간섭을 하지 못하게 하려는 일본의 노림수였다.

그런데도 일본은 조선에서의 패권 경쟁에서 밀려났다. 하지만 일본은 이에 굴하지 않고 군사력 증강을 통해 호시탐탐 반전의 기회를 노렸다. 1892년에서 1893년 사이 마침내 조선에서 사건이 일어났다. 동학교도가 공주와 삼례에서 집회를 열고 광화문에서 교조 신원을 위한 복합상소를 벌였다. 이어 척양척왜를 주장하며 서울 외국공사관에 방문을 붙이기도 했고 보은과 원평에서 대규모 집회를 갖기도 했다.

이 시기 일본 내각과 외무성에서는 일본공사관과 거류민 보호를 명분으로 출병을 논의했다. 일본 육군과 해군은 '이 좋은 기회를 놓칠쏘냐'

하며 흥분해서 구체적인 작전을 세웠다. 일본공사관에서는 다음과 같은 의견을 외무대신 무쓰 무네미쓰(陸奧宗光)에게 전했다.

> 만약 그들(동학당)이 일단 막다른 수단을 동원한다면 조선 조정의 능력으로는 도저히 동학당을 진압하기 어렵습니다. 그러므로 재류 외국인을 보호할 수 있는지는 경험에 비추어 오히려 어려울 것입니다. 현재 경성에 체류중인 일본인은 700여 명으로 대부분 당장이라도 참화를 만날 우려가 있습니다. …… 동학당이 재류 외국인을 몰아내겠다는 것은 자신들의 목적을 관철시키기 위한 수단에 불과하며 이를 실제로 결행할 용기는 아마 갖고 있지 않을 것입니다. 만일에 하나라도 사건이 발생하여 보호하지 못해 후회하는 일이 없도록 조치할 필요가 있다고 봅니다.
>
> —『일본외무성외교사료관소장문서』, 1893년 4월 10일

이 글에서는 조선군이 동학당을 진압할 수 없는 상태임을 말하고 미리 군함을 증파해 대비해야 한다고 주장했다. 이때의 출병은 표면적으로는 단순히 공사관 또는 거류민 보호만을 내세우고 있다. 동학농민군 집결에 대해 미리 신속하게 대응했지만 실제로는 보은과 원평 두 집회가 무력으로 번지지 않고 해산된 탓에 이 계획은 중지되었다.

조선 출병의 구실

1894년 봄, 마침내 동학농민혁명 1차 봉기가 고부와 무장을 중심으로 전개되자 일본 정보원들은 현지에 침투해 실제 상황을 민첩하게 보고했다. 이 정보들은 서울에 주재하는 일본공사관으로 빠르게 전달되었고 이어 일본 내각과 군 첩보기관에 이첩되어 신속한 대책 수립을 마련할 수 있게 했다.

> 이번 조선의 내란은 지금까지 각지에서 봉기한 것과 달리 군기도 정비되어 있는 모습이다. 현재의 조선 관군으로는 도저히 진압하기 어렵다. 계속 패배하면 난민은 더욱이 세력을 증가하여 그들의 목적인 국왕측의 간신, 즉 민씨 일가를 소멸하고 서양 세력과 일본 세력의 축출을 실제로 이룰지도 모른다. …… 이런 사정을 보면 육군을 파견하지 않을 수 없을 것이다.
>
> ─『일본외무성외교사료관소징문서』, 1894년 5월 23일

이때 일본공사 오토리 게이스케(大鳥圭介)가 현안 문제를 논의하기 위해 서둘러 귀국했다. 그는 개성, 김해 등 곳곳에서 일본 거류민이 공격당한다는 사실을 말하고 조선의 위급한 형세를 보고했다.

> 이번에 조선국 남부 지방에서 발생한 갑작스러운 민란의 형세 변화는 앞으로 일에 따라 중요하지만 앞날을 헤아리기 어렵습니다. 불평

당 무리들이 이곳 경성에서 폭발하는 일이 없을 것이라고 보장할 수 없으며, 또는 대원군으로 하여금 궐기하게 할 경우도 있을지 모릅니다. 조선 조정에서도 이미 이 같은 우려를 하고 있습니다. 이런 사건이 폭발하면 이곳 경성의 일은 토붕와해(土崩瓦解)의 상황이 나타날 것이며, 이런 경우 당연히 경성에 있는 일본인 보호를 조선 조정에만 의존하는 것으로 만족할 수 없습니다. 사정이 절박해질 경우 즉시 인천에 정박한 제국 군함의 수병을 상륙시켜 입경하도록 하고자 합니다.

— 『일본외무성외교사료관소장문서』, 1894년 6월 3일

이처럼 여러 논의를 거친 끝에 마침내 일본 정부는 출병을 단행했다. 먼저 최고 통수기관으로 대본영(大本營)을 정비하고 육군과 해군이 정략(政略)과 전략을 협조해 처리하게 하고 본부를 히로시마에 두었다. 일본 정부는 청나라에서 파병을 알리자 기다렸다는 듯이 청나라 조정에 일본군 출병을 통고했다. 그리하여 6월 9일 육군 혼성여단은 일본군 대본영이 있는 히로시마의 우지나(宇品)항에서 대기하던 운송선을 타고 출발했다.

다시 살펴보면 일본은 출병 이유로 첫째, 거류민을 보호한다는 것 둘째, 조선이 독립국임을 인정하며 조선 독립을 위한다는 것 셋째, 조선 내정을 개혁한다는 것 넷째, 청나라의 패권을 견제하고 동양 평화를 위한다는 것을 내세웠다.

하지만 일본의 출병조건은 표면적으로 내세운 하나의 구실이었고 실제로는 말할 나위도 없이 조선의 침략 의도가 다분했다. 일본은 개항 이후 두번째로 조선 진출의 기회를 잡은 것이다. 일본의 위정자와 군벌은 온통 환희와 흥분의 도가니에 빠졌다. 일본 언론은 이런 여론에 편승해 전쟁을 독려했다.

> 조선의 사변은 내란일 뿐이다. 폭민이 함부로 날뛰는 것에만 초점을 두어 웅방정예(雄邦精銳)의 병사로 응한다면 마른 초목이 부러지는 것과 같이 될 것이다. …… 청나라의 조정이 많은 병력을 보내어 국경에 들어온 그 뜻이 어찌 동학당의 진압을 위해서만 그치겠는가? 오합지졸의 폭도를 정벌하는 데는 한두 개의 대대로 충분할 것이다. 대군으로 진압하는 것은 오히려 소를 잡는 칼로 닭을 베는 것과 같지 않은가? 이홍장의 지혜가 졸렬하지 않아 청나라 조정의 뜻은 이번 기회에 편승하여 크게 원하는 것을 얻는 데 있다. 그러니 조선의 큰 근심은 동학당에 있는 것이 아니라 다른 곳에 있나니 그 독립이 실로 위험에 처해 있다. 이른바 존망의 갈림길이 오늘날에 있다.
>
> ─"동아문제", 『오사카아사히신문』, 1894년 6월 9일

일본과 청나라 모두 조선 내란의 진압이 목적이 아니라 다른 의도가 있음을 정확히 꿰뚫고 있었다. 동학농민군은 군사적으로 일본군의 맞수

가 되지 않았지만 나약한 조선 조정은 그런 농민군조차 감당할 수 없었다. 총리대신 이토 히로부미는 요리조리 잔머리를 굴리다가 정세와 여론을 살피고 결단을 내렸던 것이다.

일본 육군 혼성여단 병력은 대포와 장비를 가득 실은 군함과 수송선을 타고 현해탄을 넘어 조선으로 향했다. 이 일의 주역은 수상인 이토 히로부미와 외상인 무쓰 무네미쓰, 일본공사 오토리 게이스케 등 세 명이며 후임 일본공사 이노우에 가오루(井上馨)도 한몫했다. 조선 침략의 선봉장이건만 일본에서는 지금도 영웅으로 추앙받는 자들이다.

이제 일본군이 조선에 진출한 구체적 과정을 살펴보자. 첫 단계에서 일본 해군의 기함(旗艦)인 송도함 등 30여 척의 함대는 대포와 어뢰정을 싣고 동쪽 항구를 출발했다. 일본 함대는 타이완 앞바다와 중국의 옌타이(烟臺), 웨이하이(威海) 등 황해 연안을 순찰하면서 청나라 해군의 동정을 살폈고 인천과 부산을 기지로 삼아 조선에 출몰하기도 했다.

한편, 일본은 조선왕조의 법궁인 경복궁 점령계획을 세우고 청나라를 도발하는 전쟁 음모를 꾸미면서도 국제관계에 공을 들였다. 그리하여 서울에 주재하던 영국과 미국, 러시아의 공사들에게 중립을 지켜줄 것을 약속받았다. 오토리 게이스케는 합법을 가장하기 위해 꾀를 하나 짰다. 강화도조약을 맺을 때 "조선국은 자주국이므로 일본국과는 평등한 권리를 갖는다"는 내용을 1관에 포함시켰다. 이를 구실로 삼아 조선 조정에게 조선은 독립국이니 청나라에 파병 요청을 하지 말라고 압박한 것이다. 이는 말할 나위도 없이 전쟁 명분을 만들려는 공작에 지나지 않았다. 이에 대해 일본 역사학자 나카쓰카 아키라(中塚明)는 일본의 태도에 대해 다음과 같이 설명한다.

> "지금 청조의 군대가 '속방 보호'라는 이유로 주둔하는 것은 조약 위반이다. 조선은 청국의 속국인가, 독립국인가? 독립국이라면 청국군을 국외로 몰아내야 하며, 조선이 그럴 힘이 없다면 일본군이 대신해서 몰아낼 것이므로 조선 정부는 일본에게 '청군 구축'을 의뢰하는 공식문서를 보내라"며 조선 정부를 압박하였다.
>
> ─『1894년, 경복궁을 점령하라!』

무능하고 무력한 조선 조정이라 할지라도 이를 받아들일 리 없었다. 거듭 말하면 이는 앞으로 조선에서 불법 무도한 짓을 벌이면서도 국제법적으로 불필요한 분쟁을 일으키지 않으려고 꾀를 낸 것이었다.

이어 1894년 5월 24일(양력 6월 27일), 일본군 대본영의 참모총장 아리스가와노미야 다루히토(有栖川宮 熾仁親王)는 부산에서 서울까지 전선을 가설하라는 명령을 내렸다. 아주 먼 거리여서 어려운 작업이었지만 전쟁을 수행하는 데 필수적인 설비였다. 그 명령에 따라 전선가설대 제1대는 부산에서 청주까지, 제2대는 서울에서 청주까지 전선을 신속하게 가설했다. 남의 나라에 자기네 전쟁에 필요한 설비를 멋대로 설치한 것이다.

이때 가설을 맡은 일본군 공병은 불법으로 현지에서 인부를 동원하거나 전신주로 쓸 나무를 산에서 마구잡이로 베어오기도 했으며 논, 밭 등 사유지에 함부로 전신주를 세우기도 했다. 현지 수령들은 손을 놓고 멀거니 바라만 보았고 백성들은 겁을 먹고 항의하지 못했다.

이어 5월 26일(양력 6월 29일)에는 히로시마 대본영에서 아리스가 와노미야 다루히토의 이름으로 혼성여단장 오시마 요시마사(大島義昌) 육군 소장에게 다음과 같은 훈령을 내렸다.

> 군을 지휘하는 데 필요한 물자가 충분하지 않다고 하더라도 그것에 따르는 번루물의 수반을 줄이는 것이 가장 중요하다. 번루물(煩累物)이란 무엇인가? 적을 죽이는 힘을 갖지 못한 비전투원을 이르는 것으로 그들을 줄이지 않으면 조직적인 군대 행동을 마음대로 할 수 없을 뿐 아니라 또한 그들을 보호하지 않으면 안 된다. 군수품을 운반하는 인부와 같은 비전투원은 애써 그 지방 인민을 고용하여 수송 병력을 줄여야 한다. …… 진군 또는 주둔 지방의 인민을 징발 또는 고용하여 우리의 임시 잡무에 이바지하도록 해야 할 것이다. 원래 적지 또는 외국의 임금은 처음부터 국내보다 비쌀 것이다. 그렇기는 하지만 번루물이 줄어든다는 측면에서 생각하면 그 이익은 일일이 말할 수 없다.

이처럼 일본에서 인부를 조달하면 경비가 많이 든다는 사실을 지적하고 필요 인력을 현지에서 구하라고 지시했다. 또 혼성여단 8000여 명

인천에 상륙한 일본군 1894년 청나라군이 조선에 출병하자 일본군은 인천을 통해 조선에 들어왔다.

에게 공급할 양식과 군부(軍夫), 군마(軍馬) 등도 현지에서 마련하라고 지시했다. 그리하여 일본군은 인력과 물자를 조선에서 강제로 압수 징발하는 계획을 세웠다. 이런 과정을 거쳐 일본 육군과 해군은 6월 말경 선발대 500여 명이 인천에 상륙한 것을 시발로 4000여 명이 넘는 병력이 조선에 들어왔다.

일본군 혼성여단 일부는 인천, 일부는 부산에서 출발해 서울을 향해 거침없이 행군했다. 전주화약을 맺은 뒤 조선 조정은 일본군의 철수를 연달아 요구했지만 일본군은 이를 받아들일 리 없었다. 친청 민씨 정권 대신 친일 개화 정권을 수립할 음모를 꾸미던 일본은 청일 공동 철병을 주장하면서 맞섰다. 일본은 '조선 조정은 난민을 평정하지 못하면서 이웃 나라를 번거롭게 했으니 우리 일본은 청나라 조정과 협의해 내정 개혁을 조선 조정에 권고할 것'을 명분으로 내세웠다.

이제 일본군 혼성여단은 대본영의 방침에 따라 용산에 막영지(幕營地)를 정하고 머물면서 작전계획을 세웠다. 막영지에는 일장기와 욱일기가 더운 여름 바람에 기세 좋게 펄럭였다. 그들은 일본공사 오토리 게이스케의 지휘 아래 점령군처럼 서울 외곽을 통제하고 대본영의 명령을 기다렸다. 오토리 게이스케는 일개 외교관이면서 군사령관 노릇을 하고 있었다.

일본 군인들의 사기는 매우 높았다. 육군과 해군의 사관학교 출신 장교들은 철저히 훈련받은 엘리트였다. 그들은 근대식 무기를 능숙하게 다루고 운용할 뿐 아니라 근대식 전술, 전략에도 능통했다. 게다가 일본의 군수공장에서 생산된 서양식 대포와 소총도 충분히 보유하고 있었다.

이쯤에서 청나라의 동선을 다시 살펴보자. 거듭 말하면 그들의 출병 명분은 겉으로는 '인천과 서울에 있는 청나라 상인을 보호한다'는 것이었지만 내부적으로는 '번속국을 보호한다'며 가당치도 않은 봉건적인 종주국 의무를 강조했다. 청나라군의 지휘부인 정여창(丁汝昌), 섭지초(葉志超), 섭사성(聶士成) 등은 일본에 앞서 1차로 애인호, 비경호, 고승호 등 세 척과 보조선을 이끌고 웨이하이에서 출발해 인천 앞바다를 거쳐 아산만에 정박했다. 애인호와 고승호는 전함이었으나 비경호는 무기, 말, 인부, 보급품 등을 실은 수송선이었다. 수송선에 탄 병력은 인부를 포함해 모두 2330여 명이었는데, 일본군 선발대보다도 훨씬 적은 수였다. 병력 일부는 아산만에서 육지인 성환에 상륙했다. 기세가 좋아 보였지만 차차 두고 볼 일이었다.

청나라군은 왜 서울로 진출하지 않고 한적한 아산만에 상륙해 육지로 올라왔을까? 그들은 자기네 거류민을 보호하러 왔다는 명분을 내세웠으나 실제로는 청나라 상인들이 많이 거주하는 곳으로 오지 않았다. 당시 남별궁 언저리, 곧 오늘날의 명동 입구와 북창동 일대에는 '차이나타운'이나 다름없이 청나라 상인들이 거주했고 인천에도 청나라 상인과 노동자 들이 많이 살았다. 그러므로 모든 면에서 일본군보다 열세인 청나라군은 전쟁을 벌이려는 뜻이 없어 일단 정면충돌을 피하려 한 것으로 보인다.

당시 인천항 월미도 앞에 정박한 군함 수는 청나라 군함 세 척, 일본 군함 여덟 척 외에 프랑스·러시아·미국·영국의 군함 각 한 척씩 모두 15척이었다. 일본 군함이 압도적으로 많았다. 당시 열강, 곧 영국·프랑스·미국·독일은 일본을 견제하고자 발해만 입구의 군항인 즈푸(芝罘, 지금의 옌타이)와 일본의 나가사키항에 정박하던 군함들을 인천으로 출동시켰던 것이다. 특히 러시아는 시베리아의 부동항인 블라디보스토크의 군함을 동해로 파견해 원산 앞바다를 순양하면서 상륙작전을 펼 듯이 위협했다. 이들 군함 출동의 구실은 모두 표면적으로는 거류민 보호였다.

이에 조정에서는 관례에 따라 이중하를 청나라군의 접반사(接伴使)겸 운량관(運糧官)으로 삼아 그들을 접대하게 하고 그 경비 책임도 지게 했다. 이때 양곡, 땔감, 고기류, 마소 등 운송수단과 잡비까지 조선측에서 조달했다. 청나라군은 때로 대접이 소홀하다거나 물품이 부족하다고 호통치기 일쑤였고 마을로 몰려가 노략질을 일삼기도 했다. 그들은 언제 죽을지 모르면서도 빼앗은 금붙이를 주머니에 쑤셔넣었다.

경복궁을 점령당하다

일본군은 대본영의 명령에 따라 혼성여단 육전대를 인천에 상륙시켜 서울에 진주하게 했다. 1894년 6월 21일, 일본군은 경복궁을 강점해 고종을 유폐하고 흥선대원군을 섭정으로 추대해 개화 정권을 출범시켰다. 남의 나라에서 이른바 불법적인 쿠데타를 단행한 것이다. 경복궁 점령의 구체적 목적과 과정은 다음과 같다.

> 조선의 국왕 고종을 사실상의 포로로 삼고 왕비 일족과 대립하던 대원군을 받들어 정권을 잡게 함으로써 조선 정부를 일본에 종속시켜 청나라 군대를 조선 밖으로 쫓아내기 위해 계획되었다. 즉 '개전 명분'을 손에 넣고 나아가 서울에 있는 조선 군대를 무장해제시킴으로써 일본군이 남쪽에서 청나라 군대와 싸우는 동안 서울의 안전을 확보하고 동시에 군수품 수송과 징발 등을 모두 조선 정부의 명령으로 시행하는 편리함을 얻는다는 목적 아래 계획된 것이다.
>
> ─『1894년, 경복궁을 점령하라!』

이 짧은 글은 사실을 정확히 알려주고 있다. 일본군 혼성여단장 오시마 요시마사는 오토리 게이스케 일본공사를 방문해 "모든 절차를 생략하고 곧바로 여단 병력을 진격시켜 이 거사를 맡게 해달라"고 제안해 허가를 받고 보병 21연대장인 다케다 히데야마(武田秀山) 중좌에게 구체적 작전계획을 세우라고 지시했다. 그 작전계획을 요약하면 다음과 같다.

먼저 여단사령부를 경성공사관으로 옮긴다. 본부는 용산에 남겨 그곳에 주둔한 여러 부대의 지휘를 맡긴다. 제1대대는 일본인 거류지 수비를 위해 화성대(왜성대)에 집합하여 종로까지 시가 쪽을 경계한다. 남대문과 서대문은 외부로부터 경성에 들어오는 모든 군대를 위해 문을 열 것. 파괴해도 괜찮다. 동대문과 동소문을 점령한다. 한 부대는 흥선대원군의 저택에 도착하여 대원군의 호위를 맡으며 한 중대는 서소문과 남대문을 점령한다. 보병과 공병은 왕궁으로 들어가 왕궁 수비를 맡고 광화문 앞 교통을 사단한다. 외인 보호를 위한 보병도 배치하고 왕궁의 동북 고지를 점령한다.

또한 각 대대에는 조선어 통역을 배치해 의사소통을 원활하게 했다. 3개 대대 병력을 중심으로 포병과 공병까지 동원했다. 개미 한 마리도 빠져나가지 못할 만큼 치밀한 작전이었다.

그리고 일본군에게 조선 병사가 발포할 때는 정당방위를 위해 응사할 것, 구미인(유럽인과 미국인)은 가능하면 아현산(인왕산을 뜻하는 듯함)으로 피하게 할 것, 되도록 총격전을 피하며 각국 공사관 방향으로 탄환이 날아가지 않도록 주의할 것 따위를 지시했다. 마지막으로 국왕의 신체가 상하지 않도록 주의하고 국왕이 미리 알고 몰래 빠져나가지 못하게 막는 일은 공사가 맡는다고 알렸다.

국제적 비난을 피하고자 주한 외교관을 보호하고 공사관의 피해를 막으라는 지시를 포함시켰고 만일의 불상사에 대비해 고종을 보호하라는 예방 조치 지령을 내렸다. 고종을 볼모로 잡는 일은 오토리 게이스케가 맡았다. 또 공병을 동원해 경복궁의 담과 문을 파괴할 폭약 설치를 맡겼다.

이 작전계획은 비밀리에 지휘부에만 전달되었다. 출동할 모든 부대는 거사 전날 밤에 집합해 무기와 장비를 갖추고 야영하며 대기했다.

한편, 우리 쪽 기록을 종합하면 다음과 같다. 일본군이 남산 중턱에 있는 왜성대(지금의 서울애니메이션센터 자리)에 포 여섯 문을 설치했다. 조일전쟁 당시 이곳에 일본군이 주둔한 적이 있어 이후 이름에 '왜'를 붙여 불렀다. 왜성대에서 북쪽을 바라보면 경복궁이 한눈에 보여 대포를 명중시킬 수 있었다. 일본군은 이어 서울 주변과 종로에도 대포를 설치하고 백성들을 위협했다.

일본군은 한강의 나루터를 장악하고 남대문 등 서울로 들어오는 모든 길에 병력을 배치해 백성들의 출입을 통제했다. 또 남쪽의 아산으로 통하는 길과 북쪽의 의주로 통하는 길로 진격할 준비를 서둘렀다. 그리고는 날마다 완전무장을 하고 서울 시가를 행진하면서 백성들에게 위압

감을 주었고 궁성문인 광화문 앞에서도 버젓이 군사 훈련을 했다.

한편, 조선의 방비 태세는 어떠했을까? 그동안 서울 경비를 맡은 장위영, 평양에 있던 기영, 남한산성 방어를 맡은 경리청 군사들은 전주 일대로 내려가서 동학농민군과 싸웠다. 그뒤 전주화약이 체결되자 서울로 올라와 수비를 맡았다. 장위영 군사들은 주로 광화문 수비를 맡았고 경리청과 기영 군사들은 궁궐 주변을 경비했다. 모두 합해야 1500여 명 정도였다. 말만 군사였을 뿐 군사들의 사기는 바닥으로 떨어져 있었으며 기율도 없었다. 그들은 일본군이 서울 시내에서 무단으로 활동하는데도 대응할 생각조차 하지 못하고 관망만 할 뿐이었다.

이를 지켜본 벼슬아치와 도성 안 백성들은 두려움에 떨었다. 종로 상가에는 문을 닫아걸고 철시한 가게도 있었고 북촌의 세도가들은 피란 짐을 꾸렸다. 더욱이 고종이 도피한다는 소문도 파다하게 퍼졌다. 6월 21일(양력 7월 23일) 일본군의 작전 개시 전날 밤, 서울의 거리 풍경은 다음과 같았다.

비를 무릅쓰고 운현궁의 저택으로 잠행하는 자도 있었고 밀서를 가지고 일본공사관에 들어가는 자도 있었고 장사를 모으는 자도 있었고 만리창(용산의 일본군 주둔지)에서 급박하게 온 사자도 있었고 우의(雨衣)에 모자를 깊숙이 쓴 채 왕래하는 무인도 있었고 등불 든 사람을 수행하는 병사도 있었다.

ー기쿠치 겐조, 『조선왕국(朝鮮王國)』

이 기록은 군인이 아닌 일본인들의 동정을 적은 것이다. 여기에서 말하는 무인은 낭인패를 뜻할 것이요, 심부름꾼은 일본공사관 외교관의 하인들을 뜻할 것이었다. 그들이 신봉하는 정한론의 때가 왔다고 여겨지자 서울 거리를 활개치고 다녔던 것이다.

6월 22일 자정이 지나자 혼성여단장 오시마 요시마사는 최종으로 출동 명령을 하달하고 먼저 서울-의주와 서울-인천 사이의 전신을 끊게 하여 청나라군의 통신망을 차단했다. 또한 이른 새벽에 기습작전을 폈다. 이제 이들 부대의 명칭은 일일이 표기하지 않고 일본군으로 통칭할 것이다.

일본군 한 부대는 먼저 경복궁 서문인 영추문으로 향했으나 문은 굳게 닫혀 있었다. 그들은 계획대로 문을 부수기 위해 폭약을 터뜨렸으나 실패했고 도끼로도 찍어보았지만 여전히 문은 굳건히 닫혀 있었다. 어쩔 수 없이 장대를 성벽에 걸고 올라가 문을 넘었다. 문 안팎에서 톱으로 빗장을 자르고 도끼로 부수어 겨우 문을 연 시각은 오전 5시 무렵이었다. 궁내로 진입한 일본군은 함성을 지르며 광화문으로 달려가 조선군 수비 병력을 몰아내고 안에서 문을 열었다. 이어 동문인 건춘문으로 달려가 다시 안에서 문을 열었다. 너무나도 손쉽게 경복궁을 점령했다.

다만 건춘문 앞에서 작은 충돌이 있었다. 일본군 한 부대가 건춘문 밖에서 밀려오자 조선 수비병이 총을 쏘았다. 일본군은 응사하며 기다렸다가 안에서 문을 열어주었던 것이다. 궁을 장악한 일본군은 궁궐의 모든 문을 열어젖혔다. 일본군 병력 일부는 궁궐을 휩쓸며 북쪽으로 내

일본군의 경복궁 점령 1894년 6월 22일 일본군은 경복궁을 점령했다.

달렸다. 이때 임금의 호위병으로 보이는 군사가 총을 쏘았으나 곧 제압되었다. 또 궁궐 밖 두 곳에서도 총격전이 3시간쯤 벌어졌으나 조선 군사들이 북악산으로 도망쳐 별 피해 없이 끝났다.

장위영 군사들은 경복궁 정문인 광화문을 지키고 있다가 배후에서 쏘는 총에 맞아 쓰러지거나 도망쳤다. 기영과 경리청 군사들이 왕궁을 지키며 전투를 벌이다가 전투 중지 명령이 떨어지자 모두 통곡하며 총통을 부수고 해산했다. 도합 3시간의 전투 끝에 일본군은 경복궁을 완전히 점령했다.

이제 마지막 남은 일이 있었다. 고종을 포로로 잡는 것이었다. 일본군은 북쪽 궁궐을 수색한 끝에 임금과 왕비가 옹화문 안쪽 함화당에 숨어 있다는 사실을 알아냈다. 보고를 받은 제2대대장 야마구치 게이조(山口圭藏)는 지시받은 대로 조심스레 옹화문 앞으로 찾아갔다. 문 앞에는 우포도장 김가진 등이 호위하고 있었다. 그를 본 한 관리가 "지금 오토리 게이스케 공사와 담판하는 중이다. 그가 올 때까지 병사를 옹화문 안으로 들여보내지 말기를 바란다"고 말했다. 그러자 야마구치 게이조는 "호위병들이 무기를 나에게 주지 않는다면 그 말에 응할 수 없다"라고 하며 칼을 빼들고 군사와 함께 문 안으로 돌입하려 했다. 야마구치 게이조의 위협에 겁먹은 호위 군사들은 무기를 그에게 넘겨주었다. 야마구치 게이조는 무례하게도 임금 앞에 나아가 다음과 같이 말했다.

> 지금 뜻하지 않게 양국의 병사들이 교전하여 전하의 마음을 괴롭게 한 것은 외신(外臣)이 유감으로 여기는 바입니다. 그렇지만 귀국 병력이 이미 우리에게 무기를 내주었습니다. 우리 병사가 옥체를 보호하여 결코 위해가 미치지 않게 할 것입니다. 전하, 이것을 이해해 주십시오.
>
> ─박맹수 옮김, 『일청전사(日淸戰史)』 초안

고종은 어찌할 도리가 없었다. 야마구치 게이조는 "우리 병사가 옥체를 보호하겠다" 했으나 국왕이 왜 외국 군사의 보호를 받아야 하는가? 나카쓰카 아키라 교수는 이를 두고 '포로'라 표현하면서 야마구치 게이조가 무엄하게도 임금 앞에서 칼을 휘둘러 협박했다고 말했다. 또 김가진이 국왕이 있는 처소를 일본군에게 알려주었다고 밝혔다.

야마구치 게이조는 함화당을 수색해 무기를 모조리 거두고 일본 초병을 배치해 국왕의 호위를 맡겼다. 오전 9시가 조금 지난 시각이었다. 일본군의 경복궁 침탈은 이처럼 치욕스러운 패배로 마무리되었다. 왕궁 북쪽의 북악산 언저리에서 한때 총성이 울렸으나 오후 들어 잠잠해졌다.

일본의 흉계는 다음 단계로 접어들었다. 오토리 게이스케는 각본대로 운현궁으로 달려가 흥선대원군에게 경복궁으로 가자고 유인했다. 운현궁 주변에는 이미 일본 낭인패들이 우글거렸다. 그들은 결단을 내리지 못하고 주저하는 흥선대원군에게 "일본 정부의 이번 거사는 실로 의거에서 나온 것이기에 일이 성사된 다음 조선국의 땅을 한 치도 빼앗지 않을 것입니다"라고 하며 유혹했다. 이 말에 흥선대원군은 짐짓 거부하는 척하다가 위의를 갖추고 말에 올랐다. 흥선대원군과 오토리 게이스케는 11시쯤 일본군의 삼엄한 호위를 받으며 경복궁 안으로 들어갔다. 혼성여단장 오시마 요시마사도 오후 5시쯤 경복궁으로 들어와 고종을 알현했다. 오토리 게이스케는 고종을 뵙고 다음과 같이 말을 나누었다.

오토리 : 놀라신 것 같아 문후를 드리러 들어왔습니다. 지금부터 개화한다면 두 나라의 교린은 예전보다도 더욱 돈독해질 것입니다.
고 종 : 나는 손상을 입지 않았소. 두 나라가 한 나라처럼 보아 함께 교린의 의를 닦는다면 실로 서로 돕고 의지하는 길이 될 것이오.

이 대목을 보며 울분과 통한을 느꼈을 것이다. 그러나 이는 겨우 시

대원군 섭정 일본군은 경복궁을 점령하고 흥선대원군에게 섭정하도록 했다.

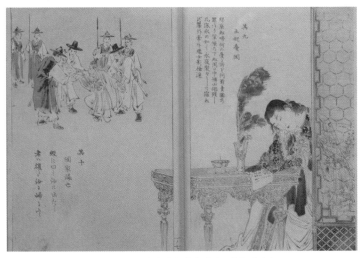

민씨 세력 축출 흥선대원군의 섭정과정에서 민씨 세력은 축출되었다.

작에 불과하다. 일본은 조선 병사들이 일본군을 향해 먼저 발포했다고 하면서 도발한 것은 자기네들이 아니라고 변명했다. 그러면서 경복궁 점령과 고종 유폐는 부정한 민씨 세력을 조정에서 몰아내고 농민군이 떠받드는 개혁적인 흥선대원군에게 섭정을 맡기면서 조선의 독립과 개혁을 보장하기 위함이라며 억지를 부렸다.

마지막으로 일본이 역사에서 이를 은폐하려고 시도했음을 알아둘 필요가 있다. 애초에 일본측 기록에는 왜곡된 기술이 많았고, 공식 보고에도 사실과 어긋나게 기록했으며, 신문 보도도 통제했다. 다만 훗날 나카쓰카 아키라 교수가 이를 바로잡으려 청일전쟁 관련 사료를 발굴해 사실을 규명했던 것이다. 일본인들이 주도해 편찬한 『고종실록』에는 다음과 같이 기록되어 있다.

일본 병사들이 궁궐에 들어왔다. 이날 새벽 일본 병사 2대대가 영추문으로 들어오자 시위 병사들이 발포하여 그들을 막으려 했다. 그러자 임금이 이를 말리라고 분부했다. 일본 병사들이 드디어 궁궐 문을 지켰다. 오후에 각 병영에 가서 그들 무기를 거두어갔다.

─『고종실록』 31년 6월 21일

이처럼 짤막하게 기재하고 얼버무렸다. 고종은 그렇다 치고 흥선대원군은 일본이 내민 미끼를 물고 자신이 내세웠던 '척왜척양'은 어디다 내팽개쳤는가. 바로 자신과 원수 사이인 민비의 날갯죽지를 꺾고 아들 고종을 다시 턱짓으로 부리려는 욕망 때문에 대의를 그르쳤던 것이다. 고종과 민비는 이 모든 과정에서 아무 힘도 쓰지 못하고 벌벌 떨기만 했다. 경복궁을 점령한 뒤 일본공사관에서는 고종과 민비의 탈출을 막기 위해 궁궐을 철통같이 에워쌌다. 이어 일본군은 궁중의 경회루에 궁내본부를 설치하고 궁내 수비병뿐 아니라 도성의 방위를 맡은 서울과 수원의 조선군의 무장을 해제했다.

또 일본공사관이 발급하는 문표(門標)가 있어야만 궁중을 출입할 수 있었다. 이런 통제는 한 달쯤 실시되었다. 고종과 민비는 밥을 먹으면서도 독약이 들었는지 의심했고 잠을 자면서도 자객이 무서워 이 방 저 방 옮겨다녀야 했다.

영국, 미국, 러시아 등 외국공사들은 이런 사태를 거의 파악하고 있었으면서도 일단 추이를 지켜보았다. 그들은 오토리 게이스케의 초대로 왕궁으로 들어와서도 아무런 불평이나 반론을 제기하지 않았다. 그들은 방관자라기보다는 일본과 같은 침략자의 하수인이었다. 다만 자기네의 이해를 따지며 주판알을 튀기고 있었다. 특히 영국은 이번 사태를 용인하는 비밀협정을 일본과 이미 맺은 상태였다.

한편, 그동안 '척양척왜'를 외치던 재야 유생들은 골방에 앉아 '민씨 세력과 동비(東匪, 동학농민군)들 때문에 나라가 망했다'고 통탄했고 농민군은 '드디어 때가 왔다'고 결의를 다지며 복수의 칼을 갈았다. 하지만 아직 행동에 옮길 준비는 되어 있지 않았다.

괴뢰 정권인가, 개혁 정권인가

경복궁을 점령한 다음날, 오토리 게이스케는 각본대로 내각을 꾸려 친일 정권을 수립했다. 이는 일본 정부의 구상과 오토리 게이스케의 의견을 골자로 하고 일본공사관의 서기관 스기무라 후카시(杉村濬)의 구체적 제안을 참고해 진행되었다. 괴뢰 정권 수립은 매우 신속하게 이루어졌다. 노회한 흥선대원군조차 감히 거역할 힘이 없었다.

본디 일본은 농민군이 전주에서 물러난 뒤 청나라 조정에 조선 내정의 개혁안을 제시하고 사태가 진정되면 함께 물러가자는 제안을 했다. 그러나 청나라는 이를 거절했다. 그 이유로 첫째, 이미 농민군이 해산해 군이 두 나라 군대가 진정시킬 필요가 없다는 것 둘째, 조선의 개혁은 조선 조정이 알아서 할 것이며 청나라는 일찍부터 조선의 내정에 간섭하지 않았고 일본도 조선이 자주국임을 인정하고 있으니 내정을 간섭할 권리가 없다는 것 셋째, 내란이 이미 진정되어 외국 군사는 톈진조약에 따라 철수해야 한다는 것 등을 들었다. 그 속셈은 접어두고서라도 일단 이 회답은 나름 명분이 있었다.

그리하여 일본은 청나라와 전쟁을 벌이기로 계획하고 새 조선 조정의 수립을 지시했던 것이다. 새 조정은 군국기무처라는 이름으로 출범했다. 광화문 앞에 설치된 의정부에서 처음 회의를 열면서 흥선대원군이 이 기구의 설치와 이름을 지시했고 내각 구성의 책임을 맡았던 김홍집이 이를 받아들였다. 이 기구의 성격을 비유하면 5·16쿠데타 이후 발족한 국가재건최고회의와 다름없었다. 이처럼 급조된 허수아비 기구가 제대로 돌아갈 리 없었다.

아무튼 군국기무처는 조선의 공식기구가 아닌데도 입법과 함께 정책을 만들고 실시하는 역할을 맡았다. 그 책임자로는 총재와 부총재 각한 명씩, 회의원은 16명에서 20명 정도를 두었다. 초대 총재는 영의정인 김홍집이 겸임했고(후기에는 내각 총리대신으로 바꿈) 회의원은 1기(1894년 6~11월)에 박정양, 민영달, 김종한, 김가진, 김윤식, 조희연, 이윤용, 유길준, 어윤중, 신기선 등이었다. 흥선대원군의 손자 이준용도 있었지만 대체로 온건개화파로서 일본의 정책에 동조하는 인물들이었다.

그들은 무엇보다 국왕의 전통적 전제 왕권을 제한하는 정책을 폈다. 흥선대원군도 아들과 며느리의 힘을 빼려 이런 분위기에 동조했다. 그래서 군주인 고종은 발언권을 갖지 못하고 신하들의 눈치를 살피며 최종 결재만 했다. 군국기무처에는 흥선대원군의 힘이 작용해 회의원은 흥선대원군파와 김홍집파로 나뉘었고 그 밖에 갑신파, 친미파, 궁정파도 있었다. 김홍집파는 김옥균 계열이 아니라 온건개화파로서 현실을 모르는 게으른 샌님들이었던 탓에 기백이라고는 없었다. 초기에는 급진개화파로 일본에 망명했던 박영효가 들어오지 않다가 뒤늦게 참여했다.

그들은 먼저 두 가지 개혁을 단행했다. 하나는 모든 행정기구를 궁내부와 의정부, 그리고 8아문 체제로 개편했다. 종전의 경연청, 규장각, 종친부 등 16개 기구를 궁내부로 통합했다. 예산의 배정과 집행이 하나의 기구에서 이루어져 능률을 도모한 것이었다. 그 산하에는 내수사, 태복시 등 노비와 농민 수탈기구도 포함되어 있었다.

의정부는 총리대신을 두어 모든 벼슬아치를 거느리고 정사를 돌보게 했고, 그 아래 내무아문, 외무아문, 탁지아문, 법무아문, 학무아문, 공무아문, 군무아문, 농상아문 등 기구는 예전 육조의 일을 맡아보게 했다. 그리고 그 책임자인 판서를 대신으로 부르게 했다. 이 체제는 일본의 내각을 그대로 베낀 것이나 다름없었고 왕권을 제약하는 효과를 거두었다.

그다음으로 가장 주목되는 개혁안을 내놓았다. 이를 살펴보면 다음과 같다.

하나. 지금부터 나라 안팎의 공사 문서에는 개국기년(開國紀年)을 쓸 것

하나. 청나라와 맺은 약조를 개정하여 다시 특명전권공사를 여러 나라에 파송할 것

하나. 문벌과 반상의 등급을 깨고 귀천을 가리지 않고 인재를 뽑아 쓸 것

하나. 문무 벼슬아치의 존비 구별을 폐지하되, 다만 품계에 따라 상견(相見, 서로 인사를 나누는 절차)의 위의가 있어야 할 것

하나. 죄인은 자기 말고는 연좌의 율을 일체 시행하지 말 것

하나. 본처와 첩에게 모두 아들이 없어야 비로소 양자 들이는 것을 허용하여 옛 법전을 밝힐 것

하나. 남녀의 조혼은 엄금하여 남자는 스무 살, 여자는 열여섯 살

이후 비로소 혼인을 허락할 것

하나. 과부의 재가는 귀천을 막론하고 자유에 맡길 것

하나. 공사 노비의 법전은 일체 혁파하며 인신매매를 금지할 것

하나. 비록 평민이라도 진실로 나라에 이롭고 백성을 편리하게 하는
    자는 군국기무처에 글을 올려 회의에 부칠 것

하나. 각 관아에서는 일꾼에 대해 필요한 숫자를 가감하여 설치할 것

하나. 조관(朝官)과 사서인(士庶人)과 장졸의 의제(衣制)는 관복과
    평상복으로 나누어 간편하게 고칠 것

이 12조목에서 가장 주목할 것은 독자적 개국기년을 써서 중국의 연호를 쓰지 못하게 한 것, 양반과 상놈의 구별을 없애고 공사 노비를 폐지하는 등 신분제도 관련 조항과 과부의 재가 등 여성 인권 관련 조항 등이다. 신분 차별 타파는 농민군이 줄기차게 요구한 것이 아닌가.

이어 1000여 년의 전통을 이어온 과거제를 폐지했다. 그간 과거제는 부정으로 치러져 세도가 자식들만 합격시키는 폐단을 낳았는데, 이를 천거를 받아 뽑는 선거제로 바꾼 것이다. 인재 등용의 길을 넓힌 획기적 개혁 조치라 할 수 있을 것이요, 농민군의 요구를 대폭 수용했다고도 볼 수 있다. 적어도 이는 역사적 평가를 받아 마땅하다.

또 주목할 것은 군국기무처가 청일전쟁의 평양 대회전을 앞두고 조일 양국맹약을 맺은 사실이다. 7월 26일(양력 8월 26일)에 맺은 조약의 주된 내용은 청일전쟁을 진행하면서 조선이 일본군에 협조할 것과 조선에

주둔하는 일본군에게 모든 편의를 제공할 것, 농민군 재봉기가 있을 경우 일본군이 협력해 토벌작전에 나선다는 것 따위였다. 이 맹약은 조선이 이미 반식민지 상태로 접어들었음을 뜻하는 것이었다.

이에 따라 조선은 청일전쟁 시기 일본군에게 필요한 토지, 건물, 도로, 전신 등 공공시설과 군부(軍夫), 마소, 먹을거리, 말꼴 따위를 무상으로 제공해야 했다. 일본군은 국력을 쏟아붓는 큰 전쟁을 벌이면서도 조선에서 군비를 조달했으니 경복궁 점령의 효과를 톡톡히 본 셈이 아닌가. 게다가 일꾼뿐 아니라 모자라는 병력을 강제 징용을 통해 조선 청년으로 채우기도 했다.

후임 일본공사 이노우에 가오루(井上馨)는 초기에는 내정에 간섭하지 않다가 청일전쟁중 일본군이 평양 대회전에서 승리하고 승승장구하자 아예 군국기무처를 없애고 새로운 친일 내각을 구성했다. 그러나 이 내각은 이듬해 김홍집이 군중에게 맞아죽고 민비가 시해되고 고종이 러시아공사관으로 옮겨 친러 정권이 수립된 뒤 와해되었다.

개화 정권 수립으로 농민군이 전주에서 물러난 지 한 달쯤 뒤에 민씨 세력을 심판하는 숙청이 단행되었다. 민영준은 임자도에 위리안치(圍籬安置)의 형벌을 받았고, 그의 하수인인 민형식·민응식·민치헌도 유배되었으며, 나머지 민씨 정권 졸개들은 관직을 박탈당하고 조정에서 쫓겨났다. 민씨 일가에 기대어 출세하려던 홍계훈은 철원부사로 좌천되었다. 강고하던 민씨 정권은 이렇게 무너졌다.

그런데 놀랍게도 이들 민씨 세력 일당은 멀리 도망쳐 실제로는 한 명도 처벌받지 않았다. 눈치 빠른 민영익은 낌새를 눈치채고 금붙이를 싸들고 홍콩으로 달아났다. 우두머리 민영준은 처음 서울의 양관(서양인 집인 것으로 여겨진다)에 숨어 있다가 홍콩으로 도피하려고 평안도 오지로 향했고 영악한 민영주는 양주로 달아났다. 민응식은 마치 가마꾼처럼 삿갓을 쓰고 짚신을 허리에 찬 뒤 맨발로 남대문 밖으로 나갔다. 그를 용케 알아본 사람들이 손가락질하고 돌멩이를 던지며 욕을 퍼부었다. 민두호는 마침 춘천유수가 되어 가족과 함께 보물을 싣고 춘천으로 들어갔다. 그러자 백성들이 "이런 난리를 만들었으니 도둑을 다시 들일 수 없다"고 외치며 길을 막았다. 그는 오도 가도 못하다가 충주로 달아났다.

누가 '역사의 정의'를 말했는가? 그들은 식민지 시기에 다시 기어나와 나라를 팔아먹은 대가로 높은 벼슬과 작위를 받고 친일파가 되어 떵떵거리며 살았다. 때로 역사는 악마의 편에 서는 경우가 있다.

아무튼 약 6개월 동안 군국기무처는 국가 조세의 금납제와 은본위 화폐제 실시, 신식 학교 설립, 근대 경찰제도 도입 등 210건의 근대식 개혁 정책을 추진했다. 이를 역사에서는 갑오경장 또는 갑오개혁이라 부른다. 여기에서는 동학농민혁명과 직접 관련이 없는 사항은 굳이 다루지 않을 것이다.

이 일련의 개혁을 두고 훗날 학계에서는 자율성과 타율성 문제가 제기되었다. 근대화 개혁을 단행하면서 일본의 지시에 따랐는지, 개화 정권 스스로 결행했는지를 묻는 것이다. 실제로 1기에 해당되는 시기에는 일본의 간섭이 많지 않았다. 하지만 그 기본 흐름은 일본의 눈치를 살피면서 진행되었다는 점에서 자율성이 보장되지는 않았을 것이다. 게다가 김홍집이 일본공사관의 외교관 서너 명에게 군국기무처의 실권을 맡긴 사실로 보았을 때 일본 주도로 개혁이 이루어졌다고 평가할 수도 있다.

더욱이 동학농민혁명 2차 봉기가 전개될 때 실제로 군사작전권을 일본군에게 넘겨주었고, 전선에서는 식량·인부 등을 공급했으며, 관군은 일본군의 농민군 대량 학살에 앞잡이 노릇을 한 사실을 어떻게 달리 해석할 수 있는가. 따라서 개화 정권은 '일본의 괴뢰'라 불러도 틀리지 않을 것이다.

선전포고 없이 한반도에서 일어난 청일전쟁

먼저 청일전쟁의 서막을 간단히 살펴보자. 청나라 해군 제독 정여창은 군대를 이끌고 오면서 서울의 청나라 상인을 보호한다는 출병 구실을 만들었고 육군 사령관 섭지초는 군사를 거느리고 서울과 멀리 떨어진 아산 둔포에 상륙했다. 또 청나라 육군의 한 부대는 전선과는 멀리 떨어진 평양으로 진출해 일본군의 북상 통로를 막으려 했다. 한눈에도 이런 군사 배치는 전면전을 피하려는 작전임을 알 수 있었다. 그들이 출병할 때 이홍장은 "한성에서 몸조심할 것이며 일본인과 경솔하게 전단(戰端)을 열지 말라"고 당부했다. 이를 보아도 일본과의 충돌은 예상했지만 전쟁을 벌일 생각은 없었던 듯하다. 청나라군은 일본군이 서울에서 횡행할 때도 이홍장의 당부 탓인지 그저 멀리서 멀거니 구경만 하고 개입하지 않았다.

이와 달리 일본군 8000여 명은 모든 준비를 끝내고 전투 개시 명령만 기다리고 있었다. 혼성여단은 히로시마 대본영의 연이은 지시를 받으면서 인천항과 서울을 횡행했다. 경복궁을 점령하고는 서울을 빈틈없이 장악했다. 작전대로 서울, 부산, 인천, 청주를 연결하는 전신망도 확보했다. 이제 마지막 목표, 청나라군과의 대결만이 남아 있었다.

지금부터는 청일전쟁의 진행과정을 알아보자.

1894년 6월 23일(양력 7월 25일) 인천 앞바다에서 일본군 연합함대가 오전 11시에 어뢰정을 발사해 예의 주시하던 청나라의 북양함대를 기습 공격했다. 이 기습작전을 두고 중국 사람들은 "선전포고도 없이 해적들이 자행하는 짓과 같다"고 표현했다. 일본군의 이런 기습 공격 작전은 자주 사용되었다.

정여창이 지휘하는 함대는 모두 일곱 척이었다. 이 병력 중 일부는 먼저 무기, 장비, 마필, 군량 등을 아산만에 상륙시키고 대기하고 있었다. 간간이 일본 함정에서 위협하는 대포소리가 들려왔다. 일본 선발대는 두 패로 나뉘어 아산만 가운데 풍도에 이르렀다. 아산만에 상륙하려면 꼭 이 섬을 거쳐야 했다. 이 섬의 북쪽은 수심이 깊어 군함이 정박할 수 있었다. 당시 풍도 언저리에 일본군은 군함 세 척에 1000여 명, 청나라군은 군함 두 척에 300여 명이 타고 있었다. 한동안 서로 대포와 어뢰를 쏘아댔지만 청나라군이 밀렸다.

청나라 군함 제원호는 침몰을 겨우 면했지만 사망 30명, 부상 27명

풍도해전 1894년 6월 23일 인천 앞바다에서 일본군 연합함대가 청나라 북양함대를 기습
공격해 풍도해전이 시작되었다.

의 피해를 입자 백기로도 모자라 그 밑에 일본 해군기를 내걸고 본토의
웨이하이 기지로 도망쳤다. 광을호도 항해할 수 없을 정도로 부서진 채
웨이하이로 도망쳐왔다. 전투를 벌인 지 사흘 만에 풍도해전은 끝났다.
두 군함이 침몰되지 않고 돌아간 것만으로도 천만다행이었다.

그때 수송선인 조강호와 고승호가 뒤늦게 나타났다. 일본 군함이 조
강호를 추격하자 조강호는 청나라 해군기인 용기(龍旗)를 내려 전투 의
사가 없음을 알렸다. 그런데도 일본 군함이 계속 조강호를 추격하자 조
강호는 다시 백기 밑에 일본 국기마저 내걸면서 투항의 뜻을 나타냈다.
그리하여 6월 26일(양력 7월 28일) 이른 새벽 조강호는 항복해 승선원
83명이 포로로 잡혀 일본으로 끌려갔다. 그때 배 안에 실려 있는 20만
냥의 은괴, 대포 20문, 보병이 쓰는 보창 3000개, 대량의 화약 등이 모
조리 일본군의 전리품이 되었다.

또다른 수송선 고승호는 영국에서 빌린 배였다. 이 배에는 군병 1116명이 타고 있었고 영국인 선장과 독일인 퇴역 군관, 필리핀인 선원도 타고 있었다. 고승호는 대포 14문 등 많은 무기와 탄약을 싣고 아산만에 주둔하는 청나라군에 공급하려 접근했다가 제원호가 백기와 일본 해군기를 달고 북으로 달아나는 모습을 보고 깜짝 놀랐다.

이때 일본 군함 낭속함이 다가와 "그 자리에서 정지하라. 말을 듣지 않으면 후회할 것이다"라는 신호를 보내왔다. 고승호는 영국 국적의 배임을 알렸다. 낭속함에서 작은 보트를 띄워 접근해와 퇴거를 거듭 주장하자 청나라군 책임자는 "우리는 한 배에 타 생사를 같이하므로 일병의 모욕을 받을 수 없다"라고 하며 맞섰다.

영국인 선장은 "저항해도 소용없다. 포탄 한 방이면 배가 침몰한다"라고 했으나 청나라군은 "우리는 죽음을 무릅쓰고 한번 싸워볼 것이다"라고 외쳤다. 다시 일본군이 항복을 권유했으나 듣지 않았다. 교섭을 벌인 지 3시간쯤 지나 일본군은 "유럽 사람들은 곧바로 배를 떠나라" 하고 최후통첩을 보냈다.

낭속함이 발사한 어뢰가 고승호에 명중해 침몰하기 시작하자 일본군은 배에 올라 마구잡이로 사살했다. 배가 침몰하자 일본군은 보트를 동원해 영국인 선장을 구출했고 멀리 떨어져서 이를 바라보던 프랑스, 독일, 영국 군함도 구출에 나섰으나 청나라군 871명은 바다에 수장되었다(척기장, 『갑오전쟁사』). 이렇게 하여 인천 앞바다의 북양함대는 그림자조차 사라졌다.

다음은 육지에서 벌어진 성환전투를 살펴보자. 일본군 혼성여단장 오시마 요시마사는 경복궁을 점령하던 날 일본 대본영으로부터 아산만에 상륙한 청나라군을 공격하라는 명령을 전보로 받았다. 이틀 뒤 그는 주력부대인 혼성여단 병력을 이끌고 용산을 출발했다. 이어 보병 연대와 포병, 공병, 치중병, 위생병 등이 합류했다. 모두 4000여 명이었다. 조선 사람들이 개화 정권의 당부에도 아랑곳하지 않고 심부름꾼, 음식물, 말 등의 동원을 거절해 일본군은 보급에 큰 차질을 빚었다.

이에 오시마 요시마사는 비상수단을 썼다. 조선군 20여 명과 경찰 20여 명을 강제로 선발해 서울 근교의 길목인 용산, 노량진, 동작진 등 한강의 요로와 동대문 등지의 길에 있는 마소를 강제로 빼앗아 군수용으로 충당했다. 출동 당일 그들은 수원과 과천에서 유숙했다. 이튿날 대대장인 육군 소좌 고시 마사츠나(古志正綱)가 자살하는 사고가 일어났다. 애써 모아놓은 마부와 말이 출전을 앞두고 모두 도망갔는데, 그는 이를 채우기 위해 백방으로 힘썼으나 충당할 수 없었던 것이다. 이에 내해 다음과 같은 기록이 있다.

한국의 말과 마부들이 도망쳐 급양대는 이날(양력 7월 26일) 점심밥에 충당할 흰쌀이 모자라 밥을 짓지 못했다. 할 수 없이 포병대대와 보병 제1연대, 제2대대의 휴대미 절반을 급양대와 나누어 간신히 점심밥을 마련했다. 하지만 이날 힘을 다해 집합시킨 말과 마부가 또 까딱하면 도망치려 했고, 결국 보병 제21연대 제3대대에 속한 말

과 마부가 모두 도망치고 말았다. 마침내 다음날 출발에 지장을 초래
한 책임을 지고 대대장 고시 마사츠나가 27일 자결하기에 이르렀다.

— 메이지 27·28년 『재한고심록』과 『일청전사』 초안

이런 일은 이 부대에만 있었던 것이 아니었다. 그뒤에도 강제 동원된
조선의 일꾼들은 기회를 엿보아 도망쳤다. 그 이유는 무엇보다 일본이
벌이는 전쟁에 동원되어 개죽음당하지 않겠다는 것이었지만 '왜놈'에 대
한 뿌리깊은 반감도 작용했던 것이다. 이 장교의 자살은 일본 무사의 전
통이요, 군인정신이었다. 이런 일본군의 섬뜩한 전통은 결국 군국주의
침략의 바탕이 되었다.

일본군은 소사 장터, 청나라군은 성환역 앞에 주둔해 있었는데,
25리의 가까운 거리였다. 전투 병력의 경우 일본군은 4000여 명, 청나
라군은 2000여 명이었지만 무기와 장비로는 일본군이 월등히 앞서 있
었다. 6월 27일(양력 7월 29일) 0시, 일본군은 안성나루를 건너 선제공격
을 시도했다. 하지만 여름철 장마에 냇물이 불어나 목까지 물이 찼고 바
닥에는 진흙이 질척였다. 결국 냇물을 건너는 도중 수십 명이 빠져 죽었
다. 게다가 매복해 있던 청나라군은 일본군이 냇물 중간쯤에 이르자 공
격을 퍼부어 상당한 피해를 입혔다.

청나라군 주력부대는 성환역 언저리 월봉산 동쪽에 보루를 쌓고 응
전했다. 그날 새벽 4시에 일본군은 총공격에 나섰다. 일본군은 청나라군
진지를 향해 대포를 잇따라 쏘아 보루를 부수었다. 일본군은 보루를 하

성환전투 청나라군과 일본군은 충청도 성환에서 전투를 벌였다.

나씩 점령했다. 새벽하늘에 포연이 자욱했고, 포성과 함성이 울렸으며, 핏물이 내를 이루었다. 섭사성이 거느린 청나라군은 많은 전사자를 남기고 남쪽 천안으로 패주해 그곳에서 대기하던 섭시초와 합류했다.

이 전투의 피해 상황을 알아보자. 일본군의 피해는 전사자 37명, 부상자 50명이었고, 청나라군의 피해는 전사자 100여 명, 전투에 나서지 않고 아산 군영을 지키던 군사와 후퇴하면서 역질로 죽은 군사 200여 명이었다. 또 청나라군은 대포, 탄약, 식량 등을 버리고 도주했고 아산에 비축해둔 군수품도 약탈당했다. 승리한 일본군은 아산을 거쳐 용산 기지로 돌아왔다. 오토리 게이스케는 그들이 귀환할 때 교외에 개선문을 만들어 영접했고 조선 군사들이 주악을 울렸다. 청나라 해군의 상징

승전 환영 일본군은 승리한 뒤 용산으로 돌아와 승전 축하식을 열었다.

인 용기 등의 전리품도 전시했다.

　패전한 청나라군은 일본군과 달리 사기와 기강이 말이 아니었다. 그 전에 청나라는 열강의 신무기 앞에 패배한 굴욕을 만회하고자 해군력을 키우려고 국민 모금을 벌여 막대한 군비를 거두었다. 하지만 서태후는 이 돈을 빼돌려 자신의 생일 기념으로 화려한 이화원을 지어 국민의 원성을 샀다. 이홍장은 이를 수습하기 위해 북양대신의 자격으로 군함을 축조하는 등 안간힘을 쏟아 겨우 북양함대를 편성했다. 하지만 해군은 부패했고 훈련이 제대로 되지 않은 상황이었다.

　공주로 쫓겨간 청나라군은 충청감영의 협력을 받으려 했지만 이미 개화 정권의 지시를 받은 관리들은 도와주지 않았다. 그리하여 섭사성 등 두 장수는 평양으로 후퇴해 반격하기로 합의하고 패잔병을 이끌고 한강을 넘어 평양으로 발길을 돌렸다. 그들은 올라오는 도중 지방 관아로부터 마소, 숙소, 음식물 등을 제공받아 겨우 행군할 수 있었다. 수령들이 일본군이 경복궁을 점령한 사실에 분노해 그나마 청나라군에게 호의를 보였던 것이다. 7월 21일(양력 8월 21일) 무렵 그들은 평양에 이르렀다.

청나라군의 주력부대가 북쪽으로 떠난 뒤 남은 패잔병들은 뿔뿔이 흩어졌다. 수십 명, 수백 명씩 떼 지어 때로는 옷을 갈아입고 상인 행세를 하거나 때로는 도둑이나 거지로 전락했다. 그들은 조선의 관가에 가서 구원을 요청하기도 했으나 이미 친일 개화 정권의 하수인이 된 조선 관리들은 그들을 냉대했다. 그들은 공주감영에 구원을 요청했으나 거절당한 뒤 부여, 태안 등지를 유랑하다가 어디론가 사라졌다. 일부는 동학농민군에 편입되어 함께 전투에 나서기도 했고 남은 무기를 동학농민군에게 건네주기도 했다.

한반도에서 청나라군의 세력이 소멸되다

이홍장은 처음 군사를 조선에 보낼 때 외교적으로 조율해 전쟁을 피하려고 했다. 그래서 영국 등 열강에 이를 주선해달라고 요청했다. 하지만 그는 성환전투를 치른 뒤 '청나라군이 왜군 2000여 명을 죽여 승리했다, 청나라군은 200여 명 정도 죽었다, 왜군은 겨우 왕궁을 지키는 병사만 머물러 있다며 거짓말을 했다. 그리하여 이홍장은 7월 1일(양력 8월 1일) 선전포고를 했다. 그 요지는 다음과 같다.

> 조선은 우리 대청의 번속국이 된 지 200여 년이 되었다. 금년 4월 조선에서 토비가 변란을 일으켜 군사를 보내달라고 하여 원병을 보내 아산에 이르자 비도들이 흩어졌다. 이에 왜병이 까닭 없이 군사를 보내 한성에 돌입하고 군사 1만여 명을 증파해서 조선의 국정을 고치라고 압박했다. 우리 조정에서는 그 나라 내정은 스스로 다스리게 하라고 했다. 각국에서 왜병도 철수하라고 했지만 오히려 그들이 군사를 더 보내 조선 백성과 우리 상민이 두려워하여 우리도 군사를 보태 보호하게 했다. 갑자기 중도에서 우리의 틈을 엿보아 아산에서 우리 군사를 습격했다. 그 나라는 조약을 준수하지도 않고 공법을 지키지도 않아 천하에 포고해서 알린다. 우리 군사들은 그들을 공격해서 제거하여 죄를 묻기 바라노라.
>
> —『청광서조중일교섭사료(淸光緒朝中日交涉史料)』와『갑오전쟁사』

이 선전포고는 광서제의 이름으로 공포되었지만 이홍장이 꾸민 것이었다. 물론 청나라군의 사기를 올리려는 의도가 깔려 있었지만 이홍장의 시국관은 이런 수준이었다. 오보를 토대로 과장과 억지를 부리면서 뒤늦게 일본에 선전포고를 한 것이다. 일본도 한참 전쟁을 치른 뒤 이에 따라 메이지의 이름으로 정식으로 선전포고를 했다. 그 내용은 새삼 말할 거리도 되지 않으나 '국제 공법을 준수하면서 평화의 다스림을 추구하고 조선의 독립과 내정 개혁에 도움을 준다'는 등의 말을 늘어놓았다.

고래 싸움에 낀 새우 신세가 된 것은 불쌍한 조선 백성들이었다. 평양에 있는 평안감사 민병석은 '일본인은 왕궁을 점령한 원수이니 우리는 그들을 살육해야 한다'는 지시를 관할의 수령들에게 내렸다. 개화 정권의 지시를 따르지 않겠다는 결의였다. 이는 평안도의 민심을 반영한 조치였다.

일본은 평양에서 결전을 벌이기에 앞서 조선 조정과 법적 효력을 갖는 맹약을 맺었다. 말로만 협조를 요구해야 효력이 없다는 것을 경험했기 때문이다. 1894년 7월 22일 조선 외무대신 김윤식, 일본 특명전권대사 오토리 게이스케의 이름으로 발표하고 나흘 동안 공고 기간을 둔 뒤 실행하기로 합의했다. 그 내용은 다음과 같다.

제1조. 이 맹약은 청나라군을 조선의 경계 밖으로 철퇴하게 하여 조선국의 독립 자주를 공고히 함으로써 조일 두 나라의 이익을 충족시키는 것을 기본으로 삼는다.
제2조. 일본은 이미 청나라와 공수의 전쟁을 벌이는 일을 담당했으니 미리 지급될 양곡 등 여러 항목의 건은 반드시 우리 편을 도와 힘을 다해야 한다.
제3조. 이 맹약은 청나라와 화약이 성립되는 날 파기한다.

— 『고종실록』 31년 7월 22일

이 맹약은 한마디로 청일전쟁을 수행하는 일본군에게 조선 조정은 모든 인적·물적 지원을 다해야 한다는 것이었다. 이는 동학농민군 토벌 때에도 그대로 적용되었다. 이에 따라 평양에서 대회전을 할 때 조선에서는 토지, 건물, 전신 따위의 공용시설을 제공했고 인부, 우마, 식량도 무상으로 내주었다. 이때 한반도에 진출한 일본군과 군속 등은 약 20만여 명이었는데, 그들에게 필요한 모든 물자를 제공한 것이었다. 지금까지 청나라에 내주던 물자를 일본에 내주게 되어 백성들은 더욱 굶주릴 수밖에 없었다.

결전을 앞두고 청나라는 4대군(四大軍)을 모조리 평양에 집결을 시켰다. 곧 본국의 톈진, 선양, 지린, 뤼순에 주둔해 있던 군사를 데려오고 성환전투를 치르고 올라온 군사를 합친 것이다. 그들은 의주, 구련성 등지를 통해 압록강을 건너 평양 언저리에 도착했고 지휘는 위여귀, 마옥곤, 섭지초 등이 맡았다. 보대(步隊), 마대(馬隊), 포대(砲隊)로 구분했는데, 모두 1만 3526명이었다.

평안감사 민병석은 청나라군이 보루를 쌓는 일에 토민을 동원했다. 청나라군은 평양성 안팎에 보루 수백 개를 토민의 노력으로 쌓을 수 있었다. 토민은 마소를 내주기도 하고 인부로 나가 돕기도 했다. 조선의 병사들도 청나라군에 합류했다. 이런 준비를 하고서도 일본군과 대적한 섭지초는 작전회의에서 "적들이 승리를 틈타 크게 밀려들고 있는데, 예봉이 정예하다. 아군은 탄약이 모자라고 지세에도 익숙지 않아 대오를 정비해 잠시 후퇴해서 힘을 비축해 후일을 도모해야 한다"(『갑오전쟁사』)

평양 주둔 일본군 평양에 주둔한 일본군은 조선에서 대부분의 물자를 조달받았다.

라며 평양에서 전투하지 말자는 의견을 냈으나 받아들여지지 않았다.

일본군은 육로 또는 군함을 이용해 대동강 입구에 집결했다. 일본군 혼성여단은 제5사단을 주축으로 편성되었다. 평양전투에 참여할 군사는 1만 6000여 명이었다. 경성수비대 등 3500여 명은 후방에 배치해두었다. 그들은 먼저 임진강에 방어선을 치고 북진하면서 동해안의 원산에 상륙해 적의 허를 찌르는 작전을 계획했다.

마침내 8월 13일(양력 9월 12일) 오전 9시쯤 일본군은 대동강 동쪽 언덕에 올라 청나라군의 보루를 공격했다. 처음에는 일진일퇴를 거듭하다가 일본의 대포가 보루를 파괴하자 기병이 총을 쏘며 돌격하고 보병이 칼을 휘둘러 마침내 청나라군을 제압했다. 일본군은 대동강 모래밭과 모란대, 양각도, 선교리에서 승승장구했다. 전장 곳곳에서 청나라군의 군졸과 군마, 그리고 조선 병사들이 수백 명씩 죽어나갔다.

평양전투의 전황 중 15일 오후에서 다음날 새벽까지 마지막 전투 상황을 살펴보자. 모란봉과 현무문 일대를 점령한 일본군은 평양 성안에서 전투를 벌이며 시가지를 점령했다. 비가 억수로 쏟아졌지만 일본군은 아랑곳하지 않고 더욱 맹렬히 공격을 퍼부었다. 일본군은 청나라군의 도주로마저 차단했다. 궁지에 몰린 청나라군은 어둠 속에서 아군끼리 공격했고 길을 몰라 조선 병사의 안내로 겨우 달아났다. 한 중국 역사가는 다음과 같이 기록했다.

아비를 찾고, 아들을 찾고, 형을 찾고, 아우를 찾아 귀신이 지르는 것 같은 곡소리와 부르짖음이 논과 밭을 진동했다. 물에 빠져 죽을 뿐 아니라 칼로 자결했고, 심지어 머리를 돌이나 바위에 부딪혀 죽기도 했으며, 숲에 들어가 목을 매기도 했다. 죽은 시체가 땅에 널려 있었고 피가 돌을 이루었다.

―『초수일사(楚囚逸史)』

그는 평양 골골에 시체가 널브러져 있던 처절한 광경을 실감나게 기록했다. 또 한 일본인 작가는 전쟁터였던 기자릉 언저리를 동이 튼 뒤 살펴본 기록을 다음과 같이 전했다.

평양전투 평양전투에서 일본군은 청나라군에게 패배를 안겼다.

2, 300보 사이에 청나라군의 말과 사람의 시체가 산처럼 쌓여 있었
고 도로는 매몰되고 개울물은 피로 붉어 있었고 사람과 말의 시체
가 서로 베개를 베듯 누워 있었다.

— 하시모도 가이세키, 『일성전생실기(日淸戰爭貴記)』

그날 밤 청나라군은 도망치다가 길에서 죽은 자가 1500여 명, 포로
가 683명, 포로 중 중상자는 25명이었다. 일본군의 피해는 사망 189명,
부상자 516명이었다. 게다가 크고 작은 포 35문을 비롯해 양곡 4700석,
큰 수레 156채, 말 250필, 금덩이 96근, 은덩이 540근 등을 노획했다.
이처럼 제2차 청일전쟁은 일본의 일방적 승리로 끝났다. 일본군은 여기
에서 멈추지 않고 북쪽으로 도주하는 청나라군을 추격했다. 일본군은

조선의 지원을 받고서도 늘 양곡이 모자라 어려움을 겪었는데, 청나라에게서 빼앗은 양곡을 갖고 북진했다.

청나라군은 겨우 3000여 명을 수습해 압록강 언저리로 물러났다. 일본군은 압록강 가에 있는 만주 땅인 주렌청(九連城)과 후산(虎山)에 머물고 있었다. 일본군은 여기까지 추격해와 전투를 벌였다. 이곳은 중국영토였다. 일본군은 내친김에 산하이관(山海關)을 넘어 선양까지 공격하려 했으나 일단 뒷날로 미루었다.

평양전투가 벌어질 무렵 평안도 일대에서는 큰 소동이 일어났다. 수령들은 청일 양군의 치다꺼리를 하느라 정신이 없었는데, 평안감사의 지시를 따라 청나라군을 돕는 분위기가 팽배했다. 토민들도 양국 군사를 피해 산골로 피란을 갔다. 수령과 군사 들도 관아를 버리고 도망쳤다. 이때의 상황을 다음과 같이 기록하고 있다.

> 관서 지방에 일이 있을 때 많은 수령이 지방관이 지켜야 할 본분을 생각하지 않고 멋대로 도망을 쳤다. 인장을 버리고 도망치는 수령이 있으니 법의 기강이 있는바 참으로 놀랄 만하다.
>
> —『고종실록』 31년 9월 10일

그러자 개화 정권에서는 이 수령들을 모조리 파면하고 법률에 따라 처벌하게 조처했다. 이는 일본군의 요구에 따른 것으로 보인다. 이처럼 평양의 시가지는 두 외국 군대의 치열한 전투로 쑥대밭이 되어 거리가 텅 비었으니 뒷날 동학농민군이 평양에 근거지를 마련할 수 없었을 것이다.

동아시아 질서를 개편한 청일전쟁

일본군 연합함대는 평양을 함락한 사흘 뒤인 8월 20일(양력 9월 19일), 압록강 입구인 다둥거우(大東溝) 언저리에서 청나라의 북양함대를 공격해 다시 해전을 벌였다. 평양에서 전투를 지휘할 당시 섭지초는 압록강 쪽 후방이 비어 있으니 그곳을 방위해야 한다는 전보를 보냈다. 그리하여 북양함대를 그쪽에 파견해두었던 것이다.

그때 풍도에서 해전을 치른 청나라 제독 정여창은 발해만 입구 다롄(大連)항에서 북양함대의 출동 준비를 서두르고 있었다. 정여창이 거느린 함대는 정원호, 평원호, 제원호 등 12척이었다. 이 함대는 압록강 입구인 다둥거우 바깥쪽 바다를 순항하고 있었다. 오전 10시쯤 일본군 연합함대는 기함인 송도함을 선두로 다둥거우 앞바다에 나타났다. 일본의 사령관은 이토 스케유키(伊東祐亨)였다. 이를 본 정여창은 일본 함대에 접근할 것을 명령했다. 일본 함대도 다가오고 있었다.

이때 군함 수로 따지면 10:12의 비율이었다. 앞으로 이어질 해전과정을 이해하기 위해 두 나라의 군함을 비교해보자. 먼저 배의 크기를 보면 청나라 군함은 3만 1366톤, 일본 군함은 4만 849톤이었다. 평균 항속은 청나라 군함이 시간당 15.5해리, 일본 군함이 시간당 16.4해리였다.

황해해전 1894년 9월 일본의 연합함대와 청나라 북양함대가 맞서 싸웠던 해전으로 전투에서 북양함대는 다섯 척의 전함을 잃은 데 비해 연합함대는 전혀 손실을 입지 않았다.

큰 차이는 아니었지만 일본 군함이 좀더 성능이 좋았다. 또 이들 함대의 총병력은 청나라 2054명, 일본 3630명이었다.

그날 낮부터 두 함대에서 포격을 시작했다. 북양함대가 조금 밀리는 형국이었으나 일진일퇴가 이어졌다. 청나라 군함 애원호를 비롯해 다른 군함에도 불이 붙어 불을 끄느라고 전투를 중지했다. 일본 군함도 손상을 입었지만 미미했다. 해질 무렵 일본 군함에서 먼저 전투 중지 명령을 내리고 빠른 속도로 남쪽 바다로 내려갔다. 이 전투를 두고 청나라군에서는 일본을 격퇴했다고 주장했지만 일본측에서는 청나라군의 수준을 재본 것이라고 했다.

그뒤 양국 군대는 압록강 언저리, 랴오양(遼陽)과 봉황성, 다롄만과 뤼순 일대에서 격전을 벌였는데, 대부분의 해전과 육전에서 일본군이

뤼순전투 압록강 근처 뤼순 일대에서 벌어진 전투에서 일본군은 청나라군에 승리했다.

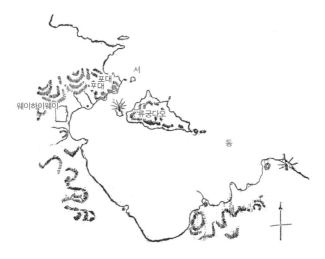

서

웨이하이웨이

포대
포대

류궁다오

동

웨이하이웨이항의 약도 청나라 해군은 웨이하이웨이의 류궁다오 근처에서 벌인 일본 해군
과의 전투에서 크게 패했다.

승리했다. 일본 해군의 육전대는 육지에 상륙해 토민을 마구 학살하는 만행을 저질렀다. 이처럼 청나라 군함은 연달아 파괴되거나 밀려난 뒤 웨이하이웨이와 류궁다오(劉公島)에서 최후의 전투를 벌였다.

산둥반도 동북부 끝자락에 위치한 웨이하이웨이는 한마디로 청나라 해군의 최후 보루였다. 게다가 더 북쪽의 옌타이, 뤼순으로 연결되는 요해였다. 이곳은 예부터 왜구를 막는 요충지였고 북양함대의 근거지이기도 했다. 세 면이 산으로 둘러싸여 있었고 바다 쪽에는 함대가 배치되어 있었다. 북쪽 언덕과 남쪽 언덕, 그리고 바다 쪽 류궁다오의 포대 164개에는 각종 대포를 설치했다. 일본군도 이곳에서 최후의 결전을 벌이기로 작전을 세웠다.

1895년 1월 8일(양력 2월 2일) 일본군 보병들이 웨이하이웨이로 진입했고 류궁다오 언저리에는 일본 해군 연합함대가 나타났다. 그리하여 여섯 차례의 처절한 전투가 시작되었다. 9일 일본 해군은 유격대를 투입해 청나라 함대에 종횡으로 사격을 가했다. 이에 청나라의 주력함인 정원호가 명중되어 침몰했다. 이틀 뒤 오전부터 전투가 다시 벌어져 수백 명의 병사가 바닷물에 빠져 죽거나 총포에 맞아 죽자 한 함정에서 백기를 내걸고 용기를 내렸고 다른 함정들도 잇따라 항복했다.

사태를 지켜보던 제독 정여창은 패색이 짙어지자 모든 책임을 자신에게 돌리라는 말을 남기고 아편을 마시고 자결했다. 결전이 시작된 지 사흘 만이었다. 북양함대 지휘부에서 항복을 선언하자 일본 해군 사령관 이토 스케유키와 일본 육군 총관 야마가타 아리토모(山縣有朋)는 이를 받아들이고 웨이하이웨이의 포대를 접수하는 등의 조건을 내걸고 종전을 선언했다. 이렇게 조선에서 전쟁이 시작된 지 6개월 만에 조선과 청나라에 막대한 피해를 준 청일전쟁이 마무리되었다.

한편, 일본은 청일전쟁 승리 이후 정전회담을 진행하면서 또 엉뚱한 일을 벌였다. 일본은 내친김에 출동한 군사를 중국 남쪽 바다에 투입해 타이완의 펑후(澎湖)열도를 점령하는 작전을 펼쳤다. 펑후열도는 타이완 해협의 중류에 위치한다. 이 열도는 동쪽으로는 타이완, 서쪽으로는 푸 젠성 샤먼(厦門, 마카오)과 이어져 분쟁 지역에 속했다. 청나라에서는 이 곳에 5000여 명의 병력을 배치해 방어하고 있었다.

1895년 2월 27일(양력 3월 23일), 시모노세키를 출발한 일본군 혼성 군과 보병이 빠르게 펑후열도를 점령했다. 이 상륙전에서 일본군 피해는 겨우 사상자 19명이었다. 이 지역을 석권하고 종전 뒤 발언권을 강화하 려는 속셈이었다. 다시 말해 타이완 점령계획을 세우고 숨통을 완전히 조이려는 작전이었다. 이날 시모노세키에서는 이홍상과 이토 히로부미 가 막바지 회담을 열고 있었다.

일본은 군사적으로 우월하다는 사실을 확인했는데도 왜 중국 본토 에 상륙하지 않고 휴전을 맺고 강화회의에 응했는가? 당시 청나라에는 두 가지 대사건이 일어나고 있었다. 하나는 국내 문제로 민중혁명의 조 짐이 팽배했다. 혁명이 일어나 봉건왕조가 무너지면 민국(民國)이 태동 되어 공화주의 정부가 들어설 가능성이 예견되었다. 또다른 하나는 외 부 문제로 열강의 침략이 있었다. 영국, 프랑스, 러시아 등 서구 열강은 일본이 연전연승하는 모습을 보고 청나라가 전면적으로 와해되는 결과를 우려했다. 즉 청일전쟁이 일본의 일방적 승리로 끝나면 중국 침략의 주도권을 일본이 가져가게 될 것이라고 보았다. 이 경우 '아시아의 헌병'을 자처하는 영국 등은 일본을 견제하려 나설 터였다.

이런 문제를 무시할 수 없는 일본은 베이징 상륙을 함부로 실행할 수 없었다. 그래서 일본군은 청일전쟁을 승리로 장식한 뒤 영토 할양과 전쟁 배상 회담에 나섰다. 치욕의 패배를 겪은 이홍장은 풀이 죽은 모습으로 1895년 3월경 일본의 시모노세키로 향했다. 대청나라의 총리대신이요, 노정치가인 그는 이토 히로부미의 위세 앞에 거구의 몸을 숙일 수밖에 없었다.

시모노세키조약이 어떤 과정으로 이루어졌는지 살펴보자. 이홍장은 정여창처럼 자결하지 않고 살아남아 뒷마무리를 맡았고 이토 히로부미는 수많은 장병의 죽음을 훈장처럼 달고 거만을 떨었다. 이홍장은 패전한 처지에 통역으로 아들 이경방을 비롯해 차 끓이는 사람, 머리 깎는 사람, 의생 등 수행원 135명을 데리고 시모노세키로 갔다.

이토 히로부미는 이미 타이완과 펑후열도에 일본군 상륙을 지시해놓은 상태였다. 일본은 중국의 정전 제의를 거절하면서 한편으로는 펑후열도 점령을 진행하고 있었던 것이다. 초조한 이홍장은 이런 일본의 음모를 눈치채지 못하고 있었다. 열강의 이해관계를 거론하면서 이홍장이 영국이 중립을 지켜 타이완을 탐내지 않는다고 말하자 이토 히로부미는 비웃으면서 "어찌 타이완뿐이겠는가"라고 대구했다. 일본과 영국 사이에 벌써 묵계가 이루어졌다는 사실을 이홍장은 알지 못했다. 그러니 비웃음을 살 수밖에 없었을 것이다.

1895년 2월 24일(양력 3월 20일)부터 회담이 세 차례 진행되었다. 그러나 일본의 각본은 이미 짜여 있었던 터라 청나라와의 뜻과는 다른 방향으로 진행될 수밖에 없었다. 게다가 이홍장이 피습당하는 사건이 일어났다. 이홍장이 3차 회담을 끝낸 뒤 오후에 교자를 타고 숙소인 인접사 문 앞으로 돌아왔을 때 한 청년이 인파를 뚫고 튀어나와 교자꾼을 물리치고 이홍장의 안면을 찔렀다. 일본군이 베이징을 점령하지 않은 것을 반대해 일본 군부가 자객을 사주했다는 말이 떠돌았다.

이런 곡절을 겪으면서 이홍장은 일단 정전협정을 체결했다. 그 내용은 현재 주둔하고 있는 군대는 그대로 주둔하고 전진하지 않는다는 것, 군사를 현재 수준에서 더 증원하지 않는다는 것, 군수품 수송을 금지하고 조사한다는 것 등이었다. 그해 3월 23일(양력 4월 17일)에 정식 강화조약이 체결되었는데, 흔히 시모노세키조약이라 부르지만 '중일정전협정'이라고도 부른다. 조약의 요지는 다음과 같다.

1. 청나라는 조선이 완전무결한 독립 자주임을 인정한다.
2. 청나라는 랴오둥반도를 비롯하여 타이완 전도와 그 소유의 부속 각 도서를 일본에 할양한다.
3. 청나라는 일본에 배상금 2억 냥(당시 일본 화폐 3억 엔)을 주어 배상군비로 삼는다.

시모노세키조약 청일전쟁의 전후 처리를 위해 1895년 3월 23일 청나라와 일본이 일본 시모노세키에서 강화조약을 체결했다.

4. 청나라의 사스(沙市)·충칭(重慶)·쑤저우(蘇州)·항저우(杭州)의 개항과 일본 선박의 양쯔강 및 그 부속 하천의 자유 통항을 용인하고 일본의 거주·영업·무역의 자유를 승인한다.

이 조약을 부연하면 청나라는 조선의 독립을 인정하고 일본은 조선에 대해 정치, 군사, 경제 지배권을 강화하려는 것이었다. 가장 주목을 끄는 조항은 랴오둥반도와 타이완 할양, 막대한 배상금을 받아내는 것이었다. 전승국 일본의 날강도 짓이라 할 수 있다.

일본은 경복궁 점령을 통해 괴뢰 정권인 개화 정권을 탄생시켜 조선의 내정에 간섭하고 동학농민군을 토벌해 군사력으로 실질적 지배를 강화했다. 또한 청일전쟁을 일으켜 7개월여 동안 전쟁을 벌인 끝에 조선에서 청나라의 종주국 지위를 끝장내고 덤으로 세 지역의 중국 땅을 확보했다. 메이지유신 이후 조선을 향한 정한론을 펴고 청나라를 겨냥한 동양 평화론을 주장한 일본이 일거에 이를 실현시킨 것이었다.

하지만 열강은 이를 국제 문제로 비화시켰다. 이 과정을 지켜본 러시아, 프랑스, 독일은 국제법을 위반했다는 이유로 일본을 비난했고 그동안 양다리를 걸치던 영국도 이에 동조해 직접적으로 간섭하려 했다. 마침내 영국, 프랑스, 독일은 동양 평화를 명분으로 내세우며 랴오둥반도 할양에 거세게 반대했으며 러시아는 더욱 강경하게 랴오둥의 반환을 요구했다. 결국 일본은 더 버티지 못하고 랴오둥을 반환하는 조치를 단행했다(『청일전쟁과 조선』).

어쨌든 시모노세키조약으로 인해 조선에 대한 청나라의 종주권 주장은 끝을 맺었다. 청나라는 전통적 사대관계에 이른바 '종주권'이라는 이름을 붙여 일본 및 서구 열강에 대한 조선의 외교에 간섭하고 조선 국내의 이권을 농락하려 했다. 이때 일본은 '조선의 완전 독립'을 보장한다고 떠벌려 그 종주권을 빼앗고 청나라의 간섭을 배제해 조선을 마음대로 주무를 계기를 만들었다. 더욱이 그들은 불평등한 무역 등의 경제 침탈은 물론이요, 조선 땅을 침략하면서 그 경비마저 몽땅 조선 백성들의 호주머니에서 짜낼 수 있었다.

일본은 랴오둥을 포기하는 대신 타이완을 통째로 집어삼켰고 전쟁 비용으로 막대한 배상금도 받아냈다. 그리하여 타이완이 조선보다 먼저 식민지가 되었지만 조선의 명운도 얼마 남지 않은 것은 마찬가지였다. 또 현재 중국과 일본이 영토 분쟁중인 댜오위다오(釣魚島, 센카쿠열도) 문제의 빌미는 이때 생겼다.

그동안 동학농민군은 일본이 경복궁을 점령하고 개화 정권을 출범시키는 것을 예리하게 관찰하며 청일전쟁의 귀추를 지켜보고 있었다. 그리고 마침내 1894년 9월, 동학농민혁명 2차 봉기를 일으켰다.

2장

일본 침략자를
몰아내자

2차 봉기를 준비하다

일본군이 경복궁을 점령하고 청일전쟁을 일으키자 더욱 반일 감정이 고조되어 동학농민군은 곳곳에서 지역 중심의 봉기를 도모했다. 경기 외곽에서도 봉기가 일어났고 내륙인 경상도 북부와 남해안 지역을 비롯해 충청도 청주·홍주 등지, 강원도와 황해도로도 봉기가 확산되었다. 농민군 해방구가 집강소 활동 기간보다 더욱 늘어난 형세였다. 평안도와 함경도만이 조금 잠잠했을 뿐이었다. 이는 청일전쟁 당시 일본군의 분산작전에 영향을 받은 탓이기도 했다.

농민군 지도자들은 이런 사태를 두고 나름대로 정세를 분석하고 대책을 준비했다. 전봉준은 집강소 활동 기간에 크게 세 가지에 관심을 두었다. 첫째, 전국에 걸쳐 민심의 동향을 예리하게 살폈다. 둘째, 국내외

정세가 어떻게 돌아가는지 알아보았다. 셋째, 일본 침략자에 맞서 다시 봉기할 시기를 재고 있었다.

마침내 1894년 가을, 남북접이 연합해 동학농민혁명 2차 봉기를 단행했다. 일본군은 정토군(征討軍)을 편성해 조선 관군과 합동작전을 펴고 농민군을 토벌했다. 곳곳에서 대량 학살이 자행되었다.

전봉준은 집강소 활동 기간에 2차 봉기를 준비하면서 사자를 곳곳에 보냈다. 인근인 충청도뿐 아니라 경상도, 경기도 등지의 농민군 지도자와 수령 등 유력 인사에게도 폐정을 바로잡아달라거나 군수전을 요청하는 등 협조를 구하는 전령을 보냈다. 사자들은 전봉준이 보냈다는 증명 문서를 들고 다녔다.

전봉준이 보낸 염찰사(廉察使)라고 자칭한 최달곤 등 세 사람은 8월 27일 동래부사 민영돈을 찾아갔다. 그들의 행장에는 '농민군의 영수 전봉준'의 이름이 적힌 격문과 함께 놀랍게도 각지의 탐학한 관리와 토호들의 병난을 적은 '염찰기'라는 문서가 들어 있었다. 민영돈은 그들을 방으로 들이고 주위 사람들을 물리친 뒤 몇 시간 동안 밀담을 나누었다. 그리고 그날 밤 그들에게 술을 곁들여 후한 대접을 한 것으로도 모자라 다음날 오후에 떠날 때 말 두 필과 상당한 여비까지 주었다.

이 사실은 일본의 밀정들이 추적해 알아내 즉각 부산 주재 일본 총영사에게 보고되었다. 일본영사는 이를 엄중히 항의했으나 동래부사는 그런 사실이 없으며 다만 어떤 정탐객이 이방을 찾아와 공갈 협박을 일삼다 갔다고 회답했다(『주한일본공사관기록』). 일본영사관에서는 전봉준의 사자들을 계속 추적한 끝에 울산에서 그들을 잡아 동래감리서에 구금했다.

사자들의 행적을 요약하면 이러했다. 함안에서는 그곳 좌수와 함께 수령을 만나 "영감께서는 목민관으로서 이와 같이 흉년을 당한 백성들에게 부세(賦稅)를 독촉해 그 고통을 견딜 수 없게 하니 이것은 무슨 까닭인가"라고 따지며 시정을 촉구했다. 마산포에 가서는 전운사 정병하에게 "영남 도민의 목숨과 생활이 영감 손에 달려 있는데, 지금 모두 죽이려 하는 것은 무슨 뜻인가? 수세가 지연되면 해당 관리는 주리를 틀고 구실아치는 형벌을 시행한다 하니 이런 흉년에 어찌 이처럼 수세 독촉이 심한가"라고 힐책했다. 이때의 사실을 고성부사 오횡묵은 다음과 같이 기록했다.

하동에 산다는 최학봉이 전봉준 접소의 공문을 가지고 각 읍의 정치를 살펴보기 위해 6월 그믐께부터 각 지역을 순행한다고 밝혔다. 그리고는 "들으니 고성에 민란이 일어났다기에 찾아왔는데, 사또를 보니 나이와 덕이 노성하여 잘 단련하고 채신을 지킬 것 같은데 무슨 까닭으로 민란이 일어나는 지경에 이르렀는가?"라고 말했다. 이어 공문을 보니 수령의 정치와 민간 토호의 잘못을 살피고 또 이달 15일 영남의 각 접이 의령 백곡촌에 모여 폐단을 바로잡는다는 말이 있었다. 그 도인은 선정을 당부하고 물러갔다.

―『고성총쇄록(固城叢瑣錄)』

당시 오횡묵은 폐정을 고치겠다고 약속해 봉기의 확대를 막았다. 실제로 그는 구실아치들이 잘못이 없다고 변명하며 폐단을 바로잡기를 소홀히 하려 들자 엄단하겠다고 공표했다. 전봉준이 보낸 염찰사 최달곤 일행은 통영, 거제, 김해, 기장에 갔다. 그들은 수령들을 만나 폐정을 바로잡으라고 윽박질렀다. 최달곤 일행은 남해안에 위치한 열 개쯤 되는 고을을 돌아다녔다.

한편, 전봉준은 동학 북접 교단과 연합작전을 모색하면서 흥선대원군 계열과도 접촉한 사실이 일본 첩자들에 의해 포착되었다. 동학교도 장두재라는 인물이 흥선대원군을 만났고 흥선대원군이 청나라군과 합세해 일본군을 격퇴하기로 뜻을 맞춘 뒤 김덕명, 김개남, 손화중 앞으로 봉기를 촉구하는 편지를 보낸 사실이 드러났다.

흥선대원군이 전봉준에게 사자를 보낸 사실도 포착되었다. 1894년 8월에 전봉준이 태인 지금실에서 휴식을 취하고 있을 때 두 사람이 찾아왔다. 한 사람은 삿갓을 쓰고 상복을 입었으며, 또 한 사람은 하인 복장을 하고 있었다. 그들은 흥선대원군의 친서를 내밀었다. 서찰에는 "서울에 있는 일본군을 몰아내야 하니 곧바로 서울로 진격해달라"고 쓰여 있었다.

또 8월에는 흥선대원군이 경상도, 충청도, 전라도 농민군에게 겉으로는 효유문을 보내 해산을 종용했으나 뒤이어 재봉기를 당부하는 글을 은밀하게 보냈다. 먼저 보낸 효유문은 일본과 개화 정권을 속이기 위한 위장이었다. 흥선대원군의 수족들도 눈에 띄지 않게 조용히 움직이며

흥선대원군 효유문 동학농민군에게 해산을 권고하는 내용으로 1894년 8월에서 9월 사이에 전국 각지에 공포되었다. 전라북도의 유형문화재 제235호로 지정되었다(동학농민혁명기념재단).

양쪽의 뜻을 전했다. 9월 초 무렵, 전봉준은 친분이 있는 송희옥의 편지를 받았고 이어 흥선대원군의 밀사인 박동진과 정인덕이 전주로 내려와 전봉준에게 재봉기를 당부했다. 전봉준이 삼례에 나와 있을 때 송정섭을 통해 다시 비기(秘奇)를 띄웠다.

어느 날 흥선대원군의 사자 이건영이 효유문을 들고 오자 전봉준은 그들을 남원에 있는 김개남에게 보냈다. 김개남은 "우리의 거사는 나아감만 있지 물러감은 없다. 만일 국태공의 명을 따른다면 만사가 틀어진다. 그들 일행을 죽여서 국태공의 바람을 끊는 것이 좋다"라고 했다. 김개남과 전봉준의 정치적 지향이 달랐음을 알려주는 대목이다. 하지만 이 과정은 은밀히 이루어져 그 진위를 정확히 알기 어렵다.

그 무렵 몰락 양반이나 향반 같은 신분계층이 동학농민군에 동조하는 일이 부쩍 늘었다. 그들은 임금이 경복궁에 유폐되고 개화파가 득세하는 꼴을 차마 볼 수 없었다. 공주의 유림 두령 이유상이 그 대표적 인물일 것이다. 이유상은 전봉준과 끝까지 행동을 같이한 유림이었다.

또 지방관들도 협조하는 경우가 많아졌다. 전라감사 김학진을 비롯

삼례 봉기 기념비 전봉준은 1894년 9월 초 재봉기를 결정하고 삼례에 대도소를 설치한 뒤 봉기를 준비했다.

해 여산부사 유제관, 익산군수 정원성, 경상우병사 민준호 등을 꼽을 수 있다. 그들은 집강소 활동을 돕기노 했지만 농민군이 군수전을 걷을 때 은밀히 협조를 아끼지 않았다. 그리하여 일본 정토군 사령관 미나미 고시로(南小四郎)도 그들을 '동학당과 내통한 자'로 보고했다.

재봉기 시기를 결정한 전봉준은 9월 초 무렵 삼례로 나와 대도소를 설치하고 휘하의 농민군을 불러모았다. 누구보다 먼저 달려온 농민군 지도자들은 진안의 문계팔, 금구의 조준구, 전주의 최대봉, 정읍의 손여옥, 부안의 송희옥 등과 삼례 옆 익산의 오지영 등이었다. 전봉준은 그들에게 "우리 충의의 선비는 마음과 힘을 합께 함께 일어나 왜를 물리치고

삼례 봉기 역사 광장 동학농민혁명 2차 봉기를 기념해 조성한 삼례 봉기 역사 광장은 지금까지 만들어진 동학농민혁명 관련 기념물 중 가장 완성도 있다고 평가받고 있다.

나라를 구하자"라고 당부했다.

이제 전봉준은 전라도와 충청도 고을마다 군수품 조달에 협조해달라는 통문을 띄웠고 먼저 관가의 곡식을 접수하면서 부호에게도 염출하게 했다. 수령이 이에 응하지 않을 경우 현장에서 농민군이 강제로 빼앗는 경우도 있었지만 호응해주는 경우가 많았다. 또 가을걷이에 조정에서 거두는 세미를 내지 않는 대신에 그 몫을 농민군에게 군수미로 내게 했다. 그렇게 군량미를 넉넉하게 확보하기 위해 봉기 시기를 가을걷이 이후로 미루었던 것이 아닌가. 마침 그해 가을걷이는 풍년이라 할 정도로 수확이 아주 좋았다.

군수미, 군수전, 군목은 농민군의 필수품이었던 터라 현지 집강소에서 마련해 공급했다. 전봉준 계열은 원평 대도소에서 보냈고 김개남 계열은 남원 대도소에서 공급했다. 김개남은 군수품을 거두는 데도 전봉준과는 별도로 경쟁적으로 진행했다. 또 물건을 받을 때는 표지를 발급해주는 경우도 있었다. 나중에 갚는다는 어음과 같은 것이었다. 또 농민군의 옷을 짓는 옷감을 마련하기 위해 군목(軍木, 옷감)도 거두었다.

봉기를 위한 마지막 준비로 무기도 거두어들였다. 관아의 무기고에서 조총을 비롯해 창과 칼을 인수하기도 했고 농민군이 대장간에서 무기를 만들기도 했다. 게다가 전봉준은 김학진과 협의해 전라감영 군기고와 위봉산성에 보관된 무기를 모조리 농민군이 건네받기로 합의했다. 다음과 같은 기록이 있다.

전봉준이 병사를 위봉산성에 보내 군기와 화약을 가져가면서 10분의 1만을 남겨두었다. 지키는 자가 급박하게 감영에 알리자 김학진은 "군기를 조금 남겼다면 또 와서 가져갈 것이니 깡그리 가져가는 것이 분란을 없게 할 것이다"라고 말한 뒤 병교(兵校)를 전봉준에게 보내 모조리 가져가라고 일렀다.

─『오하기문』

이 무기들은 곧바로 삼례 농민군 도소로 옮겨졌다. 이 무기와 화약은 전봉준과 김학진이 그동안 철저히 비밀에 부치고 아끼던 것이었다. 게다가 전봉준은 김학진을 운량관으로 삼아 각 고을의 양곡 운반의 책임을 맡겼다. 그런데 전라감사 김학진은 일종의 위장 전술을 쓰고 있었다. 다음 기록을 살펴보자.

> 금구의 원평에서 동학도를 모은 괴수 전봉준 등이 이미 귀화했다가 소요를 일으킨 연유는 이미 아뢰었습니다. 이달 14일 4시경에 전봉준이 삼례역에서 비도 800여 명을 이끌고 총을 쏘고 북을 울리면서 전주성 안으로 들어왔습니다. 그는 날이 저물자 감영 근처에 있는 군기고에 들어가 총 151자루, 창 11자루, 환도 442자루와 철환 및 여러 가지 물품을 모두 빼앗아갔으며 저녁에는 창고를 공격해 화포 74문, 탄환 4만 1234개, 환도 300자루 따위의 무기를 빼앗아 오후 7시 무렵 전주성에서 물러갔습니다.
>
> ―『주한일본공사관기록』

김학진의 이런 보고는 보신책이었을 것이다. 그가 전봉준에게 협조한 사실을 위장하려고 거짓 보고를 올린 것이다. 또한 호남 지역의 관아에서 무기와 군수미를 확보할 때 전봉준이 강제로 관아에서 약탈한 경우는 매우 드물었다. 전봉준은 전주화약을 맺고 집강소 활동을 전개할 때 "다시 때를 기다려 봉기하겠다"고 약속했다. 적어도 넉 달 넘게 농민 통치 활동을 벌이는 한편, 재봉기를 준비했던 것이다.

전봉준의 주도로 이루어진 이런 봉기 준비는 나름대로 만전을 도모했다고 할까. 하지만 아직 풀어야 할 중요한 과제가 남아 있었다.

마침내 연합전선이 이루어지다

집강소 활동 기간, 일부 호남 지역의 북접 세력은 최시형의 지시를 받으며 전봉준에게 협조하지 않았고 충청도와 경상도 농민군도 주저하고 있었다. 전봉준이 2차 봉기 준비를 끝낸 뒤 결단을 내려 농민군을 삼례로 모이게 한 것도 북접을 압박하는 하나의 수단이었다.

9월 20일 무렵, 노적가리가 논에 쌓인 삼례에는 흰옷을 입은 사람들이 언덕과 들판을 가득 메웠다. 전라도, 충청도, 경상도 사투리가 뒤섞여 왁자하게 들판에 울려퍼졌다. 의기와 울분으로 똘똘 뭉친 사람들이 모여 분주히 봉기 준비에 힘썼다.

호남의 입구에 자리잡은 삼례는 교통의 요지였다. 충청도를 거쳐 달려온 파발마들이 천안, 여산을 거쳐 삼례역에서 휴식을 취하고 서쪽의 옥구·군산, 남쪽의 전주·정읍·광주·나주, 동쪽의 남원·구례·순천으로 달려갔다. 또 반대로 남쪽에서 서울로 올라가는 사람들은 이곳에서 발길을 멈추고 하룻밤을 묵었다. 선봉순은 이런 삼례를 농민군을 집결시켜 재정비하는 전진 기지로 삼았다.

삼례 고을은 활기에 넘쳤다. 어떤 이들은 종이를 펼쳐놓고 통문을 베꼈다. 되도록 많은 통문을 만들어서 전국에 띄워보냈다. 전령은 이 통문을 실은 말을 타고 각지로 달려가서 삼례로 모이라고 알렸다. 다만 교통이 차단된 북쪽으로는 전달되지 않은 것으로 보인다. 마소에 바리바리 실려온 무기와 군수전, 군량미가 언덕과 들판에 쌓였다. 여염에서는 밤낮을 가리지 않고 밥을 짓느라 굴뚝의 연기가 끊이지 않았다.

삼례역참터 삼례 봉기의 중심지 역할을 했던 삼례역참 관아가 있던 곳으로 현재는 삼례동 부교회가 위치해 있다.

남원에 있는 김개남은 "내가 북상할 터이니 후원이 되어달라"는 전봉준의 부탁을 받고도 운수를 들먹이며 거절했다. 한편, 손화중과 최경선은 후방의 공급 기지를 지키고자, 또 일본군이 바다 쪽으로 상륙할지 모른다는 우려에 따라 광주를 사수하기로 결정했다.

이제 무엇보다도 북접의 호응을 끌어내는 일이 남아 있었다. 전봉준은 호남 농민군을 삼례에 결집시키고 있었지만 최시형의 동의를 얻지 못해 농민군 동원에 한계를 보이고 있었다. 동학의 북쪽 조직, 특히 충청도, 경상도, 경기도 남부와 황해도 조직은 최시형의 지시 없이는 움직일 수 없었다. 최시형은 남접에서 벌이는 봉기를 처음부터 탐탁지 않게 여겼다. 최시형의 가르침을 충실히 따른 김낙철은 "해월 선생님 비밀 분부 안에, '저 봉준은 교인의 행사가 아니다. 안으로 다른 사상을 가지고 있다. 결단코 상관하지 말라. 비록 백 가지 어려운 가운데 있더라도 한결같이 상관함이 없게 하고 한결같이 내 지휘를 따르라'고 하셨다"라고 기록했다(『김낙철역사(金洛喆歷史)』).

심지어 남접을 징벌하라는 벌남기(伐南旗)를 보내고 통유문을 띄워서 집강소 활동을 방해하기도 했다. 그리하여 남접 농민군을 공격해 서로 상처를 입히고 죽이는 불상사도 일어났다. 특히 재봉기를 앞두고 남접 농민군은 북접의 지시를 받고 방해를 일삼는 동학교도들을 압박했다. 최시형은 그 무렵에도 다음과 같은 통유문을 보냈다.

지금 들으니 호남의 전봉준과 호서의 서인주가 문호를 별도로 세워서 남접이라 이름하고 창의를 빙자하여 평민을 침해하고 도인을 끝간 데가 없을 지경으로 해친다 하니 이를 일찍 끊지 아니한다면 향내나는 풀과 구린내나는 풀을 구별할 수 없어서 옥과 돌을 모두 불태울 것이니 원컨대 팔도의 포에 우리 북접을 신앙하는 자는 이 글이 도착하는 대로 따르는 성심을 분발하여 각 해당 두령들이 알려주고 단속할 때 한결같이 따라서 티끌만큼이라도 어긋남이 없게 하고 사문난적(斯文亂賊)을 소리를 같이하여 정토함이 옳겠다.

　　　　　　　　　　　　　　　　　　　　　　　　　—『천도교교회사』 초고

여기에서 말하는 옥은 진동학(眞東學), 돌은 위동학(僞東學)을 뜻한다. 황현도 동도와 난민을 나누어 온건파와 강경파를 구분했다. 일본측에서도 조용히 관망하는 자들을 '진짜 동학당의 무리', 봉기를 서두르는 자들을 '가짜 동학당의 무리'라고 분석했다. 동학교단 내부의 이런 갈등과 노선을 파악하고 있었던 것이다.

그래서 호남에 속한 김낙철 등은 남북 교단의 조화방법을 모색해 김방서, 유한필, 오지영 등을 먼저 전봉준에게 보내 화해를 건의했다. 고대하던 전봉준은 이를 받아들여 전라도 지역 북접 인사에 대한 압박을 중지하고 세 사람을 최시형에게 보내 타협을 모색했다.

신중을 기하던 최시형은 이들을 만난 뒤 김연국, 손병희, 손천민 등 교단 지도자들을 불러 상의했다. 여러 북접 지도자는 논의 끝에 대세가 어쩔 수 없다고 판단했다. 더욱이 조정에서는 집강소 기간에 경기도, 충청도 등지에서 남접·북접 교도들을 가리지 않고 한통속으로 보아 탄압했고 교단 지도자들을 체포하려고 포교들을 풀어놓은 상황이었다.

최시형은 손천민을 전봉준에게 보내 진의를 확인했고 손천민은 이를 최시형에게 알려 연합전선을 펴야 한다고 건의했다. 손병희는 대세를 거론하며 남북접이 함께해야 한다고 주장했다. 그리하여 최시형은 마침내 전국의 교도들에게 남북접이 손을 잡고 항일전선에 나서라는 지시를 내렸다. 이를 대동원령이라 한다. 이에 북접 지도자들은 벌남기를 찢고 통유문을 거두었다. 이렇게 하여 오랜 여망인 남북접 연합전선이 실현되었다.

9월 18일, 최시형은 북접의 여러 접주를 청산으로 불러모아 교도들이 전봉준에게 협력해 "선사의 신원을 통쾌하게 신원하고 나라의 급박한 어려움을 풀려면 함께 나아가라"고 일렀다. 이어 북접 지역의 도소와 접소를 창의소로 바꾸고 군사와 군수품을 모아들였다. 이 대동원령이 내려지자 효과가 매우 커서, 특히 충청도·경상도·경기도·황해도 지역에서 봉기가 들불처럼 일어났고 호남의 북접들도 명분을 갖고 합류했다.

삼례에 모여 행진 날짜를 기다리던 남접 농민군은 행군 기일이 9월 20일로 정해지자 환호성을 지르며 하늘을 찌를 듯이 펄쩍펄쩍 뛰었다. 전봉준은 다시 전라도 창의대중소(倡義大衆所)의 이름으로 충청도 지방에 전령을 연달아 전했고 경상도 지방에도 사자를 보내 독려하는 글을 돌렸다.

이제 삼례는 더욱 복작거려 비좁아 터질 듯했다. 당시 너른 길이었던 삼례의 도로는 마소가 다닐 수 없을 정도로 붐볐다. 잠잘 곳이 모자라 천막을 새로 치거나 고을민의 집을 빌리며 숙식을 해결했다. 뒤늦게 달려온 이들은 들판과 언덕에서 노숙하기도 했다. 각지의 집강소에서 출발한 양곡과 무기, 화약을 실은 우마차들이 삼례로 꾸역꾸역 모여들었고 생활필수품을 꾸린 짐들도 마방이나 민가로 들어갔다.

농민군과 따라온 가족들, 삼례의 고을민들은 잠시도 일손을 놓을 수 없었다. 삼례에는 왕궁리 등지에 왕대밭이 많았고 아래쪽에는 왕골이 자라는 논도 많았다. 농민군 수가 점점 불어나 무기가 모자라자 왕대를 베어와 죽창을 만들었다. 왕대 한쪽을 깎고 끝을 불에 그슬려 참기름을 발라 강도를 높였다. 또 화약을 조금이라도 더 확보하기 위해 재료를 모았다. 오줌통에서 오줌이 말라붙은 허연 찌꺼기를 긁어모으면 화약의 원료인 질산칼륨을 얻을 수 있었다.

또 횃불도 서둘러 잔뜩 만들었다. 횃불은 어둠을 밝히기도 하지만 농민군의 의지를 드러내는 상징물이었다. 횃불에는 나무토막, 헝겊, 솜, 짚, 그리고 무엇보다 송진, 콩기름, 동백기름 따위가 필요했다. 당시 양초와 석유는 수입품이어서 매우 비쌌다. 그래서 농민군은 가장 손쉽게 구할 수 있는 송진과 간솔(불쏘시개)을 채취하느라 온 산을 헤맸다. 이렇게 손수 만든 군용물자를 수레마다 가득 실었다.

가장 중요한 군수물자 중 하나는 다름 아닌 농민군의 의복이었다. 때는 가을이어서 날씨가 제법 쌀쌀했다. 적어도 몇 달 동안 전쟁을 치르려면 옷을 준비해야 했다. 그래서 부녀자들은 옷 짓기에 바빴다. 음력 9월 말경에는 서리가 내리는데, 앞으로 몇 달에 걸쳐 전투를 벌일 예정이어서 옷을 두툼하게 지어야 했다. 농민군의 전투복은 종아리를 끈으로 묶는 등 간편하게 만들었으나 새로 지원한 농민군에게까지 모두 지급하기 힘들었다. 부녀자들이 수십, 수백 명씩 모여 면포를 가득 쌓아놓고 분주히 농민군의 군복을 지었다.

일본 첩자가 쓴 『마시검명록(馬嘶劍鳴錄)』에 실린 농민군 군복의 그림을 보면 군졸의 경우 상투머리에 수건을 동이고 한 손으로 조총을 잡고 허리에 화승(火繩)통을 차고 있다. 게다가 등에는 부적을 붙이고 종아리 자락은 끈으로 질끈 묶었다. 옷 색깔은 황색, 옥색, 청색으로 나뉘어 있는데, 지휘관과 군졸을 구분한 것으로 보인다.

농민군 지휘관의 모습을 보면 말을 타고 오른손에 양산을 펼쳐들고 모자를 쓰고 있으며 왼쪽 허리춤에는 긴 칼을 차고 있다. 그 앞에는 화

9월 봉기 기록화, 이의주, 1987년.

승총을 든 수종이 말고삐를 잡고 말을 끌고 있다. 한편, 대장인 전봉준은 백마를 타고 수십 명의 호위를 받으며 행진했다. 화승총이 없는 농민군은 창칼만 들거나 그마서노 없으면 죽창을 꼬나들었다.

추운 겨울에 산과 들판을 누비려면 짚신과 버선, 감발도 필수품이었다. 이들 물건을 만들려면 무명과 짚 외에도 왕골과 솜, 종이가 필요했다. 짚신은 왕골과 삼줄을 섞은 미투리가 내구성이 좋았다. 이런 물건을 여기저기서 만들어 모아다가 산더미처럼 쌓아놓았다.

한 가지 흥미로운 군수물자가 있었는데, 바로 쇠가죽이었다. 농민군은 삼례 등지에서 때로 소를 잡아 향연을 베풀고 쇠가죽은 잘 간직해두었다. 쇠가죽은 취사도구로 쓸 수 있기 때문이었다. 야외에서 쇠가죽을 펼쳐 네 나무다리에 걸고 씻은 쌀과 물을 부은 뒤 밑에서 불을 지피면 수십 명이 먹을 밥을 지을 수 있었다.

이렇게 전봉준이 직접 지휘하는 농민군은 삼례에서 보름쯤 여러 준비를 하면서 북접의 호응을 기다리고 있었다. 마침내 9월 20일, 진군의 나팔소리가 울렸다. 이때 남접 농민군의 구성을 보면 호남의 모든 고을이 망라되어 있었다. 남쪽으로는 장흥·강진·영암·해남·순천·보성, 중부에서는 광주·나주·남원·순창·장성·함평, 전주 주변에는 전주를 비롯해 부안·익산·함열·김제·금산 등지가 참여했다. 무안·영암 등 몇몇 고을은 주로 현지에서 활동한 것으로 보인다. 이들 농민군의 전체 규모를 추산하기란 쉽지 않다. 수만 명에서 10만여 명으로 짐작되지만 기록에 따르면 전봉준의 직속부대는 4000여 명이었다고 한다.

놀뫼에서 두 손을 잡다

삼례에서 은진으로 이어지는 도로는 곧게 뻗어 있어 걸릴 것이 없었다. 마침내 전봉준은 자신이 직접 거느리는 농민군을 선발대로 내세우고 나팔소리를 길게 울리면서 삼례를 출발했다. 은진으로 가는 길옆 너른 들판에는 노적가리가 높이 쌓여 있었다. 전봉준은 호기롭게 들판과 행진 대열을 번갈아 바라보며 상념에 잠겼을 것이다. 이때 전봉준은 북접과의 연합을 이루었으나 김개남과의 호응은 끝내 실현되지 않아 못내 아쉬워했다.

그러면 김개남은 어떻게 대처하고 있었는가? 김개남도 동학농민혁명 2차 봉기를 서둘러 준비하며 군수품 모집에 열중했다. 남원 대도소에 모인 김개남 휘하의 농민군은 5, 6만 명으로 추산될 정도로 위세를 자랑했다. 여기에는 김개남의 혈족인 태인의 도강 김씨들이 대거 참여했고, 특히 천민들이 많이 활동한 것으로도 유명하다.

그들은 전봉준 계열과는 독자적으로 물자를 모아 남원 대도소에 보관했다. 이 지역은 지리산 언저리 고을들로 농민군이 맹렬히 활동한 탓에 부작용도 있었다. 태인 농민군이 곡성관아로 가서 화약을 모아놓고 술을 마시며 담배를 피우다가 화약에 불이 붙어 김개남의 조카 등 80여 명이 폭사했다. 이 사고를 본 김개남은 관군의 탓이라 여기고 더욱 이를 갈았다.

일설에 따르면 흥선대원군의 사자가 김개남을 찾아 남원에 왔을 때 거의 죽을 지경에 이를 때까지 그를 몽둥이로 두들겨팬 뒤 감옥에 가두었다 한다. 승시 이건영이 와서 임금의 분부라며 "군사를 풀지 말고 힘을 합해 왜를 토벌하라"고 하자 김개남이 공손히 예우했다고도 한다. 서장옥이 운현궁에 숨어 있다가 흥선대원군의 비밀 편지를 들고 와 "지난번 해산하라고 효유문을 보낸 것은 왜의 협박 때문이니 믿지 말고 군사를 정비해 북상해 함께 국난에 나아가라"고 전했다 한다. 황현의 이런 일화는 적당들이 민심을 현혹하기 위해 퍼뜨린 와언에 불과하지만 백성들은 이를 믿었다고 기록했다.

전봉준이 북상하면서 김개남에게 격문을 보내 후원군을 보내달라고 요청하자 그는 "남원에 49일 머물러 있어야 일을 당해낼 수 있다"는 비기의 말을 듣고 8월 25일부터 계산해 그 만료일인 10월 14일에 전주로 나왔다 한다. 그가 거느린 농민군이 전주로 나올 때 총통을 멘 자는 8000여 명이었고, 짐수레는 100여 리에 걸쳐 끊이지 않았다. 농민군이 출발하면서 장터의 장군과 점포의 물건을 빼앗아 수만 냥을 마련했다고도 한다.

전주로 나온 김개남은 남원부사이자 새로 소모사의 직책을 맡은 이용헌을 만나 자신을 죽이고 남원을 평정하려 했다며 칼로 쳐서 죽였다. 또 전주 길가에서 우연히 순천부사 이수홍, 고부군수 양필환과 마주쳤다. 김개남을 보고도 이수홍이 교자에서 내리지 않자 김개남은 부하를 시켜 두 수령을 끌고 진영으로 들어갔다.

김개남은 이수홍이 군수전 5만 냥을 내지 않았다며 큰 곤장 30대를 때리고 감옥에 가두었다. 순천좌수인 장 아무개가 옥졸에게 뇌물을 써서 밤을 틈타 이수홍을 면회했다. 이수홍은 좌수의 손을 잡고 울며 "도둑에게 3000냥의 뇌물을 바치면 살아날 수 있을 것이다. 내가 순천 백성에게 죄를 짓지 말게 해달라"라고 당부했다. 좌수가 돈 3000냥을 빌려다 바쳐 이수홍은 풀려났다. 양필환은 곤장을 맞고 풀려났으나 장독으로 죽고 말았다.

뒤늦게 삼례로 나온 김개남은 전봉준의 후원이 되어 뒤따라 은진으로 올라왔고 청주병영 공격에도 나섰다. 하지만 김개남의 독자적이고 과격한 태도는 연합전선 형성에 차질을 가져왔다는 평가를 받기도 한다.

전봉준은 농민군을 3열 종대로 편성해 진군했고 그는 높은 벼슬아치나 장수의 행차를 표시하는 의식용 수레 덮개 홍개(紅蓋)를 씌운 수레를 타고 행렬 가운데에서 행군을 지휘했다. 전봉준은 2차 봉기부터는 상복을 입지 않고 농민군의 군복을 입고 때로는 수레를, 때로는 백마를 탔다. 삼례에서 준비한 수많은 군수물자를 실은 달구지가 꼬리를 물고 늘어섰다.

전봉준은 출발하기 직전 군사를 정렬해놓고 엄한 군령을 내렸다. 그는 "여러분, 닭고기와 개고기를 먹지 마시오. 우리는 계룡산의 운수를 받고 일어났으니 닭고기를 먹으면 그 운수를 손상시키오. 개고기를 먹으면 우리의 정신을 혼란시켜 뜻을 이루지 못하오. 명심합시다"라고 했다.

농민군은 이 말을 듣고 의아했으나 모두 따르기로 다짐했다. 실제로 계룡산은 새벽을 알리는 닭을 상징하기도 한다. 비결에는 계룡산이 새 왕조의 도읍지가 된다고 예언되어 있었다. 계룡산의 운수를 믿는 많은 사람은 인근의 신도안 등지로 몰려들어 새로운 세상이 열리기를 기다렸다. 최시형도 개고기는 정신을 혼란시키니 이를 먹지 말라고 일렀다. 그런 이유로 동학교도들은 개고기를 먹지 않았다.

전봉준이 행군을 앞두고 이런 주술적인 명령을 내린 이유는 무엇일까? 1차 봉기에서도 가축을 잡아먹지 말라고 누누이 지시했으나 더러는 지켜지지 않았다. 마을에 들어가 가축을 잡아먹는 행위는 고을민의 재산을 침해하고 민심을 잃게 만든다. 그래서 꾀를 내어 개나 닭을 잡아먹으면 해를 입는다는 말로 이를 금지시킨 것이다. 더군다나 농민군은 계룡산 옆길을 지날 예정이었다. 이 지시는 농민군의 심리를 교묘하게 이용한 전술이었을 것이다.

농민군은 깃발을 요란하게 휘날리며 대포 네 문을 앞세우고 행군했는데, 그 모습이 마치 뱀이 구불구불 기어가는 듯했다. 농민군은 삼례 가도에서 여산, 강경, 은진 방향으로 접어들었다. 전위는 논산, 연산 출신의 농민군이 맡았다. 사람, 깃발, 마소, 달구지 등이 질서정연하게 행진했다. 수십 리에 이르는 행렬은 장관을 이루었다. 고을민들은 연로에 나와 구경하고 손뼉을 치기도 했다. 덩실덩실 춤을 추는 이도 있었다.

농민군은 여산에서 행군을 잠시 멈추고 휴식했다. 여산은 충청도와 전라도 경계에 있는 요충지였다. 이곳에서는 여산부사를 지낸 김원식 등이 농민군을 이끌고 합류했다. 김원식은 많은 재산을 가지고 강경에 거주하면서 무인으로도 세력을 떨치던 토호였다.

여산에서 논산으로 가는 길은 은진을 경유하는 길과 강경을 경유하는 길로 나뉘었다. 전봉준 직속부대가 강경에 도착한 시일은 10월 초순이었다. 그가 강경 쪽 길을 택한 이유는 강경의 상인과 부호를 끌어들이기 위해서였을 것이다. 강경은 당시 조선의 3대 시장 중 하나가 열리던 곳이어서 부호와 보부상 들이 많이 모여들었다. 일본 상인들도 강경 포구를 중심으로 진을 치고 곡물상을 벌였다.

그래서인지 강경 상인들은 일본 상인에 대한 반감이 다른 지역보다 심했다. 처음 청일전쟁이 발발했을 때 강경과 강경 부근의 황산(지금의 연산) 토민들은 일본 행상이 나타나면 장사를 방해하거나 물건을 빼앗고 폭행하기도 했다. 이곳에 들어온 일본 상인들은 때로 생명의 위험을 느꼈다.

그리고 또다른 이유는 백마강과 금강 입구를 잇는 강경포구가 각지로 팔려나갈 해산물과 수십 척의 배가 모여드는 곳이었기에 공주 공방전을 벌이면서 이들 부호와 보부상에게 필요한 물품의 조달을 당부하려한 것이었다.

강경에서 은진 지경으로 들어올 때 전봉준 직속부대 수는 4000여명에서 1만여 명으로 불어나 있었다. 충청도 농민들이 연로에서 무리를 지어 합세했기 때문이다. 이곳에서 농민군은 연산과 은진에서 관아 창고에 보관하던 쌀을 빼앗아 군량으로 사용했다. 더욱이 현지 출신의 농민군은 연산, 논산, 강경의 부호들이 숨겨놓은 양곡을 찾아 조달했다. 10월 2일, 한 무리의 농민군이 은진현 관아로 몰려갔다. 그들은 관아의 건물을 때려 부수고 현감 권종억과 아전들을 묶어 호남으로 압송해갔다. 그 주변 수령들에 대한 경고였을 것이다.

은진에서도 농민군이 속속 합류했다. 부여 건평 출신의 유림 이유상은 공주 농민군을 거느리고 합류했다. 전봉준은 놀뫼(논산) 초포에 이르러 행군을 일단 멈추었다. 초포는 계룡산에서 내려온 시냇가의 나루터였다. 이곳에서는 계룡산이 아렴풋이 보였다.

전봉준은 여기서도 연달아 확보한 양곡을 빈민들에게 나누어주었다. 이 소문이 널리 퍼져 빈민들이 초포로 모여들었는데, 그들 중에는 도둑의 무리와 무뢰배도 섞여 있었다. 결국 '10만 대군'이라 부를 정도로 농

문바위골 동학교주 최시형은 동학교도에게 문바위골에서 총기포령을 내려 2차 봉기에 힘을 보탰다.

민군의 규모가 커졌다. 그러다보니 무기도 죽창뿐이요, 군복도 입지 못한 군사들이 많았다. 그렇다고 그들이 대열에 끼어드는 것을 막을 수도 없었다.

한편, 북접 농민군도 대동원령이 내려진 뒤 신속하게 움직였다. 북접에서는 최시형의 동원령을 전국에 서둘러 전달해 청산으로 집결하라는 지시를 내렸다. 그리하여 이종훈, 이용구 등은 경기도 이천, 안성, 양근 등에서 동원된 농민군을 이끌고 보은으로 나왔고 보은, 청주 주변 고을에서는 손천민, 강건회 등이 인솔했다.

하지만 강원도, 황해도, 그리고 경기 북부와 경상도 농민군은 일본군에 의해 길이 막혀 청산으로 합류하지 못하고 현지에서 항쟁을 벌였다. 예산, 홍주에서도 공주전투에 참여하지 못하고 현지에서 투쟁했다. 각

손병희 유허지 손병희는 최시형의 명에 따라 북접 농민군을 이끌고 전봉준이 이끄는 농민군에 합류했다.

기 사는 고장에서 주변으로 이동하면서 활동을 전개한 것이다.

최시형은 청산에서 "지금 도인이 앉으면 죽고 움직이면 살리니 힘써 용맹하게 전진하라"고 당부하고는 손병희에게 손수 '대통령기'를 써서 내려주었다. 이렇게 손병희가 북접 농민군의 '큰 두령', 곧 총사령관이 된 것이다. 손병희는 이용구를 우익, 이종훈을 좌익, 김규석을 후진으로 삼아 지휘하며 대오를 정비해 행진을 시작했다.

북접 농민군은 진격해오면서 산발적으로 전투를 벌였다. 북접 농민군은 갑대와 을대 두 부대로 나뉘어 갑대는 영동과 옥천을 거쳐 공주로, 을대는 회덕과 연산을 거쳐 놀뫼로 오도록 진로를 정했다. 놀뫼로 내려오던 을대는 청주의 충청병영을 공격하고 병영 무기고인 상당산성을 비롯해 제천, 단양, 청안, 영동, 천안, 회인, 진천, 목천, 직산 등지의 관아로 몰려가 무기를 빼앗았다.

마침내 10월 중순, 전봉준과 손병희는 놀뫼 초포에서 만났다. 두 지도자는 초포에 대본영을 세우기로 합의했다. 오지영은 이 장면을 다음과 같이 기록했다.

> 호남 전봉준과 호서 손병희 두 대장이 서로 만나 손을 잡으니 예전부터 만난 것같이 간담을 서로 비추고 지기가 부합되는지라. 드디어 형제의 의를 맺어 사생과 고락을 함께 맹세하니 전봉준은 형이 되고, 손병희는 동생이 되었다. 이달부터 같은 식탁에서 밥을 먹고 같은 장막에서 잠을 자고 그 밖에 모든 일을 똑같이 보조를 취해 나가기로 결심했다.
>
> ─『동학사』

이 기록은 당시의 정황을 잘 나타낸 것으로 보인다. 남북접의 농민군은 이렇게 우여곡절 끝에 연합전선을 펴고 전면적 대일 항전에 나섰다. 또 북접 선봉장 이종훈은 이때의 상황을 다음과 같이 기록했다.

> 장내리에 도착하여 사흘 동안 진을 치고 머물렀다. 해월신사께서 군사 지휘부를 정할 때 의암 선생에게 대통령기호(大統領旗號)를 받게 했다. 전규석을 선봉으로 삼고, 나는 중군으로, 이용구(李容九)를 후군으로 삼았다. 의암 선생의 말씀을 준칙으로 받들어 논산

으로 내려가 전봉준과 군대를 합했다. 두 군이 진용을 합한 지 사흘 만에 의암 선생께서 해월신사를 모시고 오셔서 진중에 주둔하고 머물러 계셨다.

— 이종훈, 『일기(日記)』

이 글에서는 최시형이 놀뫼에서 뒤늦게 남접 농민군과 합류했다는 사실을 전하고 있다. 이로 미루어보았을 때 최시형은 봉기 초기에 주요 전선에서 모든 사태를 지켜보았을 것이다. 현장에 참여했던 선봉장의 기록이니 사실로 인정해야 할 것이다.

이제 남북접 연합농민군에게는 충청감영이 있는 요새인 공주를 점령하고 서울로 진격한다는 절체절명의 과제가 주어졌다. 전봉준은 당시 양호창의영수(兩湖倡義領袖)라는 직함을 쓰고 있었다. 양호는 충청도와 전라도를 가리키는데, 스스로 충청도와 전라도 농민군의 총지휘관임을 표방한 것이다. 전봉준은 10월 16일 충청감사 박제순에게 간곡한 편지를 보냈다.

하늘과 땅 사이에 있는 사람은 기강이 있어 만물의 영장이라고 일컫는다. 거짓말하고 마음을 속이는 자는 사람이라고 할 수 없다. 일본의 도둑들이 군대를 움직여 우리 임금을 핍박하고 우리 백성을 걱정스럽게 하니 어찌 참는단 말인가? 임진왜란의 원수를 초야에 있는 필부나 어린애까지도 그 울분을 참지 못하고 기억하고 있는

데, 하물며 각하는 조정의 녹을 먹는 충신이니 우리 무지렁이들보다 몇 배 더 하지 않겠는가? 지금 조정의 대신들은 망령되고 구차하게 자기의 안전에만 빠져서 위로는 군부를 협박하고 아래로는 인민을 속여 일본 군대와 손을 잡아 삼남의 인민들에게 원한을 불러오고 임금의 군사를 움직여 옛 임금의 힘

박제순 박제순은 동학농민혁명 당시 충청감사였으며 을사오적으로 조선의 주권을 일본에 넘긴 주동자다.

없는 백성을 해치려 하니 진실로 무슨 의도이며 무슨 짓을 하려는 것인가? 지금 내가 하려는 일은 지극히 어렵겠지만 일편단심 죽음을 무릅쓰고 나라의 신하로서 두 마음을 품는 자들을 쓸어 조선 500년의 은혜를 갚으려 한다. 각하는 크게 뉘우쳐서 대의를 위해 함께 죽는다면 얼마나 다행이겠나.

—「전봉준상서(全琫準上書)」

전봉준은 이처럼 대일 항전을 철저히 표명했으나 박제순은 조금의 반응도 없었고 답장도 보내지 않았다. 박제순은 누구인가? 뒷날 높은

벼슬살이를 하면서 매관매직을 일삼다가 을사오적이 된 사람이었다. 그는 충청감사로 있을 때 일본군을 도와 농민군 타도에 앞장섰다. 이를 반성하고 은퇴했다면 '오적'의 오명은 벗을 수도 있었을 것이다.

공주전투를 앞두고 농민군 내부에서 작은 사건이 일어났다. 전봉준은 뒤늦게 합류한 김원식의 행동을 주의깊게 보면서 경계했다. 김원식은 평소 전봉준의 인간됨은 존경했으나 결단력이 부족하다고 여겨 군대의 사기가 점차 떨어진다고 보고 자신이 총대장이 되겠다는 야심을 가졌다 한다. 어느 날 밤 김원식이 작전을 의논한다는 핑계를 대고 전봉준 처소로 들어갔다. 김원식이 목침을 들어 잠자는 전봉준을 내리치려는 순간, 전봉준은 눈을 번쩍 뜨고 일어나 침착하게 제의했다.

"내가 지금 잠자다가 당신과 손을 잡고 노성 공격의 진두에 있는 꿈을 꾸었소. 우리 곧바로 노성을 공략하고 공주의 동북쪽을 단번에 차지해버립시다."

이때도 전봉준은 김원식에게 온화한 말로 제의했다. 결국 김원식은 이 말을 곧이곧대로 믿고 전봉준을 따르기로 마음먹었다. 그러자 전봉준은 공주 두령인 이유상에게 비밀리에 지시를 내렸다 한다. 다른 이야기로는 김원식이 술을 멋대로 마시고 행패를 부려 농민군 지도자들의 눈살을 찌푸리게 했다고도 한다.

그날 밤 이유상은 김원식을 불러 술자리를 베풀고 취하게 만든 뒤 틈을 엿보아 김원식을 살해했다. 이유상이 김원식을 죽일 때 전봉준이 말렸지만 이유상은 결단을 내렸다 한다. 공주 대회전을 앞두고 벌어진

이 사건으로 '논산포 대본영의 공기를 흐리게 했다'고 전하는 한편, 이유상은 용기 있는 행동으로 명망을 얻었다 한다. 이 소문은 충청감영의 첩보에도 올라 충청감사 박제순의 반간계로도 이용되었다.

일본군 군화에 짓밟힌 화려강산

이제 개화 정권측의 대응을 살펴보자. 개화 정권은 남쪽의 농민군이 북상하고 북쪽의 농민군이 남하해 공주로 진격한다는 소식을 곧바로 접했다. 불길한 예상이 현실로 다가온 것이다. 아무리 무능한 조선 조정이라 하더라도 이런 위급한 사태에 두 손 놓고 구경할 리는 없었을 것이다. 농민군 연합전선이 형성되었다는 사실은 조정만이 아니라 일본군도 긴장하게 만들었고 벼슬아치와 양반 들은 크게 당황했다. 이 소식이 서울에 전해지자 벼슬아치들과 양반붙이들, 도성 사람들은 단봇짐을 싸들고 사대문을 벗어나 피란 가기에 바빴다. 심지어 '비도들이 금강을 건넜다더라', '공주성을 차지하고 수원성으로 올라온다더라' 따위의 헛소문이 파다하게 퍼져 서울의 민심을 불안하게 만들었다.

개화 정권의 대비책은 다음과 같았다. 의정부에서는 1894년 9월 22일 임금에게 "호서·호남 사이 비류가 창궐합니다"라고 아뢰고 양호도순무영(兩湖都巡撫營)을 설치해 신정희를 양호도순무사로 추천했다. 양호도순무영을 발족할 때 형식과 절차는 공식기구를 거쳤으나 이는 사실상 말할 나위도 없이 개화 정권이 일본의 사주를 받아 급조한 것이었다. 총리대신 김홍집과 일본공사 오토리 게이스케는 한번은 청일전쟁을 진행하면서, 또 한번은 농민군 토벌 전략을 함께 짜면서 짝짜꿍이 잘 맞았다.

양호도순무영은 비상시에 임시로 설치한 군사기구였다. 이름 그대로 모든 군사 조직을 망라해 지휘권을 행사할 수 있는 권한이 주어졌다. 당시 군사 조직으로는 통위영, 장위영, 심영 등 아홉 부대가 있었다. 이들 부대는 서울, 강화도 등 각지의 방위 임무를 맡고 있었으나 양호도순무영의 명령으로 충청도와 전라도 농민군 토벌에 투입되었다. 더욱이 궁궐 호위병인 총어영 병사들마저 동원되었다. 다만 군사 부족으로 영남, 관동, 경기, 해서의 토벌 임무는 현지 수령과 수성군에게 맡길 수밖에 없었다.

이들 병력의 수는 공식적으로는 2501명이었다. 한심하지 않은가? 한 나라가 비상시에 동원할 수 있는 군사가 고작 이 정도라는 사실이 말이다. 그중에서도 도성의 방위를 맡았던 장위영 군사들이 차출되면서 서울과 도성 방위는 무방비 상태가 되었다.

더 심각한 문제가 있었다. 원정 준비가 부족해 군사들의 먹을거리를 현지 수령이나 고을민들이 공급해야 했다. 마을에서 양곡을 거두기도 했다. 게다가 말꼴이나 땔나무, 옷감 따위도 현지 토민들이 제공해야 했고 때로는 공궤(供饋)라는 이름으로 군사들에게 잔치를 베풀 때 돼지나 소를 잡고 술을 빚어야 했다. 강화도 수비병인 심영 군사가 출동할 때는 좌찬성 이유원, 학무대신 박정양, 공무대신 서정순, 별장 홍계훈 등이 군자금으로 100환씩 냈고 포목전, 종이전 등 서울 시전 상인들도 2000냥 또는 1000냥을 거두었다. 지주와 부호 들도 예외가 아니었다(『갑오군정실기(甲午軍政實記)』).

그런데 양호도순무영 소속의 군사들은 일본군·정토군 사령관의 지휘를 받아야 했다. 작전지휘권 일체를 일본군 장교에게 넘겨주었던 것이다. 왕조시대 임금의 전권인 군국대사(軍國大事)가 일개 일본군 고위 장교에게 넘어갔으니 독립국의 위신이 말이 아니었다.

이들 관군은 먼저 서울로 올라오는 통로인 안성과 죽산 언저리부터 동학교도를 색출하고 농민군을 토벌했다. 경기도 남부에서도 동학교단과 연계된 농민군이 작은 규모로 봉기하고 있었다. 그리하여 안성군수인 구상조를 경리청 영관으로 삼아 2개 소대가 안성에서 공주로 내려갔다. 그다음에는 죽산부사 이두황을 장위영 영관으로 삼아 군사 341명을 거느리고 용인 등지를 휩쓸며 남하했다. 그 과정에서 이두황의 포학한 활동은 남달랐다.

이어 9월 30일에는 남쪽 세 도의 주요 지역에 소모사를 임명했다. 소모영의 군사들은 민병으로 관군을 돕는 역할을 했다. 또 일종의 민방위제도로서 수령들은 작통법을 시행했다. 과천의 경우 열 명을 묶어 1통으로 삼고 통마다 한 명의 통장을 두고 마을마다 통수 한 명을 두었다. 강릉에서는 이와 달리 5가를 중심으로 조직했다. 이들 통수는 총과 칼, 창 같은 무기를 관리했다(『갑오군정실기』).

다음으로 일본의 대응과 토벌군의 진로를 살펴보자. 일본군은 청일전쟁을 수행하면서 예비 병력을 용산에 남겨두었다. 일본공사관에서는 농민군이 재봉기를 준비한다는 사실을 미리 파악하고 있었다. 그리하여 9월 16일자로 일본공사 오토리 게이스케는 삼남의 농민군이 일본군을 공격한다는 구실을 빌미로 이를 제거하기 위해 일본군이 출동해야 한다는 의견을 개화 정권에 냈고 이 사실은 본국 정부에도 알렸다. 그러자 일본 내각에서는 전임 공사였던 이노우에 가오루(井上馨)를 새 공사로 임명했다. 오토리 게이스케는 복잡한 조선의 정세를 제대로 수습할 수 없다고 판단한 것이었다.

일본의 방침은 '나라의 화근을 영원히 제거해야 한다, 조일 양국의 합동작전으로 섬멸해야 한다'는 것이었다. 이에 따라 일본군 독립후비보병(獨立後備步兵) 제18대대를 서울 수비대로 보내기로 결정했다. 이 부대의 이름에서 '독립'과 '후비'는 청일전쟁에 투입된 혼성여단에서 분리되어 후방의 방비를 맡았다는 뜻이다. 그들은 정토군이라고도 불렸다.

이어 독립후비보병 제19대대를 파견해 남조선대토벌작전을 전개했다. 미나미 고시로가 이 부대의 대대장으로 임명되었다. 10월 13일 미나미 고시로는 인천에서 출발해 용산 기지에 도착했다. 다음날 그는 이노우에 가오루를 만나 동학당 토벌에 관한 특별 훈령을 받았다. 이노우에 가오루는 미나미 고시로에게 조선 조정이 지원할 군사와 관리, 탄약, 군량, 인부, 운송 따위를 설명해주었다. 미나미 고시로는 일본군을 세 부대로 편성해 남쪽으로 진군하게 했다. 그는 정규 군사교육을 받은 전략가로 대본영의 방침을 충실히 이행했다.

일본군은 조선의 중앙군, 곧 신식 훈련을 받고 신식 총으로 무장한 군사를 각 중대와 소대에 배속했다. 또한 조선 중앙군의 몇 개 부대를 통합하고 1개 중대(221명)로 편성해 교도중대(敎導中隊)라 이름 붙이고 자신들의 직속부대로 삼았다. 일본군의 작전은 유럽식 근대 전술에 따라 체계적이고 주도면밀했다.

일본군은 기세 좋게 용산에서 출발해 세 길로 나뉘어 남쪽으로 진격했다. 보병 1개 중대는 서로군으로 수원·천안·공주를 거쳐 전주로 진격했고, 보병 1개 중대는 중로군으로 용인·청주를 거쳐 경상도 성주 가도로 진격했으며, 보병 1개 중대는 동로군으로 가흥·충주를 거쳐 대구부 가도로 진격했다. 그들은 삼남 가도를 비질하듯 쓸어내려가 농민군을 바닷가로 몰아넣으려는 작전이었다. 관군은 일본군의 진로를 따라가며 중간에서 작은 규모의 농민군을 토벌하거나 근거지를 불태웠다.

이들 삼로군 외에 다른 지역에 파견된 일본군 부대들은 시시각각 변하는 작전에 따르게 했다. 황해도 해주 일대에 1개 중대, 제천에서 강원도 일대에 1개 중대를 보냈고, 부산에 주둔한 해군 육전대는 통영을 거쳐 진주·하동으로 진출하게 했다. 부산에서 서울에 이르는 연로에는 14개 병참부를 두고 공병을 주둔시켜 전선을 가설해 보호하고 지역 소요에 출동시켰다.

일본군의 전체 작전을 요약 정리하면 다음과 같다. 일본 정토군의 계획은 조선의 요로를 완전히 장악해 농민군의 진로를 차단하고 농민군 연합을 가로막으려는 것이었다. 경상도와 충청도 농민군이 강원도 산악지대로 진출하는 길을 막고, 황해도와 평안도 농민군이 연합하는 것을 막으며, 부산·대구의 통로를 차지해 농민군을 남해 쪽으로 밀어내고, 마지막으로 경기도·충청도·경상도·전라도로 몰려오는 농민군을 남해안으로 몰아 섬멸한다는 것이었다. 만약 농민군이 섬으로 도망칠 경우 독 안에 든 쥐처럼 색출해 소탕할 계획이었다.

미나미 고시로는 용산에서 주력 일본군을 거느리고 출발해 청주의 진남영 군사를 배속해 농민군 토벌에 나섰다. 그는 무슨 의도인지 회덕, 금산 등지를 토벌하면서 좀처럼 발길을 공주로 돌리지 않았다. 대신 공주에는 서로분진대의 대위 모리오 마사이치(森尾雅一)를 보냈다. 이들 일본군은 일단 공주를 근거지로 삼자 청주와 홍주 등지로 출동했다.

조선 조정에서 양호도순무영을 발족시켜 장위영의 이규태를 좌선봉장으로, 이두황을 우선봉장으로 임명하고 일본군과 협력해 토벌전투에 나서게 했지만 그들의 작전지휘권조차 일본군이 행사했다. 이와 달리 민간인 부대인 수성군과 민보군은 그때그때 필요에 따라 일본군에게 자문을 구하면서 전투를 벌였다.

이렇게 독립후비보병 제19대를 중심으로 서울과 부산의 일본인 거류민을 보호하는 부산 수비대와 용산 수비대, 그리고 남해에 파견한 쓰쿠바(築波)함에 승선한 해군 육전대도 농민군 토벌에 합류했다. '동학당을 모조리 섬멸하라'는 군령에 따라 소속과 임무를 가리지 않고 가능한 모든 군사를 총동원해 동학농민군을 삼면에서 포위해 섬멸하겠다는 작전이었다.

서울과 경기도, 강화도에서 먼저 출발한 조선의 관군은 모두 3200여 명이었다. 이규태와 이두황은 휘하 군사를 거느리고 두 갈래로 나뉘어 출발했다. 조정에서는 필요에 따라 현지에서 감영군이나 향군을 관군에 편입시킬 수 있도록 조치해두었다.

이들의 무기를 살펴보면 일본군은 영국제 스나이더 소총과 자체 개발한 무라타 소총을 사용했고 관군도 스나이더 소총을 소지했다. 소총(라이플)은 방아쇠를 당기면 연발로 발사되고 비가 내려도 화약이 젖지 않았으며 유효 사거리도 훨씬 길어 재래식 화승총과는 비교할 수 없을 정도로 성능이 좋았다. 최신 무기인 독일제 크루프 야포를 실은 수레도 따라붙었다.

진로를 막은 서막전

먼저 공주전투의 서막이라 할 만한 청주에 있는 충청병영의 공격과 목천 세성산에 이은 예산전투를 살펴보자. 이들 전투는 이 지역의 농민군을 분산, 고립시켜 남북접 연합군에 합류하는 것을 막으려는 의도였다.

충청병영 공격의 실상은 다음과 같다. 9월 24일 수많은 북접 농민군이 영동 청산 쪽에서 몰려와 청주병영을 포위해 세차게 공격을 퍼부었다. 하지만 병사 이장회는 미리 방비하고 있다가 농민군이 밀려들자 문을 굳게 닫고 틈을 엿보다 총포를 쏘아댔다. 농민군 수십 명이 쓰러지자 일단 농민군은 후퇴했다.

충청병영이 관리하는 상당산성은 충청도 내륙의 방어기지로 많은 무기가 보관되어 있었다. 농민군은 산성으로 몰려가 무기를 확보했다. 이곳에는 관군이 많이 배치되지 않아 쉽게 무기를 빼앗을 수 있었다. 그뒤 농민군은 병영의 공격을 포기하고 놀뫼로 발길을 돌렸다.

이와 달리 충청병영에 큰 피해를 입힌 일은 다른 데서 벌어졌다. 10월 9일에는 공주목 관할에 속하는 한밭(지금의 대전)에서 사건이 터졌다. 충청병영의 영관 염도희는 부하를 이끌고 순시하다가 한밭에서 농민군을 만났다. 농민군은 병사 78명을 잡아 불에 태워 죽였다. 농민군의 술을 얻어 마시고 졸다가 몰살당했다는 말이 전해진다. 이런 많은 인원이 한꺼번에 몰살당한 것은 엄청난 피해였다. 이 사건도 북접 농민군이 한 일이었다.

목천 세성산에서 벌어진 전투도 살펴보자. 2차 봉기가 단행될 무렵에 김복용과 이희인은 목천에서 기병해 활발하게 활동했다. 농민군은 목천, 천안, 전의의 관아를 습격해 무기를 모조리 빼앗고 양곡을 거두어 세성산과 작성산으로 들어가 진지를 구축했다. 마주보는 두 산 사이에 협곡처럼 생긴 길로 들어오는 적을 공격하기에 알맞은 곳이었다.

이곳 농민군은 겨울을 앞두고 작성산에 구들을 놓아 초막을 짓고 세성산에 토성을 쌓아 장기전에 대비했다. 이때 목천 일대는 농민군 수중으로 들어가 농민군의 자치 행정이 이루어졌다. 장위영 우선봉장으로 남하한 이두황은 이때의 상황을 다음과 같이 보고했다.

세상산전투지 세성산에서 동학농민군과 관군 및 일본군과의 전투가 벌어졌고 많은 동학농민군이 목숨을 잃었다.

목천의 도둑들이 두 진영 사이에 죽치고 있어 장차 큰일을 저지를 염려가 있다. 또 서울 길과 아주 가까워 선봉(자신의 군대)의 앞길에 장해가 될 것이다. 그러니 서울 가까운 도둑을 격파하여 우리 군사가 승리를 기록한 뒤에 그 승전의 군사를 이끌고 남쪽으로 승승장구해야 우리 군사는 기세가 올라갈 것이요, 도둑들은 예기가 꺾일 것이다.

—『양호우선봉일기(兩湖右先鋒日記)』

10월 21일 이두황이 이끄는 군이 세성산 밑에 이르렀다. 이두황은 "세성산은 삼면이 심한 절벽이고 한 면만이 조금 평지였는데, 진지가 매우 견고하고 넓었다. 깃발이 숲처럼 서 있었고 포성이 들판을 울렸다"라고 그날 아침 정경을 기록했다. 수천 명의 농민군이 작은 산을 차지하고 있었으니 그 광경이 볼만했을 것이다.

장위영군은 세 갈래로 나뉘어 공격을 개시했다. 이른 아침부터 오후 늦게까지 치열한 공방전이 펼쳐졌다. 농민군은 항전을 벌이다가 해질 무렵 진지를 버리고 흩어져야 했다. 이두황이 이끄는 군은 달아나는 그들을 몇십 리나 뒤쫓아가서 쏘아 죽이거나 사로잡았다. 노획물은 총과 창 428자루, 화살 5300촉, 탄환 2만 5500발, 철환 3만 6600개, 곡식 700여 섬 등이었다. 이 수만으로도 이곳 농민군 규모를 짐작할 수 있을 것이다.

세성산 밑 승냥리 사람들은 산속에 시체가 하도 많이 쌓여 있다 하여 지금도 이 산을 '시성산'(시체가 쌓여 이룬 산이라는 뜻)이라 부른다. 산 아래를 흐르는 개울은 피가 어찌나 많이 흘렀던지 '피골'이란 이름을 얻었다. 농민군이 이 거점을 잃은 것은 며칠 뒤 공주전투에서 전술적 약점으로 드러났다.

이두황은 세성산선투에서 유명한 우두머리 김복용을 사로잡았으나 '거괴'는 잡지 못했다고 보고했다. 그런데 '거괴' 이희인은 과로가 겹쳐 가래톳이 서서 멀리 달아날 수 없었다. 그가 집으로 돌아왔을 때 집은 이미 불타고 없었다. 겨우 몸을 움직여 이웃 마을에 사는 사돈집에 숨어들었으나 동네 사람의 밀고로 잡혀갔다. 가래톳이 생명을 앗아간 셈이었다. 이희인은 북면 사기실에서 여러 부하 농민군과 함께 24일 총살형을 당했다. 그리고 그가 살던 개목 마을은 동학당의 집단 거주지라고 하여 깡그리 불타 없어졌다(향토사학자 이원표의 증언).

이 대목에서 근대사에 얽힌 흥미로운 일화 하나를 살펴보자. 이곳 목천 용두동에는 한양 조씨가 집성촌을 이루고 살고 있었다. 1894년 봄에 이 마을에서 조병옥이라는 아이가 태어났다. 그의 부모는 갓난아기를 업고 이리저리 피란을 다녀 살아남았다. 훗날 조병옥은 민주당 대통령 후보가 되어 이승만 독재 정권과 투쟁하면서 『나의 회고록』을 펴냈다. 이 책에서 그는 부모가 동학란 때 피란을 간 사실과 함께 '동학란이 부정부패를 척결하고 척양척왜의 반외세 기치를 내걸었다'고 평가하면서 그 역사적 의무가 자신에게 운명적으로 주어졌다고 회고했다.

남쪽으로 발길을 돌린 이두황은 텅 빈 보은 장안 마을로 들어가 빈집에 불을 지르고 이웃 마을을 수색한다는 구실로 약탈을 일삼았다. 그리하여 장안 마을은 폐허가 되고 말았다. 동학교단과 최시형이 머물던 건물은 이때 사라져버렸다. 그 무렵 양호도순무영에서는 이두황에게 공주로 가지 말고 예산 농민군을 먼저 토벌하라는 지령을 내렸다. 충청도 해안 세력이 공주로 진출하는 것을 막으려는 전술이었다.

예산 대접주 박인호는 그동안 자신의 고장 예산을 중심으로 대도소를 차리고 활동해왔다. 최시형의 대동원령이 내려지자 신창, 해미, 홍성, 서산, 태안, 안면도의 산발적 농민군이 이곳에 총집결했다. 수만 명, 많게는 10만여 명의 농민군이 이곳에서 뭉쳐 주변 고을을 석권해갔다. 그러자 일본군은 농민군 토벌을 위한 대대적인 작전을 펼쳤다. 10월 25일 일본군 장교 아카마쓰 고쿠호(赤松國封)가 일본군 89명을 거느리고 장위영·총위영 군사와 합세해 이 지역으로 진출했다.

박인호의 농민군이 일본군, 관군과 맞닥뜨린 곳은 당진군 면천의 승전곡이었다. 승전곡은 깊은 골짜기가 이어져 있었고 어귀에는 넓은 들판이 자리잡고 있었다. 일본군은 승전곡 골짜기로 전진했다. 농민군은 맹렬히 사격을 퍼부었고 서풍을 이용해 산과 들에 불을 질렀다. 이에 포위당한 일본군과 관군은 궤멸 지경에 이르렀다. 그들은 겨우 포위를 뚫고 빠져나와 새벽에 홍주성으로 들어왔다. 일본군과 붙은 첫 싸움에서 박인호가 이끈 농민군이 승리한 것이다.

　그 무렵 서산·태안 농민군이 예산 쪽으로 진출하고 있었다. 그 모습이 『홍양기사(洪陽紀事)』에는 "덕산 큰길가의 초막들이 모두 불탔다. 100여 리에 걸쳐 사람의 그림자가 끊어졌고 바람과 학 울음소리에 놀라는 것처럼 소란했으며 머지않아 닥칠 근심거리가 되었다"라고 기록되어 있다. 농민군 5만여 명은 예산 신례원에 진을 치고 있었다. 이제 곧 치열한 예산전투가 벌어질 예정이었다.

　홍주목사 이승우는 예산 출진을 결정하고 준비를 서두르면서 관군과 일본군에게 다함께 전투에 나가달라고 요청했다. 신례원에서 관군과 일본군이 합세해 농민군을 공격했으나 농민군 쪽에서 먼저 총을 쏘아대자 관군의 대오가 무너지면서 병사들이 도주하기 시작했다. 그때 홍주성 영관을 비롯해 20여 명이 죽었다.

　농민군 주력부대는 홍주성을 향해 두 대열로 나뉘어 진격했다. 10월 26일 오후에 홍주성을 완전 포위하고 공격을 퍼부었다. 농민군이 동쪽과 서쪽 산에서 날개 같은 진용을 갖추고 중앙에 깃발, 북, 말을 모아 위

홍주성 조양문 내포 지역에서 가장 큰 규모로 동학농민군과 진압군 사이에서 벌어진 전투가 홍주성전투이며 이때 많은 동학농민군이 목숨을 잃었다.

세를 보였으나 총칼이 부족한 농민군 다수는 몽둥이를 들고 있었다. 이어 성밖에서 몰려다니면서 불을 지르거나 총을 쏘면서 출몰했으나 관군은 성 위에서만 총을 쏘았다.

특히 홍주성 동문의 전투에 대해 일본군은 "적의 한 부대가 동문 전방 약 600미터 숲속으로 들어가 서서히 전진해왔다. 성밖 100미터 앞으로 가까이 다가와 연달아 맹격하자 응원대를 동문으로 증파해 응전했다. 적은 밤이 되자 야음을 틈타 대포를 동문 앞 40미터 지점에 끌고 와 동문을 마구 쏘았다"라고 보고했다(『주한일본공사관기록』). 이때 농민군 수를 3만여 명으로 추산했다.

이승우는 청야법(淸野法, 적의 근거지를 깡그리 없애는 전술)을 쓰라고 지시해 군사들이 성 위에서 불화살을 쏘아 성 아래 집들을 모두 불태웠다. 대포도 연달아 쏘아 농민군이 피해를 입었다. 서문에 있던 농민군은 허수아비를 만들어 집 위에 세워놓고 관군이 헛총을 쏘게 했으나 관군은 이를 곧 눈치챘다. 밤이 되어 농민군이 총공세를 퍼붓자 성안에서는 대포로 응수했다. 하지만 별 진전이 없었다.

다음날 아침 지구전을 벌일 수 없는 처지의 농민군이 후퇴하자 관군이 성문을 열고 추격해 농민군에게 많은 피해를 입혔다. 이틀 동안 벌인 전투에서 농민군은 600명에서 700여 명이 죽었다. 그들의 시체가 동문의 거리를 메웠다. 이 일대에서 가장 치열했던 홍주성전투는 이렇게 끝을 맺었다. 패배한 농민군은 해미 쪽으로 퇴각했다.

우선봉장 이두황은 "군사를 이끌고 동문을 나와보니 좌우 민가가 깡그리 불타 참혹해 차마 볼 수 없었는데, 길 가는 사람에게 물으니 동도가 성을 에워싸고 접전할 때 그네들이 불을 질러 이 지경이 되었다고 한다. 100여 보를 걸어나오니 적의 시체가 길가에 가로세로 산이나 숲처럼 쌓여 있었다"라고 했다(『양호우선봉일기』). 홍주목사 이승우가 불화살로 불을 질러놓고는 엉뚱하게도 민가 방화의 책임을 농민군에 뒤집어씌웠다. 서산과 태안으로 흩어진 농민군은 계속 관군의 추격을 받아 결국 공주전투에 참여하지 못했다.

이 서전은 서로 공방을 펼쳐 승패를 결정하지는 못했지만 대체로 아마추어 격인 농민군이 밀리는 형국이었다. 또한 각지의 농민군을 공주전투에 합류하지 못하게 차단하려는 일본군의 전술도 성공한 셈이었다.

처절한 공주 대회전

지금부터 처참한 결전의 무대가 될 공주의 지형을 간단히 살펴보자. 은진현 땅인 놀뫼 들판에서 초포(논산포)를 건너면 계룡산에서 흘러온 노성천과 만난다. 초포와 공주 중간에 노성현의 관아가 있다. 지금의 논산시는 당시 은진과 노성으로 나뉘어 있었다. 노성에서 계룡산 아래 경천에 이르면 아랫길로는 이인, 윗길로는 공주 성내로 이어졌다.

공주는 동서남 삼면이 산으로 둘러싸여 있고 북쪽에는 금강이 가로지르는 분지다. 동남쪽으로 경천·효포·무너미·널티, 서남쪽으로는 이인과 탄천을 거쳐 부여, 북쪽으로는 차령산맥을 거쳐 천안, 서북쪽으로는 곰나루를 거쳐 마곡사와 예산으로 향하는 길이 놓여 있다. 노성에서 효포와 널티를 지나 천안으로, 이인에서 우금치를 넘거나 곰나루를 건너 하고개를 넘으면 곧바로 충청감영으로 가는 길이 뚫려 있었다.

약 70제곱킬로미터의 좁은 분지에 갇혀 있는 공주 성내는 금강 쪽의 장기나루 등의 통로를 막으면 빠져나갈 길이 없었다. 농민군은 이 점을 노렸다. 공주의 지형을 보면 동쪽으로는 곰티가 가로막고 있고 우금치 옆에는 새재와 견준봉이 솟아 있었다. 견준봉은 '개 발꿈치'라는 뜻이지만 마을 사람들은 워낙 험하여 '개좆배기'라 불렀다. 우금치라는 이름은 도둑이 들끓어 날이 저물면 소를 몰고 가는 것을 금지한 데서 유래했다. 장꾼들은 남쪽 통로인 우금치를 가장 많이 이용했다.

판소리 〈춘향가〉에서는 이몽룡이 내려오는 길을 "공주 금강을 월강(越江)허여 높은 한질(높은 재) 널티(판치), 무너미(수유), 뇌성(노성), 풋개

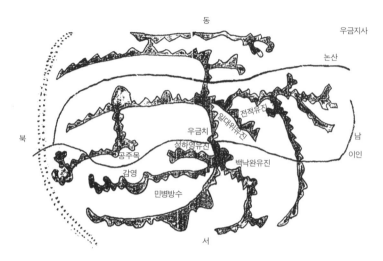

동

우금지사

논산

북

우금치

전적유진

일대위(又전

남

이인

성하영유진

공주목

백낙완유진

감영

민병방수

서

『공산초비기』 우금지사 우금치전투에서 군사들의 배치 현황을 알 수 있다.

(초포), 닥다리(사교), 황화쟁이(황화정), 지아미고개(여산의 지애미고개)
를 얼른 넘어 여산읍을 당도할 제"라고 표현했다. 바로 이 길이 옛날 사
람들이 북쪽에서 천안삼거리와 차령재를 넘어 남쪽으로 왕래하던 기본
통로였던 것이다.

여하튼 농민군이 풋개와 노성을 넘나들 때 충청감영에서는 충청감사
박제순이 잔뜩 겁을 집어먹고 떨고 있었다. 박제순은 일본군과 관군이
들어오기에 앞서 큰 공을 한번 세워보려고 나름대로 전봉준을 사로잡
을 꾀를 냈다. 박제순은 농민군이 진격해온다는 소식을 듣고 일찍이 충
청감영의 구실아치와 백성 들을 모조리 쌍수산성으로 들여보냈다. 오래
된 산성 성벽이 곳곳이 무너져 방어가 약하다는 허점을 보여 전봉준을

유인하려 했다. 본디 충청감영은 자체의 성이 없어서 쌍수산성을 방어 진지로 삼았다. 박제순은 충청감영의 군사를 동원해 산성 입구에 대포를 숨겨두고 "이놈, 오기만 해봐라. 한 방에 날린다"라고 혼잣말로 중얼거렸다. 허허실실 작전을 펼친 것이다.

이때 충청감영의 중군인 자가 농민군의 동정을 살피려 어슬렁거리다가 농민군에게 붙잡혔다. 전봉준 앞에 끌려온 그는 박제순이 전봉준을 유인해 죽이려는 계획을 낱낱이 실토했다. 전봉준은 회심의 미소를 띠고 그를 풀어주었다. 그는 풀려나자마자 한달음에 박제순에게 달려갔으나 도리어 벌로 죽임을 당했다.

박제순은 그 중군이 전봉준에게 매복작전을 실토한 사실을 확인도 하지 않고 성급하게 죽였으니 경솔한 처사였음이 틀림없다. 전봉준은 처음에는 급박하게 충청감영을 차지하려 계획했으나 이 일로 경천에 좀더 머물면서 신중하게 움직이기로 마음을 바꾸었다. 결국 전봉준을 쌍수 산성으로 유인하려던 작전은 해프닝으로 끝났다.

10월 23일 오전 논산포에서 출발한 전봉준 휘하의 농민군은 노성과 경천에 주둔했다. 경천은 공주 입구인 계룡산 아래의 큰 마을이었다. 남접 농민군은 산 아래 마을인 삽작골에 주둔했는데, 충청감영과는 30리쯤 떨어진 곳이었다. 손병희가 지휘하는 북접 농민군은 노성에서 동쪽의 대교와 남쪽의 이인 길로 빠져 주둔했다. 다시 말해 남접 농민군은 무너미와 널티 아랫길, 북접 농민군은 우금치와 봉황산 길로 행군한 것이다. 전봉준은 '두 군사가 위아래로 협공할 형세를 만들자'며 이처럼 관할 구역을 나누는 작전을 세웠다. 또 공주 출신 농민군은 공주의 길 안내를 도맡아 '공주 주변의 산에 올라 현혹한 뒤 관군의 무기를 빼앗아 도살하고 나서 농민군의 성원이 된다'는 작전도 세웠다.

농민군이 경천 일대에 출몰하자 충청감사 박제순은 더욱 다급해져 연달아 양호도순무영에 전보를 띄워 구원을 요청했다. 그리하여 이규태가 통위영 군사를 거느리고 서둘러 공주로 내려왔고 일본군 3개 중대도 출발했다. 새로 부임한 일본공사 이노우에 가오루도 그들과 동행했지만 정토군 사령관 미나미 고시로는 어떤 이유에서인지 회덕, 금산 등지로 내려가면서 공주에 들어오지 않았다.

일본군과 관군은 10월 말경 공주에 들이닥쳤다. 일본공사 이노우에 가오루는 군인도 아니면서 뒷전에서 일본군과 관군을 지휘했다. 충청감사 박제순은 일본군과 관군이 도착하자 살길이 열렸다며 몸소 마중하고 환영 행사를 벌였다. 역사의 악역을 맡은 이 두 인물은 공주 대회전이 진행되는 동안에도 활약했다. 이두황은 장위영 군사를 거느리고 10월 27일 공주에 도착했다. 그는 일기에 다음과 같이 썼다.

짙은 안개가 꽉 차서 열 걸음쯤 떨어진 사람의 모습을 알 수 없었다. 연기, 봉암에서 출발하여 남쪽으로 30리를 가서 금강나루 앞에 이르렀다. 충청감사 박제순이 명첩을 보내 위로하고 일본공사도 함께 나왔으며 영관도 따라와 위문했다. 강변을 지나가는 길에 일본 병사 1개 중대가 산 밑 소나무 숲에서 점심을 먹고 있었다. 강을 건너 30리를 가서 감영에 당도했다. 선봉진, 이규태를 뵙고 감사도 뵙고 난 뒤 이어 일본공사를 예방했다.

—『양호선봉진일기』

위험한 전쟁터에 따라나온 이노우에 가오루는 일개 장수가 찾아왔는데도 친히 마중을 나가 위로를 아끼지 않았다. 작전을 원활히 진행하려는 그의 노심초사를 짐작할 만하다.

첫 겨울인 10월 말인데도 한파가 일찍 닥쳐 몹시 추웠으며 큰 눈이 잇따라 내려 공주 주변의 산에 눈이 한 자씩 쌓였다. 관군과 농민군은 심한 추위와 두텁게 쌓인 눈에 고통을 겪었으나 일본군은 끄떡없었다. 그들은 가죽장화를 신고 가죽장갑을 끼고 가죽가방을 메고 다녔다. 이 군용 가죽 제품은 조선에서 수입해간 쇠가죽으로 만든 것이었다. 일본군은 추운 공주의 산야를 가죽장화를 신고 마음대로 누볐다. 이처럼 농민군과 일본군은 군수품 지원에서도 판이하게 달랐다.

공주에 진입한 일본군은 1차로 200여 명이었는데, 스즈키 아키라(鈴木彰) 소위와 아카마쓰 고쿠호 대위가 일선 지휘관이었다. 두 장교는 일본의 정규 사관학교를 나온 엘리트 군인이었다. 그들은 망조경(望照鏡)과 대포의 각도를 정하는 측량기구를 들고 다니며 지형을 살피고 거리를 쟀다.

이인역에 주둔한 북접 농민군이 먼저 도전을 받았다. 이인은 공주의 입구인 우금치에서 10킬로미터쯤 떨어져 있었다. 이날 낮 손병희가 인솔

이인전투지 우금치 근처인 이인에서 농민군과 일본군 사이에 전투가 벌어졌다.

하는 농민군이 이인역에 이르러 짐을 채 풀기도 전에 스즈키 아키라 소위가 이끄는 일본군 50여 명과 성하영이 거느린 경리청 1개 소대, 공주 영장 이기동이 끌고 온 감영병 4개 분대 군사들이 몰려와 총을 쏘았다. 갑자기 습격받은 농민군은 이인역 뒷산인 취병산으로 물러났다.

농민군은 취병산에 진을 쳤고 일본군은 이인역을 사이에 두고 마주 보이는 산에 진을 쳤다. 일본군과 관군은 농민군을 삼면으로 포위한 채 포를 쏘았고 농민군도 맞받아 포와 총을 쏘았다. 해가 저물 무렵 감사의 영기(令旗)가 후퇴하는 모습이 보이자 일본군과 관군도 후퇴했다. 감영 군사를 지휘하는 박제순은 농민군이 곰나루를 건너 감영 뒷산인 하고 개를 넘어온다는 정보를 입수하고 그쪽 방어를 위해 물러난 것이었다. 관군의 기록에 따르면 농민군 전사자는 120여 명이었다.

그 무렵 공주 언저리에 주둔하던 농민군은 가마솥 대신 쇠가죽으로 밥을 지었다. 고을민들이 모두 달아나 마을이 텅 비어 있었고 무거운 무

효포전투지 우금치전투 직전에 효포에서 농민군과 관군 사이에 전투가 벌어졌다.

쇠솥을 운반해올 수도 없었던 터라 쇠가죽솥을 이용해 밥을 지어먹었다. 출동 준비로 바쁠 때면 소금 섞은 주먹밥을 만들어 돌렸다. 한 손에는 주먹밥을 들고 다른 손에는 조총이나 죽창을 들고 내달렸다.

그들은 극심한 추위에 몸을 떨며 행군했고 해진 짚신을 신고 눈구덩이를 누볐다. 짚신이 벗겨져도 그대로 내달렸고 칼과 창을 쥔 손이 얼고 곱아도 어쩔 수 없었다. 솜옷을 준비할 새가 없어 홑바지를 입은 자도 있었다. 용맹스러운 의기를 빼면 혹독한 악조건에서 출발한 것이다.

10월 말 농민군 수만 명은 경천에서 감영 쪽으로 더 다가와 효포에 주둔했다. 농민군은 그곳을 지키던 경리청 군사들과 잠시 전투를 벌인 끝에 약간의 피해를 입었다. 그날 밤 능선이나 들판, 길 위 등 공주 주변에는 농민군이 밝힌 수많은 횃불이 줄지어 불타올랐다. 효포 언저리에도 횃불이 10여 리에 걸쳐 활활 타올랐다. 농민군은 밤에는 마을과 들판에서 야영하면서 횃불을 올리고 함성을 질러 기세를 드러냈고 낮에는 산에 올라가 시위를 했다.

농민군이 경천과 효포로 진격해오는 동안 모리오 마사이치 대위가 인솔하는 일본군 100여 명과 이규태가 이끄는 장위영 군사들은 충청감영의 급박한 연락을 받고 허겁지겁 달려왔다. 그들은 충청감영 주변과 장기나루 등 요지에 군사를 배치했다. 그날 밤 이규태는 장기나루 뒷산에 올라 농민군의 동정을 살폈는데, 그 광경을 다음과 같이 전했다.

> 아아, 적들은 건너편 높은 봉우리에 있었는데, 깃발이 무수히 꽂혀 있었다. 가로로 수십 리에 걸쳐 있었다. 산에 올라가 서 있는 자들은 병풍이 둘러쳐져 있는 것과 같았다.
>
> ─『선봉진일기(先鋒陳日記)』

이처럼 농민군의 진세는 장관이었을 것이다. 이규태는 농민군을 토벌하면서도 때로는 이처럼 삼탄을 표했다. 그가 전봉준을 사로잡는 공로를 세웠지만 농민군을 토벌한 장수 중에서는 조금이나마 농민군 심정에 공감했던 듯하다. 또 한 장수는 그날 밤의 광경을 이렇게 전했다.

> 적의 진지에는 불빛이 수십 리에 비쳤고 인산인해를 이루어 거의 항하(恒河, 인도에 있는 강, 불교에서 많은 수를 말할 때 쓰는 표현)의 모래만큼 많았다.
>
> ─『공산초비기(公山剿匪記)』

이는 큰 결전을 앞둔 전날 밤의 풍경이었다. 전봉준은 결전을 앞두고 한번 진세를 크게 떨쳐 적들을 겁주는 일종의 심리전을 편 것이다. 공주에는 이제 관군 1500여 명, 일본군 200여 명, 그리고 많은 감영병과 민보군들이 집결해 있었다. 관군측은 시간을 두고 금강 쪽 진영을 차츰 보강했다.

10월 25일 새벽 동이 채 트기도 전에 농민군은 곰티의 산마루를 마주보며 진격을 개시했다. 전봉준은 늘 타고 다니던 백마 대신 붉은 덮개를 씌운 대교(大轎, 큰 교자)에 의연하게 앉아 농민군을 지휘했다. 길이 험한 곰티 골짜기에서 백마를 타고 지휘하는 것은 무리였으리라. 전봉준이 어떻게 팔을 흔드느냐, 또 어느 쪽으로 칼을 겨누느냐에 따라 군사들이 움직였다. 곰티 주위에는 오색 깃발을 휘날리며 북을 울리고 피리를 부는 독전대들이 동학농민군의 사기를 북돋웠다.

관군 쪽의 작전을 살펴보면 먼저 파수를 보는 군사를 곰티 아래 몇 곳에 배치한 뒤 적의 동태를 살피게 했다. 관군은 동쪽을 제외한 삼면에서 공격하는 작전을 짰고 일본군은 남쪽 공격에 가담하기로 했다. 이 대목에서 한 가지 알아둘 것이 있다. 일본군은 먼저 관군을 앞세우고 전투를 벌이다가 나중에 나서는 전술을 폈다. 희생도 줄이고 전공도 챙기는 교묘한 방법이었다.

다시 쉽게 정리하면 일본군은 농민군의 왼쪽에서 화력을 가했고 관군은 반대편에서 협공했다. 농민군은 중간에서 좌우를 향해 맞서며 돌격해야 했다. 양측은 한낮까지 전투를 벌였다. 농민군은 눈구덩이 속에서 인해전술로 적을 공략하려 했다. 그러나 엄폐물도 없는 휑한 골짜기를 달려 진격하는 전술은 무리였다. 농민군은 끝내 70여 명의 전사자를 남기고 물러났다.

한편, 곰나루를 넘어온 농민군은 장꾼 차림으로 봉황산 아래쪽의 하고개를 넘으려고 했다. 북접의 농민군도 이 고갯길을 뚫고 지나가기 위해 몇 차례 시도했다. 하고개를 넘으면 바로 충청감영이었다. 농민군은 감영을 점령하려는 의도를 분명히 보였으나 그곳을 지키던 관군에게 발각되어 무참히 살해되었으며 그들의 시신은 하고개 아래 작은 논배미에 던져졌다.

날이 저물자 전봉준이 이끄는 농민군은 효포의 들판에서 진용과 장비를 수습하고 경천으로 후퇴했다. 이때 관군측에서는 곰티에서 농민군 70여 명을 포살하고 두 명을 생포했으며 농민군의 회선포(개틀링 기관총)를 노획했다고 보고했다. 곰티의 산비탈과 산길, 하고개의 언덕에는 농민군의 시체가 쌓였고 핏물이 내처럼 흘렀다. 뒷날 한 농부가 하고개 아래 논배미에서 18구의 시신을 수습하고 해마다 제물을 올렸다 한다. 지금도 그 논을 가리켜 '송장배미'라 부른다.

몇 차례에 걸친 크고 작은 전투에서 농민군은 큰 피해를 입었다. 전투에 지치고 추위를 견디지 못한 농민군이 잇따라 달아났다. 특히 전투 경험이 적은 북접 농민군은 몇 차례 전투를 한 후 많이 도망쳤다. 북접 농민군은 주문을 외우는 일에는 열심이었으나 직접 세상을 바꾸려는 의지는 약했다. 전투에서 가장 앞장서서 총탄을 맞은 농민군은 거의 호

송장배미 우금치전투에서 전사한 수많은 농민군이 송장배미에 묻혔다.

남 농민군이라 해도 틀리지 않을 것이다. 이것이 1차 공주 공방전의 처절한 결과였다.

우금치의 마지막 결전

전봉준은 어쩔 수 없이 노성과 풋개로 물러나 전열을 정비했다. 잔여 농민군과 다른 지방의 농민군을 불러모으고 화약과 무기를 점검했다. 이때 농민군 수는 2만여 명이었다. 그들은 11월 7일과 8일 사이 두 부대로 나뉘어 진격했다. 한 부대는 경천의 들판을 치달려 무너미로 들어갔고, 또다른 한 부대는 노성의 뒷산을 넘어 이인으로 달려갔다. 두 부대가 공주 성내를 삼면에서 포위하는 형국이었다. 농민군은 진격하면서 대포를 쏘았고 깃발을 흔들며 함성을 질렀다.

관군 쪽에서는 주력군을 이인 방향으로 나가게 했다. 일본군과 관군은 이인의 길목과 우금치에 병력을 집중 배치했다. 우금치의 길이 뚫리면 바로 충청감영이 함락될 것을 우려했기 때문이다. 모리오 마사이치 대위는 우금치 옆 견준봉 언저리에 일본군을 배치하고 농민군의 동정을 엿보았다. 이인 쪽을 지키던 관군은 원조경(遠照鏡)을 이용해 농민군의 동정을 낱낱이 살폈다.

전봉준이 이끄는 농민군은 일제히 이인으로 몰려가 기습했다. 이인을 지키던 관군은 후퇴할 겨를도 없이 포위되었다. 날이 어두워지자 농민군은 이인 주변의 산에 올라 일제히 횃불을 밝혔다. 수많은 횃불이 타오르자 산은 마치 불로 이루어진 성처럼 보였다.

밤이 깊도록 농민군이 지르는 함성과 쏘아대는 포성이 요란했다. 더 견딜 수 없었던 관군은 어둠을 틈타 부상자를 담가(擔架, 들것)에 신고 조용히 후퇴했다. 관군은 배후의 전선인 우금치로 물러났다. 일단 농민군이 승세를 잡은 형국이었다.

기세가 한껏 오른 농민군은 우금치 방면으로 조금씩 조심스럽게 전진했다. 20여 리에 불과한 거리였으나 상대의 막강한 화력에 조심스러울 수밖에 없었다. 우금치를 최후의 보루라고 판단한 일본군도 물러설 수 없었다.

다음날인 11월 9일 아침이 밝았다. 공주 쪽에서 바라볼 때 우금치에서 가장 높은 중앙에 일본군이 배치되었고 오른쪽 견준봉 옆과 고개 바로 밑에 관군이 배치되었다. 일본군은 포대를 설치하고 솔가지와 가랑잎으로 위장했다.

우금치 동학농민군은 우금치를 넘기 위해 노력했지만 성공하지 못하고 많이 희생되었다.

또 충청감영의 외곽인 주봉(周峰, 두리봉) 언저리에는 공주영장 이기 동이 진을 치고 있었고 감영 뒷산인 봉황산에는 민병들이 지키고 있었다. 즉 우금치와 감영 주변의 봉우리를 일본군과 관군이 일자로 철통같이 에워싸고 개미 한 마리 기어들지 못하게 막았다. 또 효포와 쌍수산성, 금강나루 주변에도 경리청과 공주목 군사들이 곳곳에 포진해 있었다. 일본군과 관군은 공주로 들어오는 통로를 모조리 봉쇄했다.

이와 달리 농민군은 우금치를 비롯해 동쪽의 곰티에서부터 서쪽의 봉황산 뒤쪽에 걸쳐 40여 리를 완전히 포위하고 있었으니 관군측보다 반경이 훨씬 넓었다. 쌍수산성과 장기나루 등 금강 쪽만 비워두었을 뿐이다. 농민군은 병풍을 치듯이 일렬로 늘어서 깃발을 줄줄이 세워두었다. 깃발만 보면 온통 농민군 천지였다.

농민군은 이른 아침부터 하루종일 이곳저곳에 출몰했다. 관군 쪽의 방비가 조금 느슨하다 싶으면 산골짜기를 기어올라오고 대포를 몇 방 쏘다가 재빨리 달아났다. 동선의 범위가 매우 넓었다. 우금치를 철통같이 방어하는 관군과 일본군 주의를 분산시키려는 의도였을 것이다. 잠을 자지 못하고 밥도 제대로 먹지 못해 지치는 것은 서로 마찬가지였다.

우금치 주변의 전황은 더욱 어지러웠다. 산 아래에 진을 친 농민군은 일본군을 올려다보고 있었다. 농민군은 쉴새없이 연달아 함성을 지르고 풍물을 울리며 진격했다. 위세를 과시하고 겁을 주려는 움직임이었다.

정오가 되기 직전이었다. 모리오 마사이치 대위는 준비한 작전을 개시할 때라고 판단했다. 봉우리 위쪽의 일본군은 사정거리에 들어온 농민군에게 조준 사격을 가했다. 농민군은 한꺼번에 밀려올라가다가 총을 쏘면 물러나고 잠시 총소리가 멈추면 또 돌격했다. 제1대가 무너지면 제2대, 제3대가 그 뒤를 이었다. 그날 오후까지 전진과 후퇴를 수십 차례 반복했다. 농민군 시체가 우금치 언덕과 고개 부근에 수없이 쌓였다. 시체에서 흘러나온 피가 흰 눈을 붉게 물들였다가 얼어붙었다.

저녁 무렵 한 무리의 농민군이 다시 깃발을 흔들며 견준봉과 새재를 향해 미끄러지고 자빠지면서 돌격했다. 농민군이 산등성이에 다가오면 등성이에 늘어서 있던 관군이 일제히 총을 쏘았다. 그러면 농민군은 잠시 물러났다가 다시 올라왔다. 이렇게 일진일퇴를 4, 50차례 거듭했다. 농민군 일부는 잠시 견준봉 측면에서 치고 들어오기도 했으나 대개 산

〈아, 우금티〉, 박홍규, 2014년.

등성이 근처에 이르러 더이상 다가갈 수 없었다.

전봉준은 마침내 일본군 사정거리 밖으로 물러나 우금치 너머 언덕으로 진지를 옮겼다. 이때 관군 수십 명이 산등성이를 내려와 기습했다. 이 공격에 또다시 수많은 농민군이 쓰러졌다.

처절한 접전이 끝난 뒤 전봉준은 군사를 점검했다. 먼저 두 차례 전투를 벌이고 나자 1만여 명의 군사가 3000여 명으로 줄었고 다시 두 차례 접전한 뒤에는 500여 명만이 남았다. 유효 사거리가 훨씬 긴 연발 소총을 상대로 화승총을 들고 돌격했으니 처음부터 당해낼 재간이 없었다. 수많은 사상자가 발생한 끝에 소수의 농민군 무리만이 남자 전봉준은 우금치의 마지막 보루를 버리고 남은 농민군을 이끌고 후퇴했다.

일본군과 관군은 농민군 주둔지에서 대포, 총칼, 깃발 등 많은 물품을 노획했다. 대포 같은 중요한 무기를 버리고 간 것은 상황이 그만큼 절박했음을 보여준다. 관군은 남쪽 길로 달아나는 농민군을 10여 리 추

우금치전투 기록화, 이의주, 1987년.

격했다. 부상당한 농민군은 다리를 절룩거리며 쫓기다가 관군의 총칼에 쓰러졌다.

밤이 어두워시자 관군은 추격을 그만두고 돌아와 승리를 자축했다. 이때의 기록을 살펴보면 "우금치 언저리에 쌓인 시체가 산을 가득 메웠다", "효포의 개울에는 피가 가득 고여 흘렀다"고 적혀 있다. 뒷날 우금치에서 밭을 매던 농부들이 사람 뼈 여러 짐을 모아 치웠다고 전하며 동네 아이들은 개좆배기에서 수많은 탄피를 주워 엿을 바꾸어 먹었다고도 한다.

우금치에서 농민군이 패주한 뒤에도 공주 일대에 흩어져 있던 일부 농민군은 계속 버텼다. 11월 11일 곰티를 지키던 관군은 빼앗은 농민군의 옷과 머리 수건 따위로 농민군의 모습으로 위장하고 천연스레 등성이를 기어올라 농민군에게 접근했다. 농민군이 위장한 관군을 동료로 착각하고 방심하자 사정거리 안으로 근접한 관군은 총을 마구 쏘았다. 농민군이 달아나자 관군은 대포, 연환 등의 무기를 많이 노획했다.

이 곰티전투를 끝으로 공주를 포위하고 있던 농민군은 완전히 사라졌다. 4일 동안 내리 전개된 이 전투를 2차 공주전투라 한다. 통한의 패배였다. 이 전투를 관군 쪽에서는 다음과 같이 기록했다.

> 아아, 저들 수만 명의 비류가 4, 50리에 걸쳐 포위해왔다. 길이 있으면 빼앗고 높은 봉우리를 다투어 차지했다. 동쪽에서 소리치면 서쪽에서 달려가고 왼쪽에서 번쩍하다가 오른쪽에서 튀어나와 깃발을 휘두르고 북을 울리면서 죽음을 무릅쓰고 먼저 고지에 올라왔다. 저네들은 무슨 의리이며, 저네들은 무슨 담략인가? 그들의 행동을 말하고 생각하니 뼈가 떨리고 마음이 서늘해진다.
>
> ─『선봉진일기』

농민군 토벌에 앞장선 이규태가 농민군 행동에 나름 감동받아 감탄사를 섞어 기록한 것이다. 공주를 점령하고 그곳을 거점으로 삼아 농민군의 역량을 키워 서울로 진격하려던 전봉준의 계획은 수포로 돌아갔다. 이제 공주전투를 마무리하면서 끝으로 패전의 원인을 살펴보자.

첫째, 전봉준은 2차 봉기를 준비하면서 삼례에서 시일을 너무 끌었다. 북접 교단 지도자들의 호응과 동의를 얻는 데 너무 시간을 빼앗겼던 것이다. 전봉준이 삼례에서 한 달쯤 머뭇거리면서 일본군과 관군보다 한 발 앞서 공주를 점령할 기회를 잃었다. 일본군은 그동안 만반의 준비를 하고 경기도·충청도 일대에서 봉기한 농민군을 토벌하고 공주로 먼저 진격했던 것이다.

둘째, 일본군 개입과 그들의 우월한 신무기 앞에 농민군은 무력했다. 일본군은 여러모로 정예 군대였다. 그들은 유럽식 근대 전술을 익히고 성능 좋은 연발 소총을 운용했다. 농민군이 확보한 천보총 따위의 화승총은 유효 사거리 등의 성능에서 소총과 대적할 수 없었다.

관군도 일본군의 지휘를 받으면서 화승총 대신 근대식 소총으로 무장했다. 또한 농민군은 보급품이 모자라 추위 속에서 굶어가며 전투를 한 반면, 관군측은 장기전에 대비해 군량미와 생필품 등을 넉넉하게 공급받았다. 농민군이 배급받은 주먹밥은 추위에 얼어붙어 씹기조차 힘들었다.

셋째, 전국 각지의 농민군 역량을 온전히 결집하지 못했다. 뒤늦게 북접에서 대동원령을 내렸으나 이미 통로가 차단되어 황해도·강원도·경상도 농민군이 공주에 합류할 수 없었다.

이런 분석에도 불구하고 어쩌면 일본군 승리는 예정되었던 것이라 볼 수도 있다. 일본군은 청일전쟁에서도 승리했으며 뒷날 러일전쟁에서도 승리한 막강한 군사력을 보유한 군대였다. 다만 농민군이 일본군의 개입 없이 오직 관군과 전투를 벌였다면 공주나 서울 점령이 가능했을 수도 있었을 것이다. 당시 조선 정규군의 힘은 그 수로나 무기로나 용맹으로나 보잘것없었다. 공주전투의 실패로 서울로 진격하려던 대담하고 원대한 계획은 물거품이 되었다. 이는 한국 변혁운동의 역사에서 가장 안타까운 순간일 것이다.

신동엽은 서사시 「금강」에서 동학농민군을 두고 "어제 발버둥치는 수천, 수백만의 아우성을 신고 강물은 슬프게도 흘러갔고야"라고 읊었다. 그는 곰나루 언저리에는 무령왕릉 등 왕들의 무덤이 널려 있어 백제의 혼이 깃들어 있다고 하면서 농민군의 혼도 여기에 잠들어 있으리라 여겼다.

끝으로 우금치와 관련된 후일담을 남긴다. 1973년 천도교에서 우금치 아래에 기념탑을 세웠는데, 박성희가 쓴 탑명 뒤에 이선근이 쓴 비문에는 "5·16과 유신으로 이어져"라는 구절이 들어 있다. 동학농민혁명의 정신이 5·16쿠데타로 계승되었다는 뜻이니 가소롭기 짝이 없다. 1994년 동학농민혁명 100주년을 맞이해 이 일대가 사적지로 지정되고 우금치 고개 위에 광장을 조성해 조형물을 설치했으나 공주시에서 그 아래에 터널을 뚫었다. 전봉준이 그렇게 넘고 싶었던 고개에는 지금 차들이 쌩쌩 달리고 있다.

3장

잇따른 패배로
혁명의 막을 내리다

방관자들아, 이 외침을 들어라

공주에서 후퇴한 전봉준은 소수의 잔여 농민군을 이끌고 노성 봉화산에 머물면서 대오를 정비했다. 전봉준은 가슴을 치고 눈물을 삼켰으나 통분이 삭을 리 없었다. 그는 나라의 앞날을 모르는 척하는 구경꾼이 많다고 생각했다. 왜 이토록 방관자와 훼방꾼이 많은가. 그 무렵 전봉준은 11월 4일자로 임금이 전국에 포고한 칙유의 글을 읽었다. 그 글의 요지는 다음과 같다.

일본 국가가 우의를 중하게 여겨 몸과 힘을 다해 작은 혐의를 피하지 않고 우리나라에 자주, 자강의 길을 권고해 천하에 분명하게 밝혔다. 우리 국가가 그 뜻을 아름답게 여겨 바야흐로 크게 기강을 떨쳐 그들과 더불어 번갈아 일어나서 동양 여러 나라의 국민을 온전히 하려 하니 이는 진실로 어려움을 이겨 나라를 일으킬 기회이며 위험을 안전으로 삼을 때다.

어찌할꼬. 민심이 안정되지 못하고 서로 뜬말을 퍼뜨려 심지어 의거를 핑계대고 감히 난을 일으키는 행동에까지 이르니 이것은 이웃 나라를 원수로 볼 뿐 아니라 곧 우리 국가를 원수로 보는 것이다. 그 해가 장차 동양의 큰 국면에 관계가 있으니 이 어찌 천지 사이에 용납할 수 있겠는가? 지난번 우리 조정이 일본 군사의 도움을 청해 세 길로 나아가 모조리 없애려 하니 모든 군사는 몸을 돌보지 말고 적은 수로라도 많은 무리를 쳐서 없애라.

— 『고종실록』

이는 조선의 군대에게 일본군에 협조해 자국민인 농민군을 쓸어버리라고 지시한 것이 아닌가. 고종이 이노우에 가오루 일본공사와 개화 정권의 강요에 따라 이런 글을 포고했다는 사실은 보지 않아도 뻔한 일이었다. 전봉준은 이 글을 읽고 비감스럽기 짝이 없었다. 나라와 조정이 제 백성을 돌보기를 포기했던 것이다.

전봉준은 벌떡 일어나 분연히 붓을 잡고 피를 토하듯이 글을 썼다. 비서들이 그의 붓놀림을 진지하게 지켜보았다. 그는 경군(京軍, 서울 주둔의 군사), 영병(營兵, 감영 소속의 군사), 이교(吏校, 하급 벼슬아치), 시민(市民, 상인)에게 애국심을 호소하는 '고시(告示)'의 글을 써내려갔다.

다름이 아니라 일본과 조선이 개국한 이래 비록 이웃 나라이나 여러 대에 걸쳐 적국이 되었더니 성상의 인후하심을 힘입어 세 개의 항구를 열어주어 통상을 허락했다. 이후 갑신년 10월에 네 흉적이 적에 협력하여 군부(君父)의 위태함이 아침저녁에 달려 있더니 종사의 홍복(洪福)으로 간당을 소멸하고 금년 10월에 들어 개화파의 간사스러운 무리가 왜국과 손을 잡고 결탁하여 밤을 틈타 서울로 들어와 군부를 핍박하고 국권을 멋대로 휘두른다. 또 하물며 방백과 수령이 모두 개화의 무리로 인민을 어루만져 구제하지 아니하고 살육을 좋아하며 생령(生靈)을 도탄에 빠뜨리매 이제 우리 동학의 교도가 의병을 들어 왜적을 소멸하고 개화를 세어하여 조정을 청평하고 사직을 안보할새, 매양 의병(동학농민군)이 이르는 곳에서 병정과 군교(軍校)가 의리를 생각지 아니하고 나와서 접전하매, 비록 승패는 없으나 인명이 피차에 상하니 어찌 불쌍하지 아니하리오.

실제로는 조선끼리 서로 싸우고자 하는 바 아니거늘 이와 같이 골육이 서로 싸우니 어찌 애달프지 아니하리오. 또한 공주 한밭의 일로 따져보아도 비록 봄 사이의 원수를 갚은 것이라 하나 일이 참혹하고 후회가 막급하며, 방금 대군이 서울을 압박하고 있어 팔방이 흉흉한데, 편벽되어 서로 싸우기만 하면 가위 골육이 서로 싸우는 것이라. 일번 생각건대 조선 사람끼리라도 도는 다르나 척왜와 척화의 뜻은 같은지라. 두어 글자로 의혹을 풀어 알게 하노니 각기 들어보고 충군, 우국의 마음이 있거든 곧 의리로 돌아오면 상의하여 같이 척왜, 척화하여 조선이 왜국이 되지 아니하게 하고 같은 마음으로 힘을 합해 대사를 이루게 하올세라.

— 「고시경군여영병이교시민(告示京軍與營兵吏校市民)」

전봉준은 '고시문' 글머리에 경군, 영병, 이교, 시민에게 고시한다고 썼다. 그들은 일본 침략에 협조하거나 방관하는 자들이 아니던가. 중앙과 감영의 군대는 지휘 계통에 따라 친일 개화 정권의 하수인이 될 수밖에 없었다.

더욱이 전통적 상인들은 쌀과 콩, 쇠가죽을 일본에 팔아먹으면서 많은 이익을 남겼고 때로 이권을 위해서는 민씨 정권과도 결탁했다. 또 서울의 시전 상인들은 많은 군자금을 내기도 했다. 그들은 기회주의자가 되어 눈치를 살피며 돈벌이에만 정신이 팔려 있었다. 비록 강요라 할지라도 순무영에 군비를 헌납했다. 보부상은 소외당하는 계층이었으나 자신들의 상행위를 보장받는 대신 부정한 세도가에 빌붙어 하수인이 되어 농민군 탄압에 나서기도 했다.

전봉준은 '고시문' 앞부분에서 개항 이후 개화 정권이 일본의 꼭두각시 노릇을 한 것과 일본군의 경복궁 점령, 동족인 농민군과 관군이 서로 전투를 벌인 일의 과오를 말하고 서로 뜻을 합해 일본 침략에 맞서자고 호소했다. 또 동족상잔의 예로 한밭에서 충청병영의 군사들이 몰살당한 사건을 들었다. 전봉준은 이런 여러 일을 언급하고 끝으로 같은 겨레로서 함께 행동할 것을 제의했다. 날짜는 11월 12일, 그 명의는 동도창의

소 이름으로 적었다.

동도창의소 이름으로 발표한 이 고시문은 임금의 칙유문을 반박하는 것이나 다름없었다. 이 내용은 조정에 전달되었겠지만 당시 일반 백성들에게 얼마나 전파되었는지는 확인할 수 없다. 이 글을 통해 전봉준의 굳건한 애국, 애족의 의지를 충분히 읽을 수 있을 것이다. 그러나 전봉준의 의지와는 상관없이 기층민의 결집과 행동은 쉽게 이루어지지 않았으며 방관자들은 움직일 줄을 몰랐다.

이때 전봉준이 노성 근처의 윤씨 종가에서 잠시 몸을 쉬었다는 말이 전해진다. 윤씨 종가는 대대로 많은 종을 거느린 양반 지주였다. 농민군이 이 집에 불을 질러 태우려 했으나 다른 농민군이 불을 끄고 방화를 만류했다 한다. 이 종택 바깥문의 서까래에는 지금도 불에 탄 흔적이 선명하게 남아 있다. 또 이 종가에는 전봉준이 남겼다는 놋쇠 담배통(재떨이 겸용)이 소중하게 보관되어 있다. 전봉준이 밥을 얻어먹고 나서 "이것밖에 드릴 것이 없소"라며 사례로 놓고 갔다 한다.

전봉준은 노성에서 재기의 결의를 다지고 11월 14일 잔여 농민군을 이끌고 놀뫼로 나왔다. 하지만 많은 농민군은 전봉준과 길을 달리해 전투복을 평복으로 갈아입고 달아났다. 역적으로 몰려 잡혀 죽더라도 그 전에 부모나 처자식을 보고 싶었을 것이다. 반가운 일도 있었다. 한동안 헤어져 있던 김개남을 그 부근에서 만났다.

김개남은 그동안 청주로 올라가 충청병영을 공격하다 실패해 전봉준에게 돌아왔다는 말이 있으나 자세한 것은 확인할 수 없다. 한편, 황현은 농민군이 공주에서 패전한 뒤 전봉준과 김개남의 거취에 대해 다음과 같이 기록했다.

> 공주에서 전봉준과 김개남은 연합하여 항쟁했다. 강경에서 다시 패하여 군사를 유지할 수 없어서 각각 도망쳤다.
>
> ─『오하기문』

이 기록대로라면 김개남은 뒤늦게나마 전봉준과 함께 생사를 같이했던 것으로 보인다. 하지만 전봉준은 심문을 받을 때 "김개남은 내가 왕사(王事)에 힘을 합하자고 권고했지만 끝끝내 듣지 않았으므로 처음에는 상의한 바가 있지만 끝에는 결단코 상관하지 않았습니다"라고 진술했다. 아마도 전봉준은 김개남이 공주 대회전에 힘을 합치지 않고 엉뚱하게 청주병영을 공격하다가 군사를 모두 잃고 돌아온 것을 섭섭하게 여겼는지도 모른다.

또 관변측 기록에 공주전투 과정에서 김개남의 이름이 한 번밖에 나오지 않고 손병희의 이름이 거의 보이지 않는 것은 전봉준이 모든 군사를 지휘했기 때문으로 보인다. 하지만 놀뫼의 소토산전투에서 김개남의 이름이 다시 등장한다. 정토군 사령관 미나미 고시로는 이 전투를 지휘하면서 김개남을 김화남(金化南)이라 잘못 표기하고 그저 주목한다는 보고를 올렸다.

미나미 고시로는 그동안 공주전투에는 참여하지 않고 은진, 여산, 익산 등지를 돌면서 토벌전을 벌이다가 연산으로 나왔다. 그가 연산에서 전투를 벌일 때 동학농민군이 레밍턴 소총과 스나이더 소총 같은 무기를 소지한 것을 발견했고 청나라군의 검은 옷을 입은 군사도 있었음을 보고했다. 이후 그는 놀뫼로 나온 농민군을 토벌하고자 은진으로 나와 공주와 노성에 있던 통의영군과 장위영군, 경리청군에게 급히 출동하라는 지시를 보냈다. 이렇게 놀뫼에는 미나미 고시로가 거느린 일본군과 장위영군 1개 대대, 통위영군 200여 명이 모여들었다. 또 이두황이 지휘하는 장위영군과 합류했다. 미나미 고시로는 이들 지휘관에게 다음과 같이 훈시했다.

> 원래 군인은 독실하게 부하를 통제하고 양민을 더욱 어루만져야 하니 그중에서 적도라 해도 함부로 살해하거나 인민의 물품을 약탈하는 따위의 행동은 엄금한다. 앞뒤로 잘 주의하여 내 말을 따르라.
>
> —『미나미 고시로 문서』

정토군 사령관으로서 미나미 고시로가 부하 지휘관들에게 처음으로 지시한 내용이다. 그러나 그의 행동을 보면 이것이 양두구육(羊頭狗肉)의 수법임을 알 수 있다. 이때부터 남쪽으로 내려가는 관군과 일본군은 미나미 고시로의 명령에 따라 전투를 수행했다.

노성을 떠난 전봉준은 놀뫼의 대촌으로 나와 진용을 정비했다. 여기저기 흩어져 있던 농민군이 대촌으로 모여들었다. 농민군 2500여 명은

황화대전투지 우금치전투에서 패한 동학농민군은 남하해 논산 황화대에서 관군, 일본군과 대적했으나 패주했다.

대촌 뒤편의 작은 산인 소토산에 주둔했다. 그러나 일본군과 관군이 소토산으로 진격해오자 농민군은 소토산에서 몇 마장 거리(약 1200미터)에 있는 황화대로 옮겼다. 이때 여산의 농민군 한 부대가 함성을 지르면서 합세하자 농민군은 용기를 내어 전투태세를 갖추고 헛총을 쏘아댔다. 일본군과 관군은 헛총질임을 알고 함성을 지르며 진격했다. 그러자 농민군은 행장을 수습할 새도 없이 황급히 남쪽으로 달아났다. 관군은 총을 쏘면서 10여 리를 추격해 길에 버려진 총과 창을 거두고 논밭의 둔덕에 쓰러진 시체를 흘겨보았다. 날이 저물자 농민군은 어둠 속으로 흩어졌고 관군은 추격을 멈추었다.

이날은 11월 15일로 날씨가 몹시 추웠다. 전봉준은 전투복을 평복으로 갈아입고 전주로 내달렸다. 11월 19일 전봉준은 전주에 도착했다. 전봉준이 거느린 농민군이 삼례에서 출정한 지 두어 달 만이었다.

남원성 남원에 주둔하던 김개남이 북상하자 남원과 운봉의 민보군은 동학농민군의 근거지인 남원성을 공격했다.

　그런데 농민군이 공주전투에서 패배해 남쪽으로 내려올 때 후방인 남원에서는 일대 사건이 일어났다. 김개남이 북상하자 남원과 운봉 민보군은 그 틈을 타서 2000여 명을 거느리고 농민군의 근거지인 남원 공략에 나섰다. 그리하여 11월 13일경 남원 교외에서 전투를 벌인 끝에 농민군은 많은 사상자를 내고 남원 성내로 물러났다. 운봉 민보군에게는 경상감사 조병호가 총통 300정과 화약 수천 근을 보내 성원했는데, 이 전투 이후 진주병영에서 200명의 원병이 민보군에 합세했다.

　남원성의 농민군은 성을 굳게 지키고 있었다. 11월 28일 운봉 민보군이 남원의 네 성문을 포위하고 공격을 개시했다. 그러나 농민군은 성에서 나오지 않고 응전했다. 민보군이 성 주변에 섶을 쌓고 불을 질러 성문이 불타자 농민군은 북문을 열고 달아났다. 이렇게 해서 남원성은 농민군이 차지한 지 6개월 만에 무너졌다. 30여 명이 사망하고 100여 명이 붙잡힌 농민군은 다시 남쪽으로 쫓겨갔다. 박봉양이 이끈 민보군은 성안으로 들어가 수백 명을 베어 죽이는 포악성을 드러냈다.

이렇게 해서 김개남은 오래 적공을 들인 근거지를 잃어버렸다. 이 남원전투는 공주전투가 진행되는 동안 일어난 사건으로 동학농민군의 불길한 앞날을 예고했다. 김개남은 다시 남원으로 돌아갈 수 없는 처지가 되었다.

최후의 원평·태인 전투

공주와 놀뫼에서 패주한 동학농민군 중에 끝까지 남은 이들은 처음 출발했던 삼례와 전주로 돌아왔다. 전봉준은 텅 빈 전라감영 선화당을 다시 차지하고 여러 일을 수습했다. 이때 김학진은 전봉준을 도운 죄목으로 전라감사 자리에서 쫓겨났고 신임 감사 이도재는 전주로 쉽게 들어올 수 없던 탓에 전주 주변만 맴돌고 있었다.

전봉준은 포기하지 않고 전주를 중심으로 재봉기를 준비했다. 그는 재봉기에 협조하지 않거나 방해하는 벼슬아치와 토호는 엄하게 징벌하라는 지시를 내렸고 그동안 동학농민군을 방해하던 인물을 처단했다. 이어 농민군 전열을 재정비해 곧 닥쳐올 일본군과 관군에 반격할 방도를 모색했다. 공주에서 함께 내려온 농민군 일부와 여기저기 흩어져 있던 농민군이 다시 그의 휘하로 모여들었다. 11월 23일 전봉준이 전주에서 농민군 3000여 명을 이끌고 원평으로 내려올 때 농민군은 1만여 명으로 늘어났다. 다시 농민군의 기세가 크게 올랐다.

전봉준은 11월 24일 원평에서 각지에 전령을 보내 다시 농민군을 규합하고자 했다. 농민군의 의기는 아직 살아 있었다. 전봉준은 원평 앞산에 농민군을 집결시켜 진을 설치했다. 앞산은 비록 낮은 산이었으나 들판 가운데에 있었다. 산마루에 오르면 북쪽으로는 전주로 가는 금구 가도와 서쪽으로는 김제, 동쪽으로는 모악산, 남쪽으로는 태인의 지경이 한눈에 들어왔다.

일본군과 관군은 거침없이 전주로 진군했다. 전주에 들어온 그들은 점령군의 행동을 보이며 골골에서 수색을 벌였다. 전주를 거쳐 추격해 온 일본군과 관군은 11월 25일 아침 구미란 마을 앞 원평천 냇가 들판에 진을 치고 앞산을 올려다보았다. 그들은 기세가 등등했고 이두황은 더욱 전공을 세우고 싶어 안달이 나 있었다. 이곳 고을민들은 난리를 피하고자 앞산 인근 숲속에 숨어 숨죽이며 그들을 지켜보았다.

농민군은 일성팔렬진(一聲八列陣, 한 명령 계통을 따르는 진법)을 삼면에 펼치고 품(品) 자 모양을 만들고는 한쪽을 터놓았다. 품 자 배치라 함은 군사를 셋으로 나누어 전면에 한 부대, 뒤에 두 부대를 두는 진형을 뜻한다. 이 진형은 적이 틈을 보이면 곧바로 세 대열로 분산해 들판으로 돌격할 수 있었다. 하지만 근대식 일본군과의 전투에서도 효과가 있을지는 모를 일이었다.

양측의 거리는 500미터쯤 되었다. 거리가 가까울수록 재래식 무기로 무장한 농민군이 불리했을 것이다. 따라서 농민군은 한사코 일정 거리를 유지하려 했다. 반대로 관군과 일본군은 소총의 사정거리 안으로 근접하고자 했다. 농민군은 천보총을 연달아 쏘아 적의 접근을 막았다. 아침부터 저녁까지 포탄과 총탄이 쉴새없이 쏟아졌다. 관변측 기록에는 다음과 같이 쓰여 있다.

> 포를 쏘는 소리가 우레와 같고 탄환이 비처럼 쏟아졌다. 적은 산 위에 있었고 우리 군사는 들판에 있었다. 우리 군사는 사면을 둘러싸고 있었다. 서로 내지르는 함성이 땅을 울렸고 대포 연기가 안개처럼 자욱하여 멀고 가까운 곳을 구별할 수 없었다.
>
> —「순무선봉진등록(巡撫先鋒陣謄錄)」

하루종일 전투를 벌였으나 팽팽한 접전이 이어졌다. 관군은 저녁 무렵 먼저 산 위로 올라 접근해 육박전을 시도했다. 한 식경이 넘도록 서로 찌르고 베었다. 날이 저물자 먼저 지친 농민군은 군사를 거두어 남쪽으로 후퇴했다. 산 위에는 농민군 시체 37구, 쌀 500여 석, 조총, 연환, 화약, 깃발, 호피, 쇠가죽 등이 널려 있었다. 농민군은 물품을 챙길 새도 없이 달아났던 것이다.

이번에도 일본군과 관군이 승리했다. 관군이 노획한 물품 속에 호랑이가죽이 있었다는 사실이 흥미롭다. 호랑이가죽은 대장이 쓰는 물건이었으므로 아마도 전봉준이 사용했을 것이다. 또 쇠가죽은 취사도구로 쓰였으니 그것으로 밥을 지었을 것이다.

구미란 묘역 원평 구미란에서 관군, 일본군과 전투를 벌여 많은 동학농민군이 죽었다. 이때 구미란 뒷산에 시신을 수습해 묻은 무덤이 지금까지 남아 있다.

　전봉준은 또다시 패했으나 포기하지 않았다. 태인으로 옮겨와 다시 전열을 가다듬을 때 아직도 8000여 명의 농민군이 따랐다. 농민군은 태인관아 앞 성황산을 비롯해 세 산에 흩어져 진을 치고 있었다. 태인 읍내는 원평과는 달리 산으로 둘러싸여 있었던 탓에 농민군이 게릴라전을 벌이기에 알맞았다. 농민군은 세를 과시하기 위해 봉우리마다 깃발을 야단스럽게 꽂거나 흔들어댔으며 나팔을 요란하게 불었다. 마지막 안간힘이었으리라. 11월 27일 이른 아침 일본군이 먼저 도착했고 뒤이어 관군이 들이닥쳤다. 관군 230명, 일본군 40명이었다. 적들이 밀려오자 농민군은 산 위로 올라가 봉우리에서 내려다보았다. 일본군과 관군은 원평전투와 마찬가지로 산 아래에 있었다.

태인전투지 전봉준은 태인전투에서 패한 뒤 해산을 선언했다.

관군과 일본군은 성황산을 향해 돌진했다. 농민군은 마침내 버티지 못하고 산을 내려와 사방으로 흩어졌다. 이번에는 처절한 백병전도 없이 싱겁게 끝났다고 할 수 있었다. 관군은 20여 리까지 추격전을 벌였다. 너무나 지친 탓이었을까? 농민군은 무거운 화승총은 물론 죽창마저 버리고 달아났다. 농민군 50여 명이 포로로 잡혔고 40여 구의 시체가 언덕 곳곳에 널려 있었다.

좌선봉장 이규태는 전투가 끝난 뒤 중앙 순무영에 보고했다. 격전을 치른 원평과 태인 주변의 정황에 대해 다음과 같이 기록했다.

금구현 이하로부터 100리의 길에는 점포와 여염이 깡그리 없어졌으며 원평과 석현의 집들이 전부 불타버린 것 말고도 바깥에 있는 외딴 한두 집도 불타 가위 사람 연기가 영영 끊어졌으며 사는 백성을 찾아볼 수 없어서 보기에 처절했다.

―「순무선봉진등록」

이 보고는 두 전투가 얼마나 처절했는지 잘 알려준다. 그 주변이 초토화된 것은 관군의 탓일까, 농민군의 탓일까? 하지만 이곳만 이랬을까? 이어질 남쪽 바닷가의 격전지는 더욱 처참했다.

전봉준이 지휘하는 주력 농민군은 원평·태인 전투를 끝으로 완전히 해산했다. 전봉준은 자신이 어린 시절을 보낸 원평과 태인을 최후의 격전지로 삼았다. 그의 연고지였기에 남은 농민군을 다시 수천 명으로 불릴 수 있었던 것이다. 하지만 이제 더이상 동학농민군은 꺾인 사기를 올릴 수 없었으며 일본군의 신무기를 극복할 수도 없었다.

전봉준은 재판과정에서 이때의 심경에 대해 솔직하게 대답했다. 그는 금구 등지에서 다시 군사를 모았는데, 그 수는 많으나 기율이 부족해 전쟁을 하기에는 어렵다고 판단했다. 더욱이 일본군이 계속 추격해와 그들과 맞서 싸울 수 없었다고 했다. 그는 태인전투를 치른 뒤 대장으로서 정식으로 농민군 해산을 침통한 심정으로 선언했다.

또 다음과 같은 이야기가 전해진다. 원평과 태인에서 농민군이 패전을 거듭할 때 농민군이 "우리는 전 접주를 하늘처럼 믿었는데, 아무 일도 이루지 못하고 곧바로 죽게 되었으니 어찌할꼬?"라고 탄식하며 울부짖었다. 이에 전봉준이 "성패는 운수에 달려 있다. 어찌 말이 많은가? 각기 제 할일을 하라"라는 말을 남기고 날랜 군사 수십 명을 뽑아 말을 타고 사라지자 남은 무리도 한꺼번에 흩어졌다 한다.

전봉준은 여기까지 함께 행군해온 손병희와도 헤어졌다. 손병희는 숨어 있던 최시형을 찾아 함께 보은으로 올라갔다. 뒤에서 서술할 손병희

의 북실전투 참상과 전봉준의 굳은 의지는 서울의 재판과정에서 다시
살펴볼 것이다.

잔당을 싹싹 쓸어라

태인전투가 끝난 뒤 흩어진 농민군 중 일부 세력은 철저 항전을 외쳤다.
그들은 대부분 광주의 손화중과 최경선 휘하로 몰려들었다. 그 무렵 손
화중, 최경선과 나주의 오권선 등은 남쪽 고을의 농민군과 연합해 나주
관아를 공격하기로 약속했다. 농민군은 나주를 가운데 놓고 양면에서
치려는 계획이었다. 나주 도통장 정석진은 11월 10일경에 포군 300여
명을 이끌고 출전했고 수성군 수백 명도 합세했다. 농민군은 나주와 광
주 사이에 있는 용진산으로 진출해 진을 쳤지만 나주 수성군에게 밀려
버티지 못하고 북쪽으로 달아났다.

그뒤 호남 남쪽의 농민군 수천 명이 무안 대접주 배상옥의 지휘 아
래 나주를 향해 올라왔다. 11월 17일 농민군은 나주에서 30여 리 떨어
진 작은 냇가에 있는 고막포(古幕浦)와 고막원 주변에 모여들었다. 이곳
은 남쪽의 함평에서 나주로 들어가는 교통의 요지였다. 이때 모인 농민
군 수는 5, 6만 명이었다.

나주목사 민종렬은 11월 17일 나주 수성군에게 출동 명령을 내렸다.
나주 수성군은 자지고개(나주 다시면 가운리)와 초동 장터(새꿀장, 다시
면 영동리)에 진을 쳤다.

나주관아 나주목사 민종렬은 수성군에게 무안에서 올라온 배상옥의 농민군을 막도록 했다.

농민군은 고막원을 중심으로 그 일대에서 유진하고 있었다. 18일 아침 수성군이 진격해와 공격을 퍼부었다. 농민군은 수성군이 몰려온다는 첩보를 받고 주변 산에서 대기하고 있었다. 수성군은 농민군이 주둔해 있는 산을 향해 대포를 쏘아 농민군이 들판으로 내려오게 유도했다.

수성군은 농민군의 화승총과 화살이 미치지 않는 거리에서 포를 놓고 총을 쏘았다. 1시간가량 전투를 벌인 끝에 농민군은 대포의 위력을 이기지 못하고 후퇴하기 시작했다. 들판에는 시체들이 여기저기 널려 있었다. 농민군은 10여 리를 도망쳐 고막교에 이르렀다. 마침 밀물이 밀려와 다리 아래 물이 깊었다. 너도나도 앞다투어 고막교를 건너다가 물에 빠져 죽거나 후미에서 대포에 맞아 죽었다.

농민군은 함평, 무안 등지에서도 끝까지 항전했다. 동정을 살피던 수성군은 고막리 일대의 농민군을 재차 공격했다. 수성군은 산을 향해 포를 쏘았고 농민군도 이에 응사했다. 날이 어두워져서야 양쪽 모두 전투

고막포전투지의 고막교 무안에서 올라온 배상옥의 동학농민군은 고막교에서 나주 수성군과 전투를 벌였다.

를 중지했다. 추운 날씨에 물 한 모금, 밥 한 술 먹지 못해 심하게 지쳐 있었다. 이 전투에서도 농민군이 무수히 많이 죽었다. 수성군은 농민군을 나주 경계 밖으로 쫓아내고 돌아갔다.

광주에 주둔하던 손화중, 최경선은 오권선이 이끄는 나주 농민군과 합세해 다시 나주관아 공격에 나섰다. 그들은 연합작전에 차질이 생겼음을 알고 공격을 서둘렀다. 11월 23일에는 농민군 수만 명이 나주관아에서 10여 리 떨어진 남산촌과 태평정 등지를 압박했다. 밤이 되자 농민군은 나주성 북문 밖 함박산으로 몰려가 진을 쳤다.

나주 수성군은 북문 부근에 막소(幕所)를 세우고 북문을 지켰다. 그날 밤에는 날이 몹시 찼고 바람도 세차게 불었다. 수성군은 횃불을 밝히고 군사를 점호하고 있었다. 마침 돌풍이 불어 막소 안에 둔 폭약에 불이 붙어 연달아 폭음이 진동했다. 농민군은 수성군의 지원병이 와서 총과 포를 쏘아대는 것으로 착각하고 남산촌 언저리로 후퇴했다.

농민군은 추운 날씨 탓에 야숙을 하지 못하고 민가에 들어가 밤을 보냈다. 다음날 24일에도 농민군은 천막을 치고 깃발을 꽂고 전투에 대비했다. 농민군이 소를 잡아 늦은 밥을 먹고 있을 때 정석진이 거느린 수성군이 삼면에서 기습 공격을 해왔다. 농민군은 육박전을 벌이며 분투했으나 차츰 대오가 무너졌다. 이때의 전황을 두고 황현은 다음과 같이 기록했다.

> 도둑 최경선이 나주를 침범했다가 크게 패하여 달아났다. 그때 전봉준과 김개남의 패보가 이르자 뭇 도둑들은 간담이 서늘했고, 또 경군이 압박해오자 도망자들은 모두 최경선에게로 돌아갔다. 최경선은 손화중과 모의하여 나주를 습격했다. 나주의 이원우 등이 엄히 군사를 배치하고 기다리자 감히 곧바로 성을 공격하지 못했다. 그때 또 추위가 심하여 야숙하지 못하고 몇천 명이 무리를 이루어 마을을 약탈했고 민가를 빌려 잠을 잤다. 관군이 이를 알고 몰래 야습하여 헤아릴 수도 없이 죽이거나 포로로 잡았는데, 양민도 많이 죽었다.
>
> ─『오하기문』

마침내 최경선은 동복에서 순창 소모영 군사에게 붙잡혔고 손화중은 고향으로 도망쳤다. 남은 농민군 한 무리는 강진·장흥 방면으로, 한

나주 초토영터 조선 조정은 나주목사 민종렬을 호남초토사로 임명하고 지금의 나주초등학교에 초토영을 설치해 농민군을 토벌했다.

무리는 무안·해남 방면으로 진출했다.

그 무렵 11월 24일 순무영에서는 공주전투 이후 농민군이 남하하고 있다는 소식을 접하고 대비책을 세웠다. 곧 나주목사 민종렬을 호남초토사로 임명하고 나주에 초토영(招討營)을 설치해 농민군을 완전 토벌하라고 지시했다.

그때 이두황이 이끄는 관군과 일부 일본군은 남원을 거쳐 순천, 여수, 광양으로 진격했고 이규태가 이끄는 관군과 미나미 고시로가 지휘하는 일본군은 호남 서남쪽을 향해 이 잡듯이 휩쓸고 내려왔다. 이들 주력부대는 경군 120명, 일본군 250여 명이었고 중간에 영병과 민포군, 보부상패가 합세했다. 또 현지에서는 수성군까지 동원했다. 관군과 일본군이 나주로 들어온 시기는 나주 공방전이 끝난 뒤인 12월 10일 오전이었다. 황현은 이때의 정황을 다음과 같이 기술했다.

> 왜인들이 나주를 크게 노략질했다. 나주는 성을 지킨 이래 도둑들
> 이 마음대로 침범하여 노략질하지 못했다. 비록 공방전이 매일 일어
> 났어도 구실아치와 백성 들은 생업을 잃지 않았다. 왜인들이 구원
> 을 핑계로 부녀자를 겁탈하고 재물을 약탈했다. 그래서 한 고을이
> 크게 소요했다. 민종렬과 이원우가 사달이 일어날까 두려워 금지하
> 지 못했다.
>
> ―『오하기문』

이렇게 남조선대토벌작전이 본격적으로 실행된 것이다. 순무사 신정
희는 서남부 농민군 토벌에 필요한 탄환 30만 발을 경군에게 지급했다.
이 탄환 중 4만 발은 나주 초토영으로 보냈다. 그러자 일본군은 지급된
탄환을 모조리 실어갔다. 일본군이 탄환을 거두어간 것은 자신들이 필
요에 따라 배급하면서 관군을 마음대로 부리려는 속내였을 것이다.

그 무렵 미나미 고시로는 그동안의 전과와 경과를 이노우에 가오루
일본공사에게 종합해 보고했다. 그는 조선 인민이 곳곳에서 일본군을
환영하면서 "우리를 살려달라"고 부탁하는 사람도 있었다고 떠벌렸다.
그리고 다음과 같이 말했다.

> 가장 싫어하는 것은 조선 병사입니다. 조선 병사는 가는 곳마다 인

민의 물품을 약탈하고 그들 처사에 순종하지 않을 때는 구타하여 실로 그 난폭함이 언어도단입니다. 그래서 엄중히 명령을 내립니다마는 일본 사관이 참으로 무관심하기에 엄령과 견책을 더해서 요즘은 다소 고쳐진 상태입니다. 조선 병사 중에도 교도중대와 장위영병은 가장 규율이 좋습니다. 선봉대장은 가장 기율이 없으며 대대장 이규태 같은 자는 무엇 때문에 출정했는지도 의심이 가는 점이 많습니다. 그 사람은 부하들에게 지휘관의 명령을 왜곡하여 애매모호하게 전하며, 그중에서도 특히 적과 내통하는 것 같은 혐의도 배제할 수 없는 실정입니다.

—『주한일본공사관기록』

바로 12월 2일에 보고한 내용이다. 그는 순무영의 최고 지휘관 이규태를 일본군 지휘에 고분고분 따르지 않고 농민군을 돌보고 있다고 판단했다. 지금까지 이규태에 대한 기록을 종합하면 그는 농민군을 모질게 다루지 않았으며 그들의 행동을 이해하는 듯한 태도를 보였다. 앞에서 미나미 고시로는 "장위영병이 가장 규율이 좋다"고 했는데, 장위영 지휘관인 이두황은 그 무도함으로 악명이 높았다. 이두황이 홍주에 출진했을 때 그의 행동을 두고 남긴 기록이 있다.

이두황의 병사들이 하루를 묵고 공주로 갔는데, 병사들의 온갖 폐단이 성에 가득하여 시끄러웠다. 관리가 나아갈 수 없었고 가게 사람들이 모두 피신했다. 그들이 떠나갈 때 밥을 먹고 난 뒤의 그릇과 잠을 잔 곳의 돗자리를 모두 걷어 소와 말에 실었다. 병사들은 베 자루를 짊어지고 있었는데, 모두 약탈한 물건이었다. 홍주의 관병이 이를 보고 모두 분개하고 미워하며 서로 공격할 것 같았다.

– 홍건, 『홍양기사(洪陽紀事)』

이것이 거짓 기록이 아니라면 규율이 좋다는 말을 어떻게 해석해야 하는가? 미나미 고시로는 자신의 명령을 충실히 따르는 이두황이 마음에 들었을 것이다. 이 해석은 그뒤 이두황의 친일 행각을 보면 이해할 수 있다.

미나미 고시로는 수령들 중 동학당에 내통하는 자와 협조하는 자를 구분지어 말했다. 그는 임실현감 민충식에 대해서는 "처음부터 동학당과 결탁한 적도이며 전주를 공격했을 때도 전봉준, 김개남 등과 동행했던바 동학당의 첩자입니다. 또한 적도들이 공주 부근까지 갔을 때도 이미 노선 부근까지 전봉준을 따라간 사실이 있다고 말하고 있으니 그 죄가 뚜렷합니다. 그래서 총살하려 했습니다마는 직위를 갖고 있는 자이므로 잡아 보내오니 취조하신 뒤에 사죄(死罪)를 언도해주시기 바랍니다"라고 했다.

여산부사 유제관에 대해서는 "애매모호한 말만 하는지라 그 심중을 알 수 없었습니다. 다시 오늘 들리는 말에 의하면 동학당의 운량관이 되었다 하니 취조하여 엄중한 처분을 바랍니다"라고 보고했다. 또 연산현

여산부사 유제관 문서 여산부사 유제관은 동학농민군에 협조적이었다.

감, 노성현감 등 여러 명의 수령에 대해서는 "동학당에 가담한 혐의가 매우 농후하므로 포박하여 엄중히 취조해보니 사실로 드러났습니다"라고 했다. 이들 수령이 협조하지 않거나 농민군 편임을 말하는 것이어서 주목하지 않을 수 없을 것이다. 특히 이규태의 속내를 알려주는 몇 가지 이야기는 그 이면사가 단순하지 않음을 알려준다. 당시 이런 보고는 철저히 비밀에 부쳐졌다.

초토영이 새로 만든 나주감옥에는 잡혀온 수많은 농민군 지도자로 넘쳐났다. 그뿐 아니라 사돈네 팔촌이라도 농민군과 관련된 혐의가 있으면 모두 붙들려왔으며 농민군에게 밥을 지어주고 돈을 준 농민들도 끌려왔다. 일본군은 미나미 고시로의 보고와는 달리 점령군처럼 무법천지로 날뛰었으나 누구 하나 말릴 수 없었다. 하지만 그들은 한가하게 노략질이나 일삼고 있을 때가 아니었다.

오유가 된 남녀의 대량 학살

정작 남조선대토벌작전의 마무리는 남도의 바닷가에서 이루어졌다. 여기까지 진출한 일본군과 관군은 작전계획대로 잔여 농민군을 싹 쓸어

장흥관아터 장흥 동학농민군은 1894년 12월 5일 장흥부를 점령했고 그 과정에서 장흥부사 박헌양이 사망했다.

바다에 처넣거나 섬으로 몰아내는 소탕전을 벌였다. 이것이 그들에게 맡겨진 마지막 임무였다.

장흥에는 일찍부터 이방언, 이인환, 이사경 등의 지도자들이 농민군을 규합했다. 장흥의 농민군 수만 명이 11월 말경부터 본격적으로 활동을 벌일 때 광주, 나주에서 도망쳐온 농민군이 속속 합류했다. 장흥은 마지막 농민군의 대규모 집결지가 된 셈이었다.

장흥 농민군은 이방언, 이인환, 이사경 등의 지휘 아래 장녕성을 에워싸고 장흥부를 들이쳤다. 농민군은 12월 5일 새벽 장흥부를 점령해 남쪽 끝자락의 수부인 장흥을 함락했다. 그 과정에서 장흥부사 박헌양은 반항하다 칼에 맞아 죽었고 그 밖에 악명이 높았던 구실아치와 민병 4, 500명도 죽었으며 관아는 불에 탔다.

이들 농민군은 이웃 고을인 강진 농민군과 합세해 12월 7일 강진관아를 공격해 점령했다. 이곳 의병장 김한섭이 제자들과 민병을 이끌고 농민군을 막으려 하다가 농민군에게 포살되었다. 이렇게 해서 동문수학한 친구 사이인 이방언과 김한섭은 더이상의 갈등 없이 생사를 달리했다. 강진에는 집강소 활동 기간 백정의 움직임이 활발했는데, 이때도 그들의 역할이 컸다.

이어 두 고을의 연합농민군은 강진에 있는 전라병영 공격에 나섰는데, 전라병사 서병무는 낌새를 알아차리고 도망치고 없었다. 이때 병영 건물도 모조리 불에 탔고 병영 주변의 민가와 점포 수천 호도 불길에 휩싸였다. 전라병영이 농민군에게 함락된 뒤 그 일대 관군의 구심점이 사라졌다. 그리하여 개들도 돈을 물고 다닌다는 남쪽 상업의 중심 지역 강진병영은 영영 그 화려함을 되찾지 못했다.

이규태는 나주에서 강진병영과 강진현감으로부터 장흥부와 강진병영이 농민군의 수중에 들어갔다는 보고를 받았다. 12월 12일 일본군이 먼저 장흥 방면으로 출동했다. 일본군은 세 부대로 나뉘어 한 부대는 교도중대 2분대를 데리고 영암 방면으로, 한 부대는 통위영병 30명을 데리고 능주 방면으로, 한 부대는 남은 교도대의 병사를 데리고 장흥으로 직행했다.

한편, 이규태는 같은 날 남은 군사를 수습해 일본군과 길을 달리해 무안 읍내로 들어갔다. 그는 장흥전투에서 소외되어 있었다. 일본군은 그에게 처음에는 장흥전투의 경과를 알리지도 않았다. 그리하여 그는

장흥 석대들 장흥 석대들에서 대규모 전투가 벌어졌고 그 과정에서 많은 동학농민군이 목숨을 잃었다. 석대들 전적지는 국가 사적으로 지정되었다.

일본군이 장흥에 진주한 뒤에야 강진병영에 도착했다. 이는 이규태가 농민군을 감싸고돈다는 뜻을 노골적으로 드러낸 증거일 것이다. 강진의 농민군은 통위영군과 접전을 한 뒤에 장흥으로 후퇴했다.

장흥에 집결한 농민군은 장흥관아를 중심으로 관군, 일본군과 치열한 전투를 벌였다. 농민군은 장녕성 외곽의 벌판인 석대들과 그 언저리에 있는 야산에서 마지막 항전을 벌였다. 농민군은 유격전을 벌이다가 이 들판에서 12월 15일 정면 승부를 갈랐다. 일본군을 도와 작전을 벌이던 교도중대장은 다음과 같이 보고했다.

비류 수만 명이 남쪽으로는 높은 봉우리 밑, 북쪽으로는 뒷산 중심 봉우리까지 골골에 가득하여 수십 리에 뻗치도록 봉우리마다 나무 사이에 깃발을 수없이 꽂아놓고 소리를 지르면서 포를 쏘아대는데,

〈장흥부 덕도 탈출도〉, 박홍규, 2015년.

　그 날뛰는 기세를 감당하기 어려웠습니다.

　　　　　　　　　　　　　　　　　　　　　　—『순무선봉진등록』

　농민군은 일진일퇴를 거듭한 끝에 화력에 밀려 2000여 명의 전사
자를 남기고 패주했다. 석대들전투는 전투가 개시된 지 사흘 만에 끝
을 맺었다. 농민군은 남쪽 바닷가로 도망쳐 덕도 앞바다에 이르렀다. 이
때 덕도나루에서 뱃사공 노릇을 하던 열다섯 살 소년 윤성도가 농민군
500여 명을 섬으로 피난시켰다고 한다. 덕도로 도망쳤던 농민군은 다시
먼 섬으로 들어갔다.

　이처럼 장흥전투에 참여했던 농민군은 관군의 추격을 받아 섬으로 들
어가거나 해남, 무안으로 흩어져 숨거나 곰티를 넘어 보성, 순천 쪽으로
달아났다. 보름 동안의 집결, 전투, 패전이 이어진 결과였다. 이곳 마을은
폐허가 되었고 농민군은 섬과 산으로 도망치다가 수만 명이 죽었다. 바닷가

에서는 얼마 전까지도 사람의 뼈가 나왔다고 주민들은 전한다.

남접 농민군이 벌인 이 전투는 주력 농민군의 마지막 항전으로 꼽는다. 지금 석대들 주변에는 기념탑과 기념관이 세워져 125년 전 비극의 편린을 알려주고 있다. 또 강진병영은 근래에 역사 유물로 복구해 아픈 기억을 되살려주고 있다.

장흥 동학농민혁명기념탑

이규태는 장흥전투를 끝낸 뒤 군사를 이끌고 해남, 목포 방향으로 나왔다. 그는 목포에 머물고 있는 동안 심한 폭풍과 파도 때문에 군사를 움직일 수 없었다. 이규태는 목포에 4일 동안 머물다가 해남, 진도 등지를 순행했다. 그는 연달아 무안, 해남 등지에 머물며 농민군 색출과 처단에 열을 올렸다.

이규태는 무안에서 수성군이 잡은 배규찬(배상옥의 동생), 김효문 등 농민군 지도자를 수성소에서 함부로 죽이지 말고 좌선봉진으로 보내라는 지시를 내렸다. 그가 12월 17일부터 한때 유진하고 있던 해남 우수영 앞은 농민군 처형장이 되었다. 그리하여 우수영 문에는 효수한 많은 농민군의 머리가 걸려 있었고 우수영 언저리에는 버려진 농민군의 시체가 널려 있었다.

일본군도 장흥 석대들전투에서 농민군을 궤멸하고 해남 등지로 들어와 잔여 농민군 토벌에 나섰다. 일본군은 출동 초기부터 농민군을 엄히 처벌하라는 이노우에 가오루와 미나미 고시로의 지시를 받았다. 하지만 진짜 농민군 또는 지도자급을 색출해 처단하라는 규정이었다. 그런데 장흥전투 이후 사정이 달라졌다. 당시 일선 지휘를 맡았던 일본군 장교는 다음과 같이 기록하고 있다.

> 장흥, 강진 부근 전투 뒤에 많은 비도를 죽이라는 방침을 정했다. 이는 소관(小官) 한 사람의 판단으로 결정한 것이 아니라 훗날에 다시 봉기할 가능성을 없애려고 다소 살벌하다는 느낌을 줄지라도 사살하라는 공사와 사령관의 명령이 있었기 때문이다. 장흥 언저리에서는 백성을 협박하여 동학당에 가담하게 했기 때문에 그 수가 실로 수백 명에 이르렀다. 그리하여 진짜 동학당은 잡히는 대로 죽었다.
>
> ─『동학당정토기(東學堂征討記)』

이처럼 농민군, 접주 등 지도자는 말할 나위도 없고 단순한 가담자도 가차없이 처형을 당했다. 그리하여 마을마다 텅텅 비게 되었다. 그런데도 농민군은 도망치면서 무기를 버리지 않았다. 마침 일본의 기선 두 척이 목포항에 정박해 있었다. 연달아 폭풍이 몰아쳐 조선 배로는 섬으로 돌아다닐 수 없었지만 일본 기선들은 섬을 샅샅이 뒤지고 다녔다.

이때 농민군과 양민이 피살된 수는 5만 6000여 명에 달했다. 이규태가 장흥으로 가는 길에 영암에서 2만여 명을 죽였고 이두황과 이규태, 일본군이 연합해 해남에서 3만 6000여 명을 죽였다(『오하기문』). 이들 수가 과장되었다 할지라도 나주 공방전, 강진병영의 전투, 장흥의 석대들 전투 피살자는 제외된 것이었다. 그 밖에 각 고을의 수성소에서는 몇십 명 또는 몇백 명 단위로 즉결 처형을 했다. 한편, 얼어죽고 굶어죽은 자도 헤아릴 수 없이 많았고 가족과 친척들도 잡혀 죽임을 당했다. 게다가 견디지 못해 자살한 이들도 많았다. 이에 대해 황현은 다음과 같이 쓰고 있다.

> 모진 추위로 도둑들이 도망칠 수도, 숨을 수도 없었다. 골짜기와 암굴 속에서는 얼어죽은 자, 목매 죽은 자도 많았다. 평민들이 기운을 내서 다투어 도둑들을 죽였다.
> ―『오하기문』

굶어죽은 자, 얼어죽은 자, 목매 자살한 자, 개인이 죽인 자를 포함하면 그 수는 훨씬 많았을 것이다. 마을은 텅텅 비었으며 거리와 골짜기는 피로 얼룩졌고 꽁꽁 언 시체들은 여기저기 나뒹굴었다. 그야말로 마지막 토벌을 벌인 장흥, 강진, 영암, 해남, 무안 지방은 아비규환의 지옥을 방불케 했다.

관군과 수성군, 보부상패는 비도를 수색한다는 핑계를 대고 골골을 누비면서 부녀자 강간하기, 보물 빼앗기, 곡식 실어나르기를 자행하고 방화까지 했다. 또 농민군이 보유했던 양곡이나 돈을 약탈해 자기들끼리 나누어 가졌다. 더욱이 농민군 소유의 재산을 마음대로 몰수해 착복했다. 순무사 신정희는 별도의 통로를 통해 이런 사실을 알고 있었다. 그는 좌선봉장 이규태에게 다음과 같은 전령을 내렸다.

행군중에 가장 금하는 것은 민간인에게 폐단을 끼치는 한 조목이다. 그런데도 많은 병정이 연로를 행진하면서 더러 비도를 수색한다는 핑계를 대고 밤에 마을로 들어가 평민을 위협하거나 재물을 강제로 빼앗는 따위의 작폐를 하고 있다는 사실이 곳곳에서 들려온다. 어찌 이와 같은 군율이 있을 수 있는가? 상세히 조사하여 과연 곡식 한 톨, 김치 한 동이라도 빼앗은 일이 있는 자는 밝혀 그 죄를 물어라.

—『순무사각진전령(巡撫使各陣傳令)』 11월 29일

미지근한 단속이 먹힐 리 없었다. 더욱이 장수들이 방조하거나 스스로 그런 일을 저지르고 있었다. 한편, 순무영에서는 다음과 같은 방침을 하달해 실제로는 조장하는 결과를 빚었다. 그 네 가지 조목을 요약하면 다음과 같다.

첫째, 징계하고 박멸하는 일은 엄하게 하지 않을 수 없다. 이들을 제거하지 않으면 후환을 남기게 될 것이다. 그러니 정적이 드러난

자는 낱낱이 적발하여 용서 없이 죽여라.

둘째, 살육은 함부로 해서는 안 되니 권한을 받은 자만이 시행해야 한다. 근래 참모와 군관(중간 장교급), 유회(민포군), 상사(보부상패) 등이 함부로 죽이고 있다. 출진한 장령, 초토사, 소모사 등 외에는 함부로 죽이지 못하게 하라.

셋째, 재산을 몰수하고 돈을 받고 용서하는 조치는 신중하게 하지 않을 수 없다. 근래에 모든 군진에서는 죄의 경중을 가리지 않고 먼저 그 재산을 몰수하고 속전(贖錢, 용서하는 대가로 받는 돈)을 받고 풀어준다고 한다. 원흉으로 잡아 죽인 자 외에는 재산을 몰수하지 말고 속전을 받는 일도 결코 시행하지 말라.

넷째, 보부상패는 토벌에 참가하지 말게 하라. 그들은 본디 정보 문서를 전달하거나 통신의 업무를 맡았으니 별로 하는 일 없이 무리가 모이지 못하게 하라.

미나미 고시로는 이런 광경을 보고 이노우에 가오루에게 알렸고 이노우에 가오루는 다시 순무영에 시정을 요구하는 글을 다음과 같이 보냈다.

비도들을 잡으면 감사(전라감사를 말함)가 그 경중을 가리지 않고 곧바로 참형에 처하고 법을 따르지 않고 있습니다. 또 참모, 소모, 별군 따위가 난리를 틈타 백성을 흔들어서 지방에 해독을 끼치고

있다고 합니다. 동학 비당은 귀국의 역적만이 아니라 우리나라에게
도 비도입니다. 동비의 괴수를 잡으면 서울로 압송하여 법에 따라
죄상을 묻게 하십시오. 또 참모, 소모 따위는 하루빨리 소환하여
민심을 안정시켜 다음의 화란을 방지하십시오.

─『순무사각진전령』 1월 7일

아무튼 조정에서는 토벌할 군대 이외에 여러 가지 직함을 가진 벼슬
아치들을 내려보냈다. 곧 현지에서 군수물자를 조달하는 임무, 군사를
모집하는 임무, 백성을 위무하는 임무 따위를 띤 자들을 보냈던 것이다.
일본으로서는 법에 따라 처벌하고 함부로 죽이거나 약탈을 방지해달라
고 요구하고 있었다. 이는 어떤 속내였을까? 바로 마지막 민심을 자기네
편으로 끌어들이려는 전술이었다. 앞의 지시가 지켜질 리도, 먹혀들 리
도 없었다.

작전의 종장은 약탈과 방화, 살육

관군의 병사들은 마을마다 들어가 유죄, 무죄를 가리지 않고 집집마다
수색했고 조금이라도 혐의가 있으면 현장에서 바로 죽였다. 또 장작이
나 먹을거리를 마을마다 배당해 염출하고 있는데도 마구잡이로 땔감,
양곡, 김치 등 생필품을 약탈했다. 농민군이 비축한 양곡은 농민군이 흩
어진 뒤 토호들이 실어가서 착복했다.

관군을 빙자한 사기꾼도 등장했다. 무안에 사는 안 첨지라는 자는 무안 진남면에 사는 토민들에게 물침첩을 얻어준다고 뇌물을 받아 챙겼다. 물침첩도 매매하는 물건이 되었다. 박수기라는 자는 병사에게 창, 갑옷과 배자를 빌린 뒤 말을 타고 다니면서 관군 행세를 했다. 그는 말을 타고 마을을 돌아다니며 재물을 우려냈다.

해남 현산면 백포에는 사족인 윤씨들이 마을을 이루고 살고 있었다. 이곳 윤씨들은 집강소 기간 농민군의 위세에 눌려 곡식이나 돈을 낸 일이 있었는데, 농민군이 해산하게 되자 수성군과 경군의 핍박을 받게 되었다. 이들은 다시 곡식과 돈을 수성소와 관군에게 바쳤다. 그리하여 나주 초토영의 군사들과 관군의 보호를 받으면서 그 대가로 호구 단위로 완문(完文)이라는 이름의 물침첩을 여러 장 받았다. 나주목사가 발행한 완문을 살펴보자.

해남 백포는 곧 윤씨들의 세거지(世居地)다. 그런데 이들은 선비의 지조를 지켜서 동도에 물들지 않았으니 극히 가상하다. 비록 소탕하는 때일지라도 특별히 편안하게 보호해주어라.

관군들이 몰려와 행패를 부리면 물침첩을 내밀어 약탈을 막을 수 있었다. 하지만 여느 사람들은 물침첩을 발급받을 엄두도 내지 못했다. 돈이든 쌀이든 그만한 대가를 지불해야 했기 때문이다. 사정이 이러하다 보니 이 지역의 마을들은 텅텅 비거나 불에 타서 폐허가 되었다. 그리하

여 이규태는 해남 우수영에 머물고 있을 때 해남 읍내에 다음과 같은
방문을 내걸었다.

지금 읍내에 이르러 사정을 보니 몇몇 괴한이 작폐를 했는데도 유
죄, 무죄를 가리지 않고 모조리 도망쳐서 열에 아홉 집이 비었다. 이
것이 조정에서 백성을 안무하는 본뜻이겠는가? 거괴로 작폐를 부
린 자 외에 강제로 귀화한 자도 양민이라 할 수 있을 것이다. 구실아
치나 평민 가릴 것 없이 조금도 의구심을 갖지 말고 생업으로 돌아
와 편안하게 살라. 만일 여전히 도피하는 자가 있으면 수색하여 잡
힐 때는 마땅히 형벌을 받으리라.

— 『선봉진일기』

이는 해남에만 일어난 일이 아니었다. 이웃 고을 모두 똑같은 사정에
처해 있었다. 비록 토민들을 안도시키려는 의도로 타이르는 방문을 붙
였으나 실제로 관군과 수성군의 행패는 끝이 없었다.

그런데 장흥전투가 일어날 무렵 정토군 사령관 미나미 고시로는 농
민군의 체포 명령을 호남의 모든 군현에 내리고 거괴는 특별히 현지에
서 처형하지 말고 나주 일진의 대대본부로 이송하라고 지시했다. 미나
미 고시로는 장흥전투를 끝내고 다시 나주로 돌아와 순사청을 설치하
고 호남의 수령들에게 거듭 "모든 농민군을 잡아들이고 거괴들은 나주
순사청으로 보내라"고 지시했다. 이는 내정 간섭과 같은 불법적 조치였

지만 수령들은 감히 거역할 엄두를 내지 못했다.

초토영의 감옥에 대해 자세히 기록한 사료는 거의 없다. 거괴 수백 명을 잡아 감옥에 가두었으니 아마도 평상시보다 옥사를 크게 늘린 것으로 보인다. 다만 주민의 증언에 따르면 토굴 감옥은 예전 남문 앞에 있었는데, 지금 나주초등학교 자리가 그 터라고 한다. 또 일본군은 순사청을 설치하고 주요 죄인을 가두었다. 순사청의 감옥을 별도로 만들었던 것으로 여겨진다. 이들 감옥에 관련된 이야기는 단편적으로만 그 실상이 전해지고 있다(5장에서 김낙철의 기록을 통해 살펴볼 것이다).

여기에 얽힌 슬픈 '여자 동학농민군' 이야기가 아련하게 전해진다. 장흥 소모사인 백낙중은 '여동학'이라 불리는 젊고 아리따운 이조이를 잡아들여 모진 고문을 가해 살가죽이 벗겨지고 살점이 찢겨 거의 죽음 직전에 이르게 했다. 나주에 있던 미나미 고시로는 이 첩보를 듣고 현지에 있는 이두황에게 이조이를 나주 일본 군영으로 보내라는 지시를 내렸다. 그리하여 이조이는 나주로 끌려왔다.

이조이는 스물두 살로 미모가 뛰어나다는 소문이 났는데, 장흥의 대접주 이인환과 함께 말을 타고 다니면서 활동을 벌인 것으로 알려져 있었다. 그녀가 장흥부사 박헌양을 직접 죽였다는 소문이 나돌기도 했다. 그녀는 신이부인(神異夫人)이라 불리기도 했다. 알아들을 수 없는 이야기를 지껄이거나 예언을 서슴없이 내뱉어 사람들을 현혹했다 한다. 당골 무당이 아니면 동학 주문을 외우는 광신도였을 것이다. 일본 기자들은 그녀에게 비상한 관심을 쏟았던 듯하다.

<동학농민혁명렬사 이소사상>, 박홍규, 2015년.

동학당에 여장부가 있었다. 동도 속에 한 미인이 있는데, 방년 22세로 용색(容色)이 성을 함락할 정도로 미색이 뛰어나다고 한다. 이름은 이조이라 한다. 그녀는 오래 동도에 들어 있으면서 분주하게 말을 타고 다녔다. 장흥부 관아를 불태울 때는 나는 호랑이처럼 그녀가 마상에서 지휘했다고 한다. 그녀가 일찍이 꿈을 꾸니 천신이 나타나 옛 환약을 주었다 하여 동도들이 신녀라고 높였다. 그러나 장흥에서 한 번 패전하여 한병(韓兵)들이 잡아서 지금 이곳 감옥에 있다고 한다.

—『고쿠민신문』, 1895년 3월 5일

『아사히신문(朝日新聞)』도 이와 비슷한 기사를 실었다. 이조이가 나주로 잡혀왔을 때 "양쪽 허벅지의 살을 모두 잘라내어 한쪽은 뼈만 남고 다른 한쪽은 피부와 살이 곧 떨어져나갈 것같이 대롱대롱 매달려 있었다"(『동학당정토약기』)라고 묘사했다. 미나미 고시로는 군의관에게 그녀를 치료하게 하고 그녀의 지아비 김양문을 불러 돌보게 했다. 그녀는 풀려난 것으로 보이나 죽었는지, 살았는지 이후 사정은 알 수 없다.

1895년 정월에 들어 농민군의 활동은 거의 잠잠했다. 미나미 고시로는 장흥 지방에 머물고 있는 이두황에게 "각 지방의 동도들이 거의 진정된 것 같으니 축하합니다. 귀대는 그쪽 임지를 떠나 나주로 돌아옴이 옳을 것입니다"(『양호우선봉일기』)라는 통문을 보냈다. 물론 해남 근방에 주둔하고 있는 이규태도 같은 연락을 받았다.

관군과 일본군은 그해 연말과 다음해 정월에 들어 현지 토벌작전을 수성군에게 맡기고 단계적으로 철수를 시작했다. 하지만 농민군이 완전히 소탕된 것은 아니었다. 장흥, 강진, 무안, 해남 등지의 싹쓸이 토벌작전이 전개된 이후인 12월 말경부터 농민군은 산속 은밀한 곳에서 작은 규모로 모여 있거나 무기를 들고 육지와 가까운 섬으로 도망쳤다.

12월 초순부터 일본 군함 두 척이 남해안 일대를 순항하면서 여수의 거문도에 정박하거나 해남 우수영을 맴돌았다. 두 척의 군함은 부산 쪽에서 들어왔다. 일본 군함은 쓰쿠바함과 그 부속선이었다. 이 함정은 부산 수비대 소속인 육전대의 병력을 싣고 남해로 항해했고 전라좌수영과의 전투를 끝낸 뒤 장흥과 해남 앞바다로 진출했다. 이 군함은 일본 어부의 보호를 빙자로 순항했으나 실상 그 목적은 섬으로 도망치는 농민군을 잡기 위해 농민군 토벌대의 병력을 싣고 섬 일대를 순항하는 것이었다. 이에 대해 미나미 고시로는 다음과 같이 지시했다.

좌수영에서 우리 해군의 크고 작은 두 군함이 남쪽, 서쪽의 연안

바다를 두루 순행하는 것은 곧 동도의 도망을 막으려 하는 것이다.
만일 근해에 기착하게 되면 땔감과 쌀과 장을 요구하는 대로 조달
해달라.

—『양호우선봉일기』

미나미 고시로는 나주에 있으면서 이런 공문을 모든 관련 기관에 보
냈다. 이에 섬사람들은 또 한번 소란을 떨게 되었다. 하지만 쓰쿠바함은
목포에 들어온 뒤 한동안 폭풍과 심한 파도에 묶여 일주일 정도 정박해
있다가 각 포구를 돌았다. 이렇게 하여 포구의 만호, 첨사들은 일본 해
군의 생필품을 마련하느라 분주히 돌아다니며 섬사람들을 못살게 굴었
다. 이두황과 이규태는 섬사람들에게 다음과 같은 전령을 보냈다.

외로운 섬에서 살기란 평소에도 어려울 것이다. 돌밭에 씨를 뿌려
조 따위 잡곡만을 거두었을 것이며 꼬막이나 해초를 거두어 살았
을 것이다. 그 정상을 생각하니 불쌍하게 여겨진다. 근일 비류들이
도망쳐 섬으로 숨어들어 그 밥을 나누어 먹고 그 옷을 나누어 입으
니 불쌍한 섬사람들은 장차 어떻게 살아가리오. 비도들 속에 행패
를 부리고 노략질한 자들은 곧바로 결박하여 진중으로 잡아들일
것이며 그 밖에 침해하지 않은 자는 각기 생업으로 돌아가게 하라.
거괴는 지금 이미 잡았으니 섬에 흩어져 있는 자들은 조무래기에
지나지 않는다. 조무래기들에게는 특별히 용서하는 은전을 베풀었

으니 조금도 의심하지 말고 돌아가 즐겁게 생업에 종사할 것을 낱낱이 타일러 돌려보내라.

—『선봉진일기』

행군 수칙을 흉내냈지만 거짓말을 마구 섞어 섬사람들을 회유하려는 술수가 깔려 있다. 또 섬으로 도망치는 농민군을 향해서는 다음과 같은 전령을 보냈다.

> 너희는 본디 양민이었는데, 혹 사설(邪說)을 달게 듣기도 하고, 혹 위협에 견디지 못해 필경 억지로 협종(脅從)했을 것이다. 그리하여 본업을 포기하고 시키는 대로 성과 집을 불태우고, 사람을 죽이고, 재물을 약탈했다. 이미 쫓아다니면서 저지른 짓이다. 대군이 위엄을 보이자 멀리서 바라보고 도망쳤구나. 거괴는 샅샅이 잡아들였다. 너희는 겁을 먹고 도망쳐 숨었지만 너희 협종의 정상을 알아보니 실로 어리석어서였지 본심에서 나온 것은 아니었을 것이다…… 거괴는 이미 섬멸했고 앞으로 수종들은 사면할 것이니 의심을 품지 말고 각기 집으로 돌아가 너희 생업을 지키면서 묵은 때를 씻어라.

—『선봉진일기』

그러면서 그들은 지시를 따르지 않으면 모조리 잡아 죽이겠다는 엄포를 놓았다. 이런 지시를 믿고 따를 농민군이 몇이나 되겠는가? 진도,

완도 등 큰 섬에는 많은 농민군이 도망쳐 진을 치고 있었다. 그 예로 덕도에는 농민군 5,600명이 도망을 와 있어서 본대가 출동해 토벌작전을 폈다. 또 현지의 민포군은 농민군이 도망쳐오면 봉화를 올려서 육지의 관군과 수성군에게 알려 토벌대가 오게 했다. 그야말로 소란과 살육은 육지에서 섬으로 옮겨진 듯했다. 호남 서해안과 남해안 섬들은 유사 이래 많은 군대와 육지 사람들로 짓밟혔으며 자갈밭은 피로 얼룩졌다.

민종렬은 전라도 수령들에게 "목하 탐학의 불꽃이 조금 줄어들었지만 여당이 아직도 치성하니 풀을 베고 뿌리를 제거함을 잠시도 늦출 수가 없다"는 공문을 보냈다. 그리고 작통(作統)의 방법을 쓰라고 지시했다. 곧 네 고을이 연합해 서로 정보를 교환하고 무기를 공급하고 위급한 일이 생기면 연계해 토벌하라는 것이었다. 가까운 고을을 한 단위로 지정한 것이었다. 이와 함께 지시 사항을 통고했는데, 그 한 가지를 살펴보면 다음과 같다.

각지의 수성군은 함부로 경계를 넘지 말 것이며, 함부로 포살하지 말 것이며, 함부로 민병을 동원하지 말 것이며, 함부로 약탈하지 말 것이며, 함부로 사사로운 원수를 갚지 말 것이며, 함부로 의거를 빙자하지 말아 백성을 편안히 살게 하라. 만일 규율을 어기면 초토영에서 특별히 염탐하여 결단코 군율을 시행하리라.

―『전라도각읍매사읍작통규모관사조약별록성책
(全羅道各邑每四邑作統規模關辭條約別錄成册)』

뒤늦게 내린 초토사의 이런 지시는 "눈 가리고 아웅" 하는 꼴이었지만 그동안 말할 나위도 없이 수령과 수성군은 온갖 행패를 부렸다. 더욱이 새해에 들어 경군과 일본군이 물러간 뒤에 더욱 극성스러운 행패를 부렸지만 여기에서는 이 정도로 마무리하기로 한다.

성대한 정토군 환영식

다시 정리하면 남조선대토벌작전의 주역은 정토군 사령관인 미나미 고시로를 비롯해 양호도순무영의 좌선봉장 이규태, 우선봉장 이두황, 호남초토사 민종렬이었다. 이들의 마지막 역할은 농민군이 재기할 수 없도록 섬멸하는 것이었다.

일본군은 농민군 소탕을 끝내고 신속하게 용산 기지로 철수했다. 부산에 주둔해 있었던 일본군도 섬진강작전을 벌인 뒤 부산으로 귀환했다. 하지만 쓰쿠바함 등의 군함은 남해로 진출하면서 전라좌수영을 지원했고 이어 이들 육전대가 육지에 상륙하거나 섬을 순회하면서 농민군 색출에 나섰다. 일본군은 마지막 단계에서 나주 초토영에 별도의 지휘부를 설치하고 농민군 지도자를 체포해 신병을 확보하고 신문을 맡았다가 중죄인을 가려 서울로 압송하는 역할을 했다. 미나미 고시로는 현지에서 철수하면서 개선장군으로 생살여탈의 모든 권한을 쥐고 새 임무를 마쳤다.

미나미 고시로는 히로시마 대본영의 지시를 받아 장흥전투와 남쪽

토벌작전이 끝난 뒤 2월 중순에 모든 일본군에게 원대 귀환령을 내렸다. 다시 말해 정토군의 동로분진대, 서로분진대, 중로분진대, 그리고 황해도와 강원도에 출병했던 일본군 부대 등에게 현지에서 철수하도록 조치했다. 일단 일본군과 관군은 현지의 일은 수성군 또는 민보군에게 맡기고 물러났다.

이들 일본군과 관군은 보무도 당당하게 서울 길을 휩쓸고 올라왔다. 주력부대인 호남 정토군 전원이 한강을 넘었을 때 군부대신 조희연의 환영을 받으며 1895년 2월 4일(양력 2월 28일) 오후 4시가 넘는 시각에 일본군 주둔지인 용산 만리창 들판에 정렬했다. 얼굴에 흩날리는 초봄의 눈을 입술로 핥으며 이들 장병 2000여 명은 검은 군복 차림에 일본도를 옆구리에 차고 있었다. 개선장병들이었다.

군무협판 권재홍은 미소를 띠고 정중히 사령관 미나미 고시로에게 "이웃 나라의 친분으로 이 오한의 날씨에 험준한 산곡을 지나 많은 고난을 거쳐 우리나라를 위해 동학당 비도를 초토하고 우리나라의 치안을 보존하며 우리 백성을 도탄의 고통 속에서 구하니 짐은 깊이 그 높은 뜻을 찬탄하고 위로의 말을 전한다"라고 적혀 있는 임금의 유시를 전달했다. 그러자 미나미 고시로는 이를 전군을 향해 큰 소리로 봉독하고 "대조선국 대군주 폐하는 특별히 불초 등이 동학당 토벌의 공을 이르시어 개선함을 기뻐하시고 거룩한 칙어를 주시니 일동은 모두 황송하기 그지없습니다"라는 답사를 했다.

미나미 고시로의 선창으로 모든 군사가 "대군주 폐하 만세"와 "대일본 황제 폐하 만세"를 삼창했다. 이들은 성대한 환영식을 치른 뒤 용산 기지에 잠자리를 마련하고 진탕 마시고 춤을 추었다. 그러나 조선군들은 각기 초라한 숙영지로 돌아왔다. 같은 개선장병일 텐데도 치사하게 차별을 받았다.

다음날 오후 고종은 일본군 장교 35명과 용산수비대장, 경성수비대장, 인천병참사령관, 용산병참사령관, 그리고 이노우에 가오루 일본공사 등 일본 요인과 조선군 지휘관 들을 경복궁으로 초대해 잔치를 베풀고 정토의 실상을 진지한 척 들었다. 이 연회 자리에는 왕태자를 비롯해 총리대신과 여러 대신이 배석했다. 고종은 먼저 일본 장교들의 전공을 낱낱이 듣고 치하한 뒤 조선군 장교를 격려했다. 그러고 나서 참석자 모두가 "대군주 폐하 만세"를 삼창하자 내부대신 박영효가 일어나 잔을 들고 다음과 같은 환영사를 했다.

제군은 어디까지나 자국의 일을 보는 듯 우리나라를 위해 전력을 다해주었다. 이에 진심으로 감사를 전한다. 특별히 여러분 덕분으로 국가와 국민의 일대 우환인 동학의 큰 내란을 진정시킨 것은 성심을 다하여 국가를 위해 한 일로 가슴에서 우러나는 사의를 표한다.

—『오사카아사히신문』, 1895년 3월 15일

다시 만세 삼창이 울려퍼졌고 질펀하게 차린 요리와 맛좋은 술로 여흥을 즐겼다. 이들은 황제의 문양이 새겨진 선물 꾸러미를 들고

나와 다시 용산 본영에서 환영잔치를 벌였다. 또 미나미 고시로 소
좌와 황해도 정토를 지휘한 나카야마 중위, 스즈키 아키라 소위 등
이 의정부에서 대신, 협판 들과 고위 관리 및 외국 고문관을 모아놓
고 토벌의 전말을 알려주는 자리도 베풀었다. 이들은 연달아 초대
에 참석하면서 대대적인 환영과 푸짐한 선물을 받았다.

　　　　　　　　　　　　　—『오사카아사히신문』, 1895년 3월 17일 ;
　　　　　　　　　　　　　　『일본외교사료관문서』, 1895년 8월 1일

개화 정권은 동학농민군 토벌의 승리를 일본군의 공적으로 돌리고
표면으로는 '구국의 군대'로 여기는 태도를 취했다. 더욱이 박영효 등은
고종을 위협해 일본군을 대대적으로 환영하는 의식을 거행해 자주적
면모를 상실한 모습을 보여주었다. 적어도 경복궁 점령 이후 동학농민혁
명 수행과정과 청일전쟁 상황에서 개화 정권은 반식민지 상태로 전락해
자주성을 거의 상실했다고 볼 수 있었다.

이때 전봉준, 이방언 등 수백 명의 지도자는 미나미 고시로에게 끌려
와 일본공사관 영사경찰서에서 심한 고문을 받았다. 일본공사관이 있는
진고개 거리에는 전봉준 얼굴을 보려는 서울 백성들로 인산인해를 이루
었다. 그러므로 개화 정권의 정토군 환영 행사는 누구를 위한 것인가?
일본군의 승리를 축하하는 것인가, 고종과 조선의 안녕을 위한 것인가.
이를 통해 우리는 민족적 모순과 갈등, 자주 국가의 주권 유린을 새삼
떠올리게 된다.

뒤이어 미나미 고시로는 큰 공로를 인정받아 개성병참사령관으로 영전했으며 훈장과 하사금도 받았다. 이규태는 농민군에게 온정을 보인 탓인지 출세하지 못했으나 이두황은 무고한 양민을 함부로 죽이고 재물을 챙겼는데도 뒷날 전라관찰사가 되어 전주감영에서 떵떵거렸다. 김학진은 전봉준을 도운 혐의로 소외당했으나 민족운동에 나서지도 못하는 어

손병희 유허비 손병희는 최시형에 이어 동학의 3대 교주가 되었고 훗날 3·1혁명 민족 대표가 되었다.

중간한 태도를 보였고, 민종렬은 미나미 고시로와 남다른 친분을 나누었지만 민씨 일가가 쫓겨나면서 역사 무대에서 사라졌다. 박제순은 뒷날 을사오적이 되어 친일파로 전락했고, 총리대신으로 농민군 토벌에 동조했던 김홍집은 광화문 앞에서 군중에게 맞아 죽었으며, 양호선무사로 활동했던 어윤중은 도망치다가 백성들에게 몽둥이찜질을 받고 죽었다. 일본군을 지원하고 농민군을 섬멸해달라고 요청한 외무대신 김윤식은 평생 눈치를 보다가 오욕의 삶을 마감했고, 박영효는 갖가지 친일주구 노릇을 하면서 떵떵거리며 살다가 민족반역자로 낙인이 찍혔다.

민씨 정권의 민영준은 살아남아서 막대한 재산을 끌어안고 작위와 은사금을 받아 살면서 친일파로 전락했다. 농민군 지도자였던 이용구는

친일파가 되어 일본에서 삶을 마감했지만 목숨을 건진 손병희는 용케 살아남아 뒷날 3·1혁명의 주역이 되어 동학농민혁명의 민족정신을 이어나갔다. 기회주의자 윤치호는 이리저리 눈치를 보면서 살았다.

2019년 3·1혁명 100주년을 맞이해 이들의 이런 인생 역정은 역사에서 냉철히 평가할 것이다.

4 장

전국에서 점화된
농민 봉기의 횃불

힘을 합해 싸우자

2차 농민 봉기는 전국에 걸쳐 전개되었다. 신분제 등 봉건 모순의 개혁과 청산을 추구하면서 항일의식이 고양된 것에서 그 이유를 찾을 수 있다. 전국적 현상이었으나 그 열기는 조금씩 달랐다. 호남, 호서, 영남 지방의 봉기가 가장 치열했고 나머지 지역은 조금 느슨했다.

하지만 평안도와 함경도는 잠잠했다. 흔히 그 원인을 동학 조직이 이루어지지 않았고 청일전쟁의 피해 탓으로 보고 있다. 평안도 지역은 청일전쟁 당시 쑥대밭이 되었다고 할 정도로 큰 피해를 입어 농민군이 활동할 틈이 없었다. 특히 함경도는 왕조에 대한 반감이 높았으나 고립 분산적인 성향이어서 소통이 덜 된 데서도 그 이유를 찾을 수 있다.

여기에서는 권역(圈域)에 따라 인접 지역과 연합작전을 편 곳의 활동을 중심으로 먼저 알아보고 그 주변부의 활동은 별도의 항목으로 다룰 것이다. 또 그 지역 특수성을 감안해 권역을 나누어 살펴볼 것이다.

농민군은 일본군, 관군 또는 수성군의 반격을 받아 대량 학살되었고 재산을 약탈당했다. 그 결과 전쟁터에서보다 더 많은 이들이 희생되었다. 살아남은 농민군은 살던 고장을 떠나 산속이나 섬으로 들어가 숨어 살았다.

1894년 봄 고부에서 첫 봉기가 일어났을 무렵 남쪽 끝자락에 위치한 순천에서는 2월 25일에 농민 봉기가 일어났다. 순천부사 김갑규가 세미를 이중으로 부과하는 부정을 저지르자 농민 수천 명이 들고일어나 구실아치의 집을 부수고 항의했다. 그러자 김갑규는 모든 소원을 들어주기로 하고 목숨을 구했다. 그리하여 고부 봉기처럼 확대되지는 않았다.

6월에 생명의 위협을 느낀 김갑규가 달아나면서 순천부는 텅텅 비었다. 이때 김인배가 등장했다. 김인배는 금구 출신으로 스물다섯의 나이로 김개남의 지시에 따라 영남과 호남을 모두 관할하는 영호대접주가 되어 내려왔다. 비록 '영호대접주'라는 이름을 내걸었으나 실제로는 순천과 진주를 중심으로 한 영호남의 아랫녘 농민군 지도자로 군림했다. 그는 백산 봉기 때부터 참여했고 김개남이 남원을 중심으로 집강소 활동을 전개할 때 김개남포에 들어갔다. 조정에서도 그의 활동을 파악하고 있었다.

작년 6월 이후 금구의 도둑 우두머리 김인배가 이끄는 무리는 각처의 비도가 10만이 되었는데, 성중(순천을 말함)에 들어와 영호도회소를 설치하고 관가의 군기를 빼앗고 남의 돈과 재물을 빼앗으면서 감히 '군수(軍需)'라고 일컬으며 돈을 배당하고 곡식 거두기를 마음대로 했다.

—『순무선봉진등록』

김인배가 순천관아에서 집강소를 열었을 때 조정에서는 뒤늦게 김갑규의 후임으로 이수홍을 임명해 보냈지만 김인배가 시키는 대로 따르는 허수아비에 지나지 않았다. 김인배는 순천에 본부를 두고 현지의 농민군 지도자인 유하덕을 영호수접주, 정우형을 영호도집강, 권병택을 성찰로 삼아 집강소 활동을 벌였다.

유하덕은 순천 출신으로 초기부터 순천을 중심으로 집강소 활동을 전개했는데, 무슨 연유인지 김인배가 오자 총지휘관으로 받들었다. 아마도 유하덕이 김개남에게 지원을 요청해 김인배가 온 것으로 보인다. 김인배가 남쪽 일대에 무수한 영웅적 전설을 남긴 배경은 무엇인가? 그는 먼저 섬진강을 중심으로 활동을 벌였다.

그해 봄부터 지리산 아래 지역인 하동, 산청 등지를 중심으로 농민군의 활동이 전개되었다. 그동안 경상우병영이 있는 진주를 비롯해 산청, 곤양, 사천, 남해 등지에는 농민군의 활동이 그치지 않았으나 병영은 차지하지 못하고 있었다. 집강소 활동 기간, 하동의 농민들, 지리산의 의적과 그 일대 상인은 부당한 관리의 수탈에 맞서 일대 봉기에 참여했다.

이에 지리산 포수를 중심으로 한 민포군은 그들의 근거지인 지리산 화개골을 분탕질하고 닥치는 대로 살육했다. 이에 농민군은 광양으로 달아나 김인배에게 이 사실을 알리고 지원을 부탁했고 진주우병영을 합세해 공격할 것을 요청했다.

김인배는 1만여 명의 농민군을 이끌고 9월 1일 섬진강을 넘어 하동으로 건너갔다. 이때 이런 일화를 남겼다. 김인배는 부적을 하나 써서 수탉의 가슴에 붙이고 백 보쯤 떨어져 있는 곳에 놓게 했다. 그리고 "총을 쏘아도 닭이 맞지 않을 것이오. 접장들은 내 부적의 효험을 믿으시오"라고 말했다. 그러고 나서 자기 심복을 시켜 총을 세 발 쏘게 했으나 수탉은 한 발도 맞지 않았다(『오하기문』).

모두 그 효험을 믿고 부적을 만들어 옷에 붙이고 전투에 나섰다. 그들은 2일 하동관아의 앞뒤 산을 점령하고 치열한 싸움을 벌여 일대 승리를 장식했다. 김인배의 농민군은 곧바로 민포군의 소굴로 변한 화개동으로 들어가 500여 채의 집을 불태웠다.

하동전투의 승리 소식은 곧바로 진주 등지로 전해졌다. 그동안 진주 일대의 농민군은 지리산 밑 덕산을 중심으로 산발적으로 활동을 벌이고 있었다. 그러나 뚜렷한 조직과 구심점이 없었는데 하동의 소식을 듣고 기세가 크게 올랐다. 현지 농민군은 진주목과 경상우병영으로 쳐들어갔다. 진주목과 경상우병영에서는 김인배가 온다는 소식을 듣고 손을 놓고 있었다.

하동전투에서 승리한 날 진주에서는 각 동리의 대표가 13명씩 나

진주 대도소터 김인배는 진주에 대도소를 설치했다.

와 9월 8일 평리 광탄진에 모여 대소사를 의논하자는 방문이 나붙었다. 9월 8일의 군중대회는 예정대로 열렸고 진주 농민군은 김인배를 받들고 진주성을 완전히 차지했다. 경상도의 두 병영 중 하나가 떨어진 것이다. 이때 경상우병사 민준호는 영장을 김인배에게 보내 맞이했고 김인배가 병영에 들어오자 지난날 '도인'을 죽인 죄를 사죄하면서 융숭히 대접했다. 9월 17일에 벌어진 일이었다. 경상우병영이 농민군의 손아귀에 들어온 일은 의미가 컸다. 이 병영은 여수의 전라좌병영과 함께 남쪽 왜구를 막는 요새였다.

이때의 정경을 두고 황현은 "김인배의 군졸들이 진주병영에 이르자 영장이 김인배를 맞이해 도인을 죽인 죄를 사죄하고 도적들을 진주성으로 들어오게 했다"고 기록했다. 새로 설치한 진주 대도소에는 보국안민의 깃발이 나부꼈으며 농민군은 소라를 불고 북을 울리며 포를 쏘아 기세를 올렸다. 이렇게 경상병영이 함락된 뒤 농민군은 대도소를 진주

촉석루 옆 관아 안에 설치했다. 김인배가 물러간 뒤에도 진주에서는 농민군의 활동이 매우 활발히 전개되었다. 특히 지리산 주변을 근거지로 하여 주변 고을을 석권했다.

이에 외무아문에서는 부산에 주둔해 있는 일본군의 파견을 부산감리서에 요청했다. 그리하여 부산포에 있는 일본군 부산수비대 150명과 감리서에 소속된 100여 명의 조선군이 함께 출동했다. 또 대구에 있던 경상감영의 판관 지석영을 토포사로 삼아 일본군을 도왔고 이들과 합세할 관군을 통영에서 선발했다. 이때의 정황을 두고 부산의 일본군에 다음과 같은 보고가 날아들었다.

> 일본군이 진주에 진을 치고 지방병의 기세를 돕는 것이 타당할 것입니다. 그리고 동비들은 모두 상인, 천인, 집종, 그리고 아래 구실아치와 몰락한 양반붙이의 부랑자에 불과합니다. 아래 구실아치는 명령을 하달하는 벼슬아치와 가까운 자들입니다. 그들은 외촌에 있는 동비들의 이목이 되어 관가의 동정을 모두 알려주었습니다.
>
> —『주한일본공사관기록』

진주 농민군 세력의 성격을 분석하고 구실아치들도 모두 한통속이라고 보았다. 부산에 주둔한 일본군의 진주성 출병이 결정되자 조정에서는 민준호의 책임을 물어 파직의 조치를 내리고 일본군의 요구에 따라 지석영을 토포사로 삼아 일본군의 길을 인도하게 했다. 일본군과 관군은 통영 마산포를 거쳐 섬진강 입구인 하동에 상륙했다.

이때 영남과 호남의 연합농민군은 여러 고을을 돌아다니며 벼슬아치와 구실아치의 협조를 구했고, 특히 힘을 합해 일본군의 침입에 대비하자고 외쳤다. 또 농민군은 통문을 돌려 일대 동원령을 내리고 하동 금오산 아래 한재에 모여 민폐를 고치고 민준호를 유임하게 해달라고 요구했다. 또 다음과 같은 통문을 돌렸다.

> 진주는 서른세 고을 중에서 대절도사의 영문이며 삼남의 요충지가 되는 곳입니다. 지금 우리 병사인 민공을 보면 공은 사심이 없는 분으로 온화하고 순량하며 청백하고 정직하여 지난 병사와 비교할 수 없습니다. 그러므로 이분은 대영문의 임무를 맡을 만한 사람으로 경상우도 도민의 중망을 받고 있습니다. 그러나 부임한 지 1년도 채 못 되었는데, 지금 들은 바에 의하면 왜인과의 약조에 따라 선출된 새 병사가 부임한다고 하니 지금 우리 도류들이 왜인을 섬멸하고 그 잔당을 깡그리 토벌한다면 새 병사가 어찌 이쪽 방면의 책임을 질 수 있겠습니까?
>
> —『주한일본공사관기록』

이처럼 경상우병사 민준호는 민중의 여망을 받은 드문 벼슬아치로 개화 정권이 임명하는 새 병사를 거절한 모습이었다. 이 글을 보낸 뒤 이곳 농민군은 진주대회를 통고했으나 일본군이 들어오는 바람에 뜻을

하동 고성산전투지 1894년 10월 14일 하동 고성산에서 동학농민군과 일본군이 전투를 벌였고 이때 많은 농민군이 죽었다.

이루지 못했다. 진주의 농민군은 다시 진주관아를 점령하기 위해 진주 백목리에 모였다. 농민군은 두 갈래로 나뉘어 한 대는 수곡리 장터에 유진하고, 한 대는 고성산성 아래에 머물렀다. 이때 이들은 10여만 명이라고도 했다.

10월 14일 농민군과 일본군은 고성산(고승산이라고도 부른다)에서 처절한 전투를 벌였으나 농민군은 낙엽 떨어지듯이 쓰러졌다. 민간에서는 이 전투에서 농민군 수천 명이 죽었다고 했지만 일본군은 186명을 즉살했다고 보고했다. 부상당해 죽은 수까지 포함하면 더 많을 것이다. 이 전투에 경상감영의 관군을 이끌고 온 지석영은 "농민군 186명을 사살했으며 상처를 입고 도주한 자는 헤아릴 수 없다"라고 했는데, 민간의 여러 기록에는 300명에서 500여 명이 죽었다고 되어 있다.

주민들의 증언에 따르면 "비만 오면 지금도 한꺼번에 죽은 농민군의 고시랑거리는 소리가 들려서 고시랑당산이라 부르고 한날한시에 제사를 지내는 집이 수십 집"이라고 한다. 농민군의 시체를 쌓아놓았다는 약수암의 우물이 보존되어 있고 고성산성의 정상에는 농민군 장수들이 작전회의를 했다는 바윗돌이 놓여 있다. 이 산성 아래 농민군 희생자를 기리는 추모탑이 세워져 있다.

하동 고성산전투지 추모탑

일본군은 고성산전투에 이어 하동 등지에서도 골골을 누비며 무수한 농민군을 살육했다. 일본군과 관군은 하동과 광양 섬거역에서 10월 22일에 또다시 전투를 벌여 수많은 농민군을 학살했다. 이때 죽거나 포로로 잡힌 농민군의 출신지를 살펴보면 경상우도와 전라좌도 출신이 섞여 있었다. 합동작전임을 알려주는 증거일 터였다.

그러나 농민군의 활동은 쉽게 사그라지지 않았다. 오히려 더욱 퍼져나가는 형세였다. 심지어 사천, 남해, 단성, 적량의 군기를 깡그리 빼앗아 갔고 그들이 지나는 동네는 텅텅 비었다. 경상감영에서는 "저들이 믿는 것은 지리산 골짜기다. 만약 군대를 파견하지 않고 또 일본군을 하동, 진주, 단성, 곤양 등지에 주둔시키지 않으면 반드시 저 무리들이 유린할 것이다"라고 보고했다.

섬진나루 김인배가 이끄는 동학농민군은 섬진강에서 일본군의 공격을 받았다.

순천으로 물러나 있다가 하동의 농민군에게 다시 지원 요청을 받은 김인배는 광양에서 농민군을 이끌고 섬진강을 건넜다. 이 정보를 입수한 일본군은 섬진나루의 상류를 건너 산골짜기에 매복했고, 감영군은 망덕 앞바다의 퇴로를 차단했으며, 일본군의 한 부대는 하동부를 지켰다. 농민군은 하동부를 공격했으나 일본군의 총탄 세례에 물러났다. 섬진강 가에 매복해 있던 일본군의 공격으로 농민군은 무너졌다.

10월 22일 밤비가 억수같이 쏟아졌다. 일본군과 관군의 잇따른 공격에 농민군은 죽을힘을 다해 싸웠으나 끝내 흩어졌다. 김인배는 소나무 가지를 꺾어 얼굴을 가리고 산속 후미진 곳에 숨어 새벽을 기다렸다가 맨발로 빗속을 뚫고 광양으로 달아났다. 김인배로서는 최초의 패전이었다. 경상감영의 군사들은 전라도 경계를 넘지 않는다는 지침을 지켜 물러갔다.

끝내 점령하지 못한 남도의 보루

김인배와 유하덕은 다시 순천으로 와서 잔여 농민군을 수습해 여수에 있는 전라좌수영 공격을 서둘렀다. 전임 좌수사인 이봉호는 농민군이 순천에 집강소를 설치했을 때 적극 협조했다. 그런데 1894년 7월 조정에서는 이봉호를 대신해 김철규를 좌수사로 내려보냈다. 김철규는 부임지로 내려오는 도중에 농민군에게 잡혀 죽을 고비를 넘기고 겨우 여수로 내려왔다.

9월 들어 농민군 지도자 윤경삼(순천 시전동 선소 마을)과 황종래(여수 돌산) 등은 전라좌수영 남문을 통해 안으로 들어가 10여 발의 총을 쏘았다. 이에 김철규는 수군을 시켜 이들 34명을 잡아 죽이고 시체를 바다에 던졌다. 김철규의 포악성이 드러나는 대목이라 할 수 있다(『여수·여천발전사』).

그뒤 김철규는 전라좌수영 건물인 진남관은 물론 진보(鎭堡)의 방비를 철저히 하고 이풍영을 도영장으로 임명해 작전을 지휘하게 했다. 이풍영은 갑신정변에 참여했다가 일본으로 망명해 일본 여자를 아내로 맞이해 살다가 사면을 받았다. 이후 돌산 앞에 있는 금오도에 들어와 개간 사업을 벌였다. 김철규와 이풍영이 주변 마을 농민군 수백 명을 잡아와 전라좌수영 교련장에서 참수하는 짓을 벌여 김인배는 전라좌수영을 공격했다. 이에 대해 황현은 다음과 같이 썼다.

김인배가 하동에서 패배한 뒤 전라좌수영에 분풀이를 하여 기어코

진남관 신임 전라좌수사 김철규가 농민군을 죽이고 시체를 바다에 던지자 김인배는 전라
좌수영 건물인 진남관을 공격했다.

함락시키려 했다. 전라좌수영은 깊은 바다에 위치한 언덕에 자리잡
고 있으면서 다른 고을에서 세미를 배로 공급받았다. 김인배는 바
다를 틀어막아 뱃길을 끊고 쌀장수들을 금지시켜서 앉은 채로 곤
궁에 몰아넣으려 했다.

—『오하기문』

또 황현은 김인배가 좌수영을 근거지로 삼아 장기 태세를 갖추려 했
다고도 했다. 김철규는 더욱 위기를 느껴 수군 300여 명으로는 방어할
수 없다고 판단해 이풍영을 통영의 수군통제영으로 보내 지원을 요청했
다. 그리고 연달아 부산으로 보내 일본영사관에도 지원을 호소했다. 당
시 해군 수송선인 쓰쿠바함은 많은 일본군을 태우고 남해 언저리를 돌
아다니면서 통영에 정박해 있었다.

진남관과 종고산 김인배는 종고산에 진을 치고 전라좌수영이 있는 진남관을 공격했다.

 김인배의 농민군은 여수 앞바다를 막고 진남관의 뒷산인 종고산에 진을 쳤다. 11월 초순의 날씨는 매우 추웠다. 농민군이 밥을 얻어먹으려고 민가로 내려가는 바람에 대오가 흐트러졌다. 농민군은 양곡이 떨어져 밥을 지을 수 없었고 모두 피란을 간 통에 민가에서 밥을 얻어먹을 수도 없었다. 밥을 지어온다 하더라도 꽁꽁 얼어 먹을 수조차 없었다. 전라좌수영 군사들은 성안에서 나오지 않아 접전을 펼칠 수 없었다. 이런 사정으로 인해 김인배는 농민군을 이끌고 순천으로 되돌아왔다. 이처럼 1차 공격은 싱겁게 끝이 났다.

 엿새 뒤인 11월 16일 다시 전라좌수영 공격에 나섰다. 전라좌수영 서문은 가파른 산비탈에 세워진 진남관 허리에 있어서 공격하기 좋은 지형이었다. 이곳을 오르는 길가에는 민가들이 다닥다닥 붙어 있었다.

농민군이 이곳에서 공격을 퍼부을 때 민가에는 불이 붙었다. 겨울철 건조한 날씨 탓에 삽시간에 불이 번져 500여 호의 초가가 모조리 불탔다. 농민군은 수군이 거점을 없애기 위해 불을 질렀다 했고 전라좌수영에서는 농민군이 화공법을 쓰다가 불이 붙었다 했다. 며칠 동안 줄기차게 전투를 벌였으나 서로 팽팽하게 맞서고 결말이 나지 않았다. 열악한 조건에 처한 농민군이 흩어져 돌아갈 수밖에 없었다.

김철규는 2차 공격을 받고 더욱 위기를 느꼈다. 그 무렵 쓰쿠바함은 여수 앞바다에 정박해 있었다. 김철규는 황급히 쓰쿠바함 함장에게 구원의 글을 보냈다. 쓰쿠바함을 타고 통영에서 출발한 일본군 100여 명은 전라좌수영 영장 이풍영의 안내를 받아 먼저 진남관으로 들어왔다가 흥국사로 옮겨갔다. 일본군이 흥국사에 주둔한 목적은 순천에서 내려오는 농민군과 현지에서 모인 농민군을 전라좌수영의 군사들과 협공해 토벌하려는 작전 때문이었다.

11월 22일 농민군은 다시 전라좌수영을 공격했다. 덕양역에 모인 농민군 수만 명은 작은 부대로 나뉘어 둔덕마다 배치되었다. 전력을 다해 최후의 공격을 시도했다. 농민군 정예병은 전라좌수영 서문과 종고산에 배치되었다. 그날 밤 전라좌수영에서 격전이 벌어졌다. 김철규는 수군에게 검은 옷을 입혀 일본군처럼 보이게 했다. 농민군은 검은 옷을 보고 놀라 도망쳤다. 뒤에서 기다리던 수군은 농민군을 습격했고 농민군은 많은 사상자를 남기고 순천으로 퇴각했다. 김철규는 겁을 주기 위해 농민군의 목을 남문에 걸어놓았다. 이렇게 3차 공격도 실패로 끝이 났다.

모두 실패했지만 김인배는 왜 세 차례나 사력을 다해 전라좌수영을 공격한 것일까? 그는 일본군과 관군이 하동, 광양 등지를 전면 공격한다는 소문을 듣고 전라좌수영을 차지하고 지구전을 벌이려는 계획이었다. 즉 오랫동안 전라좌수영을 차지할 수 없게 되면 바다를 통해 섬으로 들어가려는 의도였던 것이다.

참으로 끈질기고 의욕적인 작전이었으나 계획한 대로 되지 않아 좌절할 수밖에 없었다. 김인배가 전라좌수영 공격에 나섰을 때 그동안 고분고분했던 순천의 구실아치와 수성군은 틈을 타서 들고일어나 순천 일대의 집강과 접주 등 100여 명을 잡아 마구 죽였다.

김인배는 더이상 순천에 근거지를 마련할 수 없었다. 그는 다시 광양으로 진출해 재기를 도모했고 다른 농민군은 낙안, 흥양 등지를 매섭게 공격했다. 김인배가 전라좌수영을 공격할 때 여수의 상인들은 '백성'의 이름을 빌려 일본 쓰쿠바함 함장에게 "적도들을 섬멸하지 않고 떠나지 말라"는 요청의 글을 보냈다. 쓰쿠바함은 장흥, 강진, 영암, 해남 등지의 농민군 섬멸작전을 펴기 위해 뱃머리를 돌렸다.

우선봉장 이두황은 구례와 순천 지역을 휩쓸고 내려왔고 일본군 중대도 부산에서 증파되어 합세했다. 게다가 쓰쿠바함의 분견대도 광양에 상륙했다. 전라좌수영 군사 100여 명도 배를 타고 섬진강으로 진출했다. 이들은 일본군과 합세해 광양 토벌작전을 펼쳤다. 일본군과 관군은 농민군이 장흥 일대로 모여들자 순천 지역 농민군이 장흥으로 몰려가는 것을 막으려고 차단작전을 동시에 진행했다.

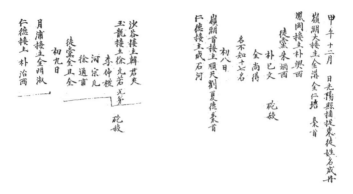

『광양현포착동도성명성책』 김인배, 유하덕 등은 광양현에서 체포되어 효시되었다(서울대 규장각).

광양의 민포군은 12월 7일 현지 농민군을 수색해 학살했고 이어 김인배와 유하덕도 잡아 처형한 뒤 효시했다. 광양에서 죽은 농민군 수는 공식적으로는 95명이었으나 황현은 다음과 같이 기록했다.

> 하동의 군사들이 일본군을 인도하여 광양에 들어와 민가 1000채에 불을 질렀으며 농민군도 1000여 명이 사망했다. 평민들도 많이 죽었다. 죽이고 약탈하는 참극이 도둑들(농민군)보다 더욱 심했다. 모두 영남우도 군사들의 소행이었다.
>
> ─『오하기문』

이 글을 통해 그 무렵에 광양의 농민군과 민간인이 적어도 수천 명 이상이 죽었다는 사실을 알 수 있다. 농민군 주력이 빠져나간 순천에도 수성군이 조직되어 이풍영과 함께 농민군 학살에 나섰고 낙안, 보성 등지에서도 학살이 자행되었다. 특히 전라좌수영은 농민군 처형장이 되어 실개천이 범람하도록 피가 흘렀다. 나머지 농민군은 백운산과 지리산 또는 섬으로 들어가 몸을 숨겼다. 수성군은 산속을 뒤져 수색작전을 펼치다가 불을 지르기도 했다. 건조기에 백운산에 붙은 불길은 농민군의 혼불처럼 번졌다.

순천 지방 농민군 활동의 특징을 몇 가지로 나누어 살펴보자. 첫째, 1차 봉기 이후 독자적으로 집강소 활동을 벌였고 김인배 대접주가 이 지역을 중심으로 활동할 때 내부 갈등 없이 적극적으로 협조하거나 호응했다. 둘째, 독자적으로 활동하면서 섬진강을 중심으로 영호남 연합전선을 펼쳤다. 이는 지역 연합전선의 모델이 되었다. 이를 통해 농민군의 전선이 지역 차원을 넘어섰다는 사실을 알 수 있다. 셋째, 정토군이 아닌 부산에 상륙한 일본군이 여수, 순천 지방에 침입해 토벌작전을 벌였다. 그래서 이 권역은 호남 지방에서 유일하게 독자 노선을 걸으면서 치열한 활동을 전개한 사례로 꼽는다.

김인배에 얽힌 이야기는 남쪽 고을에 오랫동안 전해져 그곳에 살던 황현은 그에 관해 많은 기록을 남겼다. 김인배는 잡히기 직전 일을 그르친 줄 알고 함께 활동하던 조씨 성을 가진 처남에게 다음과 같은 말을 유언으로 남겼다 한다.

장부가 사지에서 죽음을 얻는 것은 떳떳한 일이요, 다만 뜻을 이루

지 못함이 한이로다. 나는 함께 살고 함께 죽기를 맹세한 동지들과
최후를 같이할 것이니 그대는 집으로 돌아가 부모를 봉양하라.

— 손자 김영중의 증언

한편, 또다른 전하는 말에 따르면 지금은 맑은 물이 옛이야기를 간직
한 채 조용히 흐르고 있지만 당시 섬진강에는 수많은 시신이 잠겨 그곳
에서 노를 젓거나 재첩을 줍는 사람들은 울렁증이나 구토증에 시달렸다
고 한다. 또 농민군 수백 명이 처형당한 섬진나루 옆 백사장의 흰모래는
아픔을 간직한 채 지금도 그 모습 그대로 남아 있다.

영남 내륙의 봉기 양상

경상도 내륙 지방의 농민 항쟁은 주로 충청도와 전라도 접경 지역에서
전개되었다. 이 접경 지역에서는 농민군이 서로 연계하거나 연합작전을
폈지만 내륙 지방에서는 고립되거나 분산되는 경향이 좀더 강했다. 물
론 이들 지역은 초기에도 봉기했고 2차 봉기 이후에는 더욱 격렬해졌다.

10월 들어 조정에서는 각지에 소모사와 토포사를 임명했는데, 경상
도는 몇 지역으로 나뉘었다. 소모사는 상주, 김산, 인동, 선산, 거창, 창원
등지를 각기 맡아 민보군이나 수성군을 모집해 토벌전투를 벌였다. 이렇
게 하여 경상도 내륙 지방은 조직적으로 농민군 토벌이 이루어졌다.

특히 영남 북부 지역에 해당하는 상주의 소모사 정의묵은 이서, 군

교, 유림 등으로 수성군을 조직해 관할 구역을 다스렸다. 상주에 보수 집강소를 설치해 농민군 토벌을 맡았고 유격장으로 김석중을 임명해 지경 바깥인 황간, 영동으로 진출해 전투를 벌였다. 김산에서는 조시영이 소모사로 임명되어 주변 고을의 농민군을 토벌했다. 이 지역 농민군은 낙동강 주변의 병참소에 배치된 일본군과 각 소모영의 수성군 또는 민보군의 방어망에 막혀 공주전투에 참여하지 못해 현지에서 활동을 전개했다. 다음 몇몇 지역으로 나누어 살펴보자.

양반 고을이었던 예천, 안동, 의성 지방은 사족들이 활거하면서 오랫동안 상민을 압제해왔다. 이들 재지사족은 지주로도 군림해 수령과 아전을 압박하면서 향권을 주도했다. 이와 비례해 이곳 농민군은 드세게 활동했고, 심지어 안동부사의 행차를 가로막고 부사를 구타하는 것으로도 모자라 지닌 물건을 빼앗기도 했다. 안동은 유학을 숭상해 추로지향(鄒魯之鄕, 맹자·공자의 고장)이라 자부해온 곳이었는데, 사족들이 능욕을 당하자 심한 모멸감에 빠져 있다가 복수심을 불태웠다.

1894년 3월 예천 동로면 소야리에 옹기상인 최맹순이 접소를 차리고 집강소 형태를 갖추었다. 이어 6, 7월에 이르러서는 더욱 세력이 커져 몇만 명에 이르렀고 접소는 48개소를 헤아렸다. 최맹순은 강원도 출신으로 예천에 진출했고 다른 지방 출신들도 그곳에서 그와 함께 활동했다. 7월에 들어 그들은 읍내로 들어와 지주, 사족, 향리의 집에서 돈과 곡식을 빼앗아갔다. 이에 대해 예천 향리가 주도한 보수 집강소에서는 다음과 같이 기록했다.

그들은 접소를 마을마다 나누어 설치하여 없는 곳이 없었는데, 서북쪽 바깥 지역이 더욱 심했다. 대접은 1만여 명이요, 소접은 수백 명이었는데, 시정잡배와 못된 평민이나 머슴 따위가 스스로 뜻을 얻을 때라 말하고 관장을 능욕하고 사대부를 욕보이고 마을을 약탈하고 재물을 빼앗고 군기를 도둑질하고 남의 말을 몰아가고 남의 묘를 파헤쳐 사사로운 원수를 갚았으며 사람들을 묶거나 구타하여 여러 사람을 죽이는 수도 있었다.

—『갑오척사록』

이런 과정 속에서 예천의 보수 지배층은 집강소를 설치해 농민군을 탄압했다. 보수 집강소는 동학교도 11명을 잡아와 화적죄로 읍내 한천 모래밭에 묻어버렸다. 이 사건은 농민군의 복수심을 더욱 키웠다. 이에 최맹순은 통문을 돌려 동학교도의 석방을 요구하고 매장(埋葬)을 문책했다. 8월 20일 그들은 예천 보수 집강소를 공격하기로 결의하고 13명의 각 고을 접주가 모여 매장사건의 책임자를 압송하지 않으면 읍내를 공격한다는 통문을 보냈다.

이때 안동관아도 농민군의 공격을 받았다. 농민군은 8월 말경 안동과 의성 공격에 나섰는데 민보군의 완강한 대항에 부딪혔다. 농민군 선발대가 체포되었고 이곳 지방군이 먼저 기습을 하여 농민군의 읍내 공격은 실패로 돌아갔다. 안동과 의성에서 물러난 농민군은 예천 농민군과 합세해 예천 읍내 주변을 봉쇄했다.

예천 동학농민군 생매장터 예천의 보수 지배층은 동학교도를 잡아 살아 있는 상태에서 한천 모래밭에 묻었다.

마침내 8월 28일 예천 읍내 서정자들에서 결전이 벌어졌다. 그날 오후부터 새벽까지 싸웠으나 농민군은 예천읍 점령에 실패하고 물러났다. 그뒤 보수 집강소는 철저하게 농민군과 동도를 색출해 처단했고 이어 객사 대청에 집강 군문(軍門)을 설치하고 농민군 혐의자를 잡아들였다. 이 전투에 참여했던 박학래는 다음과 같이 기록했다.

동네에 살고 있는 사람 중에서 동학과 관련이 있다고 알려진 사람, 재산깨나 있는 사람, 예전에 흠이 있었던 사람, 동학을 다시 일으켜 주창할 수 있을 것 같은 사람을 잡아다 포살하고, 심지어 그 사람의 계집이 미인이면 빼앗아 집강군의 첩으로도 삼았다. 전곡과 토

예천 서정자들전투지 예천의 동학농민군과 수성군은 예천 서정자들에서 전투를 벌였다.

지에 기물까지 재산을 강탈하여 전곡은 군량으로 충당하고 매매할 것은 방매하며 호의호식에 의기양양하여 촌민의 재산을 남김없이 털어갔다. 읍의 백성은 집강소를 빙자하여 거의 치부한지라. 읍촌 사이 직업 없는 부랑 잡배들이 모두 집강소에 가서 붙어 재산 없는 자 재산을 빼앗아 먹고살기, 계집을 취하고자 한 자 계집을 뺏어 살기, 예전에 흠이 있던 자를 동학이라 칭탁하여 원수 갚기, 그전에 받은 공전을 안 받았다 하고 일가붙이에 족징하기, 길로 돌아다니는 장사가 재산이 많은 듯하면 동학이라 잡아 죽이고 재산 털어먹기, 장터에 물건이 오면 동학인의 물건이라 하고 빼앗기, 만일 똑똑한 척 대항하면 동학 놈이 대항한다고 하고 포살하기…… 바로 강도다.

—『학초전(鶴樵傳)』

이런 지경이었다. 그 무렵 태봉병참부에서 정탐조로 파견을 나온 일본군 대위와 병사 두 명이 용궁 근처에서 발각되어 대위가 피살되는 사건이 일어났다. 이에 경상감영에서는 지방군 등 240여 명을 용궁, 예천 일대로 파견했고 이어 일본군 50명도 증파했다. 그러자 이곳 농민군은 학살을 피해 은신했다. 최맹순도 그후 강원도에 은신해 있다가 11월에 평창접의 지원을 받아 100여 명을 이끌고 다시 예천 적성리에서 보복전을 펴다가 끝내 잡혀 죽었다. 이로 인해 이 지방의 농민군 활동은 막을 내렸다.

최맹순의 외아들이 김씨 딸과 혼사를 치르고 난 다음날 보수 집강소 포군이 그들 부자를 잡아놓았다. 그러고 나서 포군이 아름다운 신부를 잡아 회유했다. 자신의 말을 잘 들으면 남편도 살려준다고 했지만 끝내 들어주지 않았다. 최맹순과 그 아들을 죽이고 나서도 회유를 거듭했으나 신부는 끝내 자결하고 말았다. 슬픈 이야기일진저.

그해 9월 말 상주에는 농민군 수천 명이 대도소를 설치하고 상주관아를 공격하고 점령했다. 그들은 관아의 무기를 빼앗고 양곡을 거두면서 집강소와 같은 활동을 벌였다. 이 시기의 농민군은 영동, 청산, 황간 등지의 농민군이 합세해 이루어졌으며 현지 출신 농민군은 향반과 종들이 많이 포함되어 있었다.

낙동병참부에 주둔해 있던 일본군이 출동해 상주와 읍성을 기습한 뒤 사다리를 타고 성벽을 올라가 농민군을 공격해 읍성 밖으로 몰아냈다. 그뒤 이곳 양반 유생과 아전 들은 상주 집강소를 차리고 읍성을 지

상주관아 상산관 상주에서 동학농민군 수천 명이 대도소를 설치하고 상주관아를 공격해 점령했다.

상주 동학농민혁명기념비 경상도에서도 특히 상주 지역 동학농민군 활동이 활발했다. 이를 기억하고 기념하기 위해 기념비를 세웠다.

켰다. 하지만 농민군은 고을 각처에 출몰하면서 다시 상주읍성을 점거하겠다고 하는 등 꾸준히 활동을 전개했다. 이에 소모사 정의묵과 유격장 김석중이 중심이 되어 대구에 주둔하는 경상감영의 병사와 용궁·함창·예천의 포군 8,900여 명이 합세해 토벌전투를 벌였다.

이곳에서 두어 달쯤 토벌전을 전개해 수십 명의 접주를 처단했고 1500여 명의 농민군을 귀화시켰다. 상주의 농민군은 이 일대에서 가장 큰 세력을 이루고 끈질기게 항쟁한 것으로 알려졌다. 이곳 선비들은 일본군과 손을 잡고 농민군을 몰아낸 모순된 행동을 보였다.

선산의 농민군은 김산과 개령 일대에서 온 농민군이 합세하자 읍성을 점거하고 기세를 올리면서 지주와 양반을 압박했다. 그러나 선산의 관속이 낙동강 옆 해평에 있는 일본군에게 구원을 요청했다. 선산 읍성을 점거한 농민군은 일본군의 기습을 받아 많은 희생자를 내고 물러났다. 또한 대구의 경상감영에서 병사 200여 명을 보내 선산을 거쳐 김천 장터로 나와 토벌전을 벌이고 이어 지례로 진격해 잔여 농민군을 색출했다.

성주에서는 8월 20일부터 농민군 활동이 전개되었다. 이웃 고을인 지례와 인동에서 잡직에 종사하는 무리와 금광의 노동자, 무뢰배 등 수십 명이 몰려와 현지 농민군과 합세해 100여 명의 대오를 만들었다. 이들은 장날을 기해 거리를 횡행하면서 성주목사에게 사채 탕감, 투장(偸葬) 해결, 호포 감하, 요호와 이서배 징치를 요구했다.

이에 성주의 수성군은 10여 일 동안 활동을 벌이던 농민군을 진압하고 고을 바깥으로 내쫓았다. 그러자 농민군은 다시 더 많은 세력으로 읍성을 들이쳤다. 성주목사 오석영은 읍내를 지키지 않고 피신했다. 그리고 대구감영으로 가서 감사에게 구원을 호소했으나 위기에 처한 임지를 지키지 않았다고 하여 감사는 접견조차 하지 않았다. 목사가 없는 성주 읍내는 농민군이 들어가 불을 질러 민가가 대부분 불에 탔다.

김산과 거창의 중간지대에 자리잡은 지례는 당시에 김산 소모영의 소모사 조시영과 김산 동학도소의 도집강 편보언의 지시와 영향을 받았다. 지례 백성들은 두 세력이 충돌하는 과정에서 많은 피해를 입었다.

지례군은 위로는 김산, 아래로는 거창, 동쪽으로는 성주, 서쪽으로는 무주와 인접해 있었다. 기간도로는 김천역에서 거창으로 연결되는 중간지점에 있었다. 특히 무주와는 삼도봉, 대덕산과 경계를 이루면서 나제통문(羅濟通門)을 통해 교류했고 고을민들은 무주에 속하는 무풍장을 많이 이용했다. 동학농민혁명 당시에도 이런 지리적 환경에 영향을 받았다.

1894년 8월 김산에서는 어모면 진목(참나무골)에 사는 도집강 편보언을 중심으로 여러 포접(包接)의 농민군과 함께 김산 장터에 도소 또는 집강소를 차리고 전라도의 집강소와 같은 활동을 벌였다. 그는 최시형과 전봉준의 지시를 받았다고도 공언했다. 편보언은 무관 집안의 중농의 아들로 태어나 일찍이 최시형을 따라 동학에 입도했다고 한다.

9월 말 편보언은 기병하라는 최시형의 통고를 받고 이를 각처에 전달해 봉기하도록 했고 전봉준의 통문을 받아 봉기했다고도 했다. 김산군과 주변 고을의 농민군은 곡식과 말, 창과 칼을 거두고 힘을 합쳐 먼저 선산부를 공격했다. 경상감영에서는 군사 200여 명을 선산과 김산으로 보냈다. 대구감영군이 김산 장터로 진격해오자 편보언 등은 일단 흩어졌다. 이어 남영군은 지례로 나아가 잔여 농민군을 색출했다.

지례 농민군은 김산과 선산, 성주를 넘나들며 활동을 전개해 세력을 넓혔다. 편보언은 김산과 지례를 석권하면서 사족과 불량 지주를 압박했는데, 그 대상 지역은 주로 화순 최씨, 연안 이씨, 벽진 이씨, 창녕 조씨, 여씨 등 이른바 양반 사족의 거주지였다. 그 과정에서 여씨 지주들이 주로 압박을 받았으며 다른 사족과 지주 들은 피해 모면했다(화순 최씨 종가의 『세장연록(歲藏年錄)』).

이처럼 동학농민군의 활동이 2차 봉기 기간에도 멈추지 않자 김산 소모사 조시영은 수성군을 조직하고 동학농민군의 근거지인 김천 장터에 군사와 보부상 접장을 배치하도록 조치하고 마을마다 방비책을 마련하라고 일렀다. 그해 12월 최시형, 손병희가 전라도 임실에서 무주와 영동, 청산, 용산으로 진출하자 상주 소모영과 연대해 황간, 창촌에 유격장을 배치해 추풍령을 방어하면서 김산으로 넘어오지 못하게 했다.

김산 소모영의 활동을 요약하면 조복용 등 농민군 지도자를 잡아 연무당에서 포살했고 전봉준의 직계 부하인 무주의 농민군 김천순, 김원창을 사살했으며 김천 접주 남홍언, 편사흠 등을 죽였다. 두 김천 접주는 영남의 대적으로 5만 명에서 8만 명을 거느리고 1894년 8월 이후 "전라도 일도가 모조리 함락되고 충청도와 경상도 두 도가 도륙이 날 것인데, 곧 통일이 손바닥 뒤집듯 할 것이다"라고 하면서 김개남에게 글을 올려 신하라고 일컬었다고 기록했다. 그들을 김천역 앞 대도 장터에 효수했다. 이어 이곳으로 귀화한 동학농민군은 3000여 명이라고도 했다(『소모사실』).

김산 소모영 활동은 1895년 정월 말에 끝이 났다. 김산의 관계 사실을 기록한 『소모사실(召募事實)』에는 접주 남홍언, 편사흠 등이 전봉준, 김개남 등 남접 지도자와 연계된 내용이 실려 있다. 김산 소모영 군사들은 추풍령을 경계로 월경하지 않았던 것이요, 다른 소모영에서도 이와 비슷한 활동을 벌였던 것이다.

김산과 지례 지역은 무주, 상주와 함께 경상도와 전라도, 충청도 접경 지역에 위치해 있으면서 전라도, 충청도와 서로 긴밀히 연대하고 교류한 실상을 보여주었다. 이곳 농민군 활동은 진주·산청·하동 농민군이 순천·여수·광양 농민군과 연합전선을 펼친 사례와 비교될 것이다.

이 권역의 농민군은 7, 8개월쯤 활발한 활동을 벌였으나 끝내 경상감영군과 민포군, 그리고 낙동강 일대에 병참소를 둔 일본군에게 많은 이가 희생되었고 참담한 희생을 치른 끝에 뜻을 접어야 했다. 이곳 백성들은 오랫동안 양반과 유림의 압제에 시달렸고 일본 병참부대가 전신주를 가설할 때 많은 피해를 입어 반감이 더욱 높았다. 그리하여 농민군이 철저한 항쟁을 전개했던 것이다.

북실과 대둔산의 토벌작전

충청도 내륙 일대는 최시형이 대동원령을 내리기 이전에도 많은 지역에서 전라도에서 전개된 1차 농민 봉기와 거의 동시에 봉기가 일어나 세력을 크게 떨쳤다. 2차 봉기가 일어나자 이곳 세력은 호남 농민군과 연계 작전을 모색해 기세를 더욱 올려 일제히 공주로 진출했다. 이때 최시형도 직접 참여한 것으로 나타난다.

공주전투 이후 손병희는 잔여 북접 농민군을 이끌고 전봉준과 함께 몇 차례 전투를 치르면서 원평과 태인까지 후퇴한 뒤 전봉준과 헤어졌다. 이제는 길을 달리할 수밖에 없는 처지에 놓여 있었다. 손병희는 은신해 있는 최시형을 찾아 나섰다. 최시형은 1894년 11월부터 호남 일대에 은신하면서 장수, 남원, 임실 등지에서 머물렀다. 손병희는 임실군 조항리에서 최시형을 만나 모시고 잔여 농민군을 규합해 장수, 금산, 무주를 거쳐 영동 일대로 진출했다. 손병희는 태인전투에서 패전한 뒤 남쪽에 근거지를 마련할 수 없다고 판단했을 것이다. 그리하여 옛 본거지로 올라와 재기를 도모하려 했을 것이요, 아니면 추종하는 농민군을 해산할 장소를 찾으려 했을 것이다.

그해 11월 말 최시형과 손병희는 직속의 북접 농민군과 호남의 농민군 등 수만 명을 이끌고 장수, 무주를 거쳐 영동 용산 장터에 진출했다. 이때 상주 소모영의 유격장인 김석중이 지휘하는 민보군은 경계를 넘어 영동, 청산(지금의 옥천군), 보은 등지를 넘나들면서 토벌을 자행했다. 청주에 주둔하는 충청병영의 군사들이 몰려왔다.

상주 민보군과 충청병영의 군사들이 용산 일대에서 농민군을 토벌할 때 일본군 31명이 합류했다. 농민군은 용산 일대를 석권한 뒤 북쪽의 청산관아를 점령하고 전패(殿牌, 임금을 모시는 나무패)를 내팽개치는 등 위세를 떨쳤다. 농민군은 청산관아에 방문을 붙여 상주로 진격한다고 알리면서 사기를 북돋웠다. 하지만 손병희가 여러 발의 총탄에 맞아 부상을 입었고 부하 접주들이 수없이 죽거나 다쳐 이 일대에서는 더이상 버티기 힘들었다. 일본 군사들마저 몰려온 터라 근거지를 옮길 수밖에 없었다.

　　12월 16일 농민군 8만여 명은 청산에서 물러나 보은관아를 공격해 차지했고 보은군수 이규백은 청주로 달아나 구원을 요청했다. 농민군은 다음날 보은의 깊은 산골인 북실(종곡)로 진지를 옮겼다. 보은 장내는 쑥대밭이 되었고 농민군은 관군에 노출되어 산골 깊숙한 북실로 들어와 산봉우리에 진지를 구축하고 곳곳에 파수병을 두어 장기 주둔 태세를 갖추었다. 김석중의 민보군과 청주병영의 영병, 일본군이 연합해 북실 공격에 나섰다. 토벌대가 12월 18일 저녁에 산마루에 집결해 있는 농민군에게 총공세를 퍼부었을 때의 정경을 다음과 같이 기록했다.

　　도둑의 담기가 솟아나 함성을 지르고 충돌함이 조수가 바다로 들어가는 기세 같았지만 우리 군사는 밤부터 낮까지 물 한 모금도 마시지 못하여 기력이 소진되었다.

　　　　　　　　　　　　　　　　　　　　　　　　　－『소모사실』 12월 18일

북실전투지 1894년 12월 18일 보은 북실에서 동학농민군과 관군, 일본군 사이에 전투가 벌어져 많은 동학농민군이 목숨을 잃었다.

하지만 관군과 일본군은 포를 일제히 쏘면서 총공격을 퍼부어 승기를 잡았다. 그리하여 포에 맞아죽은 자가 2200여 명, 야간전투에서 죽은 자가 393명, 빼앗은 마소가 60여 두, 깃발과 북이 수십 개라고 했다. 과장되었을 테지만 엄청난 희생을 치른 것은 엄연한 사실이다. 현재 북실 언저리에 동학농민혁명기념공원을 조성해 그 처절한 역사의 현장을 알려주고 있다.

북실전투는 남쪽에서 일어난 장흥전투와 함께 동학농민혁명 최후의 전투로 기록되고 있다. 중앙군은 그동안 남쪽으로 진출해 장흥-강진 전투를 치르느라 북실에는 진출하지 못했다. 그리하여 상주 주변 고을에서 모은 상주 소모영 군사들이 이 전투를 지휘했고 일본군과 청주에 있는 충청병영의 군사들이 지원을 했던 것이다.

이런 일련의 전투에 참여한 농민군은 손병희가 논산과 공주에서 이끌던 농민이 북상하면서 합류한 호남 좌도의 농민군, 그리고 영동 현지

보은 동학농민혁명기념공원 기념탑 북실전투가 벌어졌던 곳에 동학농민혁명기념공원을
조성하고 기념탑을 건립했다.

로 진출해 합류한 농민군 연합부대로 편성되었다. 북실전투도 손병희가
직접 지휘했다. 손병희는 북실에서 더 버틸 수가 없음을 깨닫고 최시형
과 함께 다시 탈출했다. 이때 함께 참여했던 이종훈은 다음과 같이 기
록했다.

> 보은 북실에서 하룻밤 주둔하고 있을 때 한밤중에 병사들이 사방
> 에서 습격해와 도인들의 사상자가 아주 많았다. 그때 해월신사를
> 모시고 화양동(華陽洞) 화양사로 가 한밤중에 진을 치고 머물렀다.
> 이후 충주 외서촌으로 행군할 때 병사들이 진격해온 까닭에 밤이
> 깊도록 교전하다가 또 전세가 불리하게 되어 그 밤중에 교인들이
> 모두 해산했다. 그때가 갑오년(1894) 12월 29일 밤이었다.
>
> —『일기』

북실에서 탈출한 이들은 강원도 인제군 남면 유목정(楡木亭) 최영수의 집에 이르러 화를 피했다가 평안도 등지로 가서 다시 동학 재건에 나섰다. 이때 손병희가 살아남은 것은 개인만이 아니라 독립운동사의 관점에서 볼 때 행운이었다. 뒷날 그가 3·1혁명을 이끌지 않았는가.

끝으로 충청도와 전라도 경계에서 벌어진 대둔산전투를 살펴보자. 장황하지만 재미있다면 재미있을 것이요, 처절하다면 처절할 것이다.

공주전투가 끝난 뒤 두 도의 경계에 있는 연산, 고산, 금산, 진산 등지의 농민군은 현지에서 소규모 연합작전을 펼치거나 때로는 독자적으로 봉기하면서 항쟁을 벌였다. 본디 금산과 진산에는 보부상패의 기세가 높았다. 보부상은 초기부터 수성군과 연합해 농민군을 제압했다. 특히 연산은 공주전투 시기에 현지에서 독자적으로 활동을 전개해 후방을 교란했다.

무관인 문석봉은 양호소모사로 임명되어 이 지역 농민군 토벌에 나섰다. 그는 관군과 일본군의 지원을 받아 연합작전을 펴서 많은 성과를 거두었다. 그 과정에서 대둔산 최고봉 아래에 있는 마천대에 농민군이 포진해 있다는 사실을 알게 되었다. 마천대 아랫자락에 위치한 염정동은 산골 마을로는 보기 드물게 수천 호가 모여 살고 있었다. 이곳의 농민군은 12월에 수성군에게 쫓겨 흩어졌다. 대둔산으로 들어가 마천대를 근거지 삼아 그 언저리에서 항쟁을 계속했다. 수성군이 몇 차례 공격했으나 늘 실패를 거듭했다. 이 정보를 들은 문석봉은 마천대를 정찰한 뒤 충청감영에 다음과 같이 보고했다.

산 위로 비류들의 바위 소굴을 쳐다보니 새도 넘어가기 힘든 길이라 할 만합니다. 마치 하늘 위에 꼬불꼬불한 험한 길이 있는 것 같은데, 위로는 아주 높은 바위들이 뾰족하게 솟아 있고, 좌우로는 몇 겹의 병풍바위로 장벽을 이루고 있으며, 그 가운데 골짜기를 가려 두 칸의 집이 들어갈 수 있고, 석벽을 쌓았으되 단지 처마가 드러났을 뿐입니다. 동쪽, 서쪽, 북쪽 세 면으로 홀로 서 있는 듯, 깎아지른 듯 서 있어서 자신의 몸에 날개를 달지 않으면 들어갈 길이 없습니다. 다만 앞으로 내려가는 하나의 길만 있으며 또한 삼층으로 된 잔도가 매달려 있어서 올라갈 수 있습니다.

—『의산유고(義山遺稿)』

농민군은 이런 곳에 근거지를 두고 눈바람 속에서 지내고 있었다. 그들은 산 아래의 모든 움직임을 살필 수 있었다. 먹을거리는 잔도로 올려 보냈다. 수성군이 공격할 때 그들은 마천대 위에서 욕질을 해대면서 조롱했다. 농민군은 모두 총을 지니고 있었고 가족이나 고을민이 공급해주는 옷이나 양식으로 한 달 넘게 버티고 있었다. 그들은 죽기를 결의하고 항거했다. 그들을 이끈 지도자는 진산 접주 최공우였고 그곳에 있는 농민군은 최공우의 아들 최사문과 조카를 비롯해 모두 아랫마을 사람들이었다.

문석봉은 먼저 마을을 소탕하고 보급로를 끊는 작전을 짰다. 문석봉은 염정동의 사정을 살피고 야간 습격작전을 펼쳤다. 토벌군 5000여 명

대둔산 최후 항전지 내부 1894년 11월부터 3개월간 대둔산 형제바위 근처 봉우리에서 동학농민군 수십명이 항전을 전개했다.

은 파수막 일곱 개를 먼저 제거하고 난 뒤 마을 가운데에 있는 대장소를 습격해 16명을 죽이고 나머지 400여 명을 결박했다. 1월 28일에 벌어진 일이었다.

토벌군은 최공우의 친구로 이웃 마을 주암에 사는 김공진을 세작(細作)으로 이용하는 반간계작전을 짰다. 곧 마천대에 있는 농민군을 서로 이간질시키는 것이었다. 김공진이 마천대에 올라가서 김태경, 장문화가 수성군과 짜고 최공우를 죽이려 한다는 편지를 최공우에게 슬쩍 찔러주자 최공우 부자는 두 사람과 그들 친구 여섯 명을 죽였다. 진압에 실패한 것이다.

이두황이 일본군과 함께 서울로 귀환하면서 고산에 이르렀을 때 이 보고를 받았다. 그리하여 장위영군 30명과 일본군 30명이 진압에 나섰다. 그들이 대둔산 밑에 이르렀을 때 날이 저물어 마을에서 하룻밤을

대둔산 항전지 수습 탄피와 탄두 대둔산의 동학농민군은 세 채의 집을 짓고 항전을 벌였다. 그곳에서 탄피와 탄두가 발견되었다.

보냈다. 다음날 새벽에 그들은 마천대 가까이 가서 정찰하고 "만 겹으로 첩첩이 쌓인 큰 산들이 우뚝우뚝 솟아 있었고 그중 하나의 산등성이에서 멀리 구름이 솟아오르는데, 그곳이 바로 도둑 무리가 진을 치고 있는 곳이었다"라고 했다.

농민군은 마천대 위에서 토벌 군사들이 몰려오는 것을 막기 위해 잔도를 올려놓았다. 관군과 일본군은 잔도 쪽을 막고 원숭이가 매달리고 족제비가 기어오르듯이 올라 기어이 마천대 위에 올랐다. 어두컴컴한 속에서 살펴보니 그곳은 일고여덟 명이 겨우 디디고 설 정도로 비좁았다. 마침 해가 구름 속에서 나와 산을 비추어 엎드려 그 아래를 내려다보니 농민군이 숨어 있는 망대가 환히 드러났다. 돌로 담을 쌓았고 천연의 바위 병풍이 네 면을 에워싸고 있었다.

농민군은 관군이 바위 위로 올라온 사실을 모르고 남쪽에만 주의를 기울이고 있었다. 순식간에 포를 쏘고 함성을 지르자 농민군은 허둥거렸다. 이를 두고 관군은 "마치 쌓아놓은 달걀처럼 위태로웠고 형세는 궁지에 몰린 개와 같이 죽기로 작정하고 대들었다"라고 했다. 마지막 농민군은 총칼을 휘두르고 돌을 던지며 맞서 싸웠다. 관군과 일본군은 20명을 죽이고 나서 총 60자루를 노획하고 소굴에 불을 질렀다. 몰살하고 살펴보니 열두 살 된 어린아이만 사로잡았다. 아이가 말하기를 10여 명은 이미 도망쳤다고 했다.

〈대둔산 항쟁 김석순 접주상〉, 박홍규, 2014년.

이 대둔산전투를 치르며 낌새를 눈치챈 최공우는 김공진과 함께 내려가 사라졌다 한다. 뒷날 최공우는 염정동에서 다시 봉기를 시도했다가 죽음을 맞이했다. 전설 같은 이야기가 아닌가.

지금 이곳에는 이를 알리는 비가 세워져 있는데, 이 비에는 "이때 동학접주 김석순은 한 살쯤 되는 여아를 품에 안고 150미터 절벽에서 뛰어내려 자결했다 하니 얼마나 처참한 역사의 현장인가?"라고 쓰여 있다.

충청도 해안지대의 항쟁

경기 남부 지역의 수원과 천안을 잇는 가도는 서울과 삼남을 잇는 통로였다. 왕조시대나 오늘날에도 우리나라 사람들이 가장 많이 다니는 길이다. 1894년 당시 이 연로에 사는 백성들은 늘 긴장을 늦추지 않았다. 언제 농민군이 남쪽에서 쳐들어올지 몰라 전전긍긍했고 관군이 남쪽으로 내려가면서 무슨 행패를 부릴지 몰라 벌벌 떨었다. 그들은 하루빨리 세상이 바뀌기를 열망했다. 이 지역 여기저기에서 농민군이 작은 규모로 모여 목소리를 내자 관아에서는 그들을 색출해 수원 감옥에 가두어놓았다. 그랬더니 남쪽 사람들이 그들을 구출하러 온다는 소문이 나돌았다. 이 소문을 들은 일본군은 삼엄한 경비를 섰다. 세상을 뒤집어보려는 '군'들은 몇 명 또는 몇백 명씩 편을 구성해 남쪽으로 내려왔다.

경복궁 점령이 있은 뒤인 8월 12일 천안에서 일본인 여섯 명을 살해한 사건이 일어났다. 농민군 수십 명이 다리를 수리하고 있었는데, 일본인 여섯 명이 다리를 건너려 했다. 이를 막으려 하자 일본인들이 소리를 지르면서 대들어 죽였던 것이다. 그러고 나서 이 사실을 알리는 방문을 서울 일본영사관 언저리에 붙여놓았다. 이어 천안관아 객사에 600여 명이 모여 임금의 화상 앞에서 제사를 지내고 일본인을 처단한 의식을 가졌다. 신임 군수가 객사에 가서 참배하려 하자 그들은 "당신은 임금이 임명한 수령이 아니라 일본인이 임명한 이다"라고 하면서 절하는 의식마저 막았다.

일본영사관에서 이를 조사하려 했지만 그들의 위세에 눌려 진행하지 못했다. 600여 명이 모여 총을 쏘거나 함성을 지르는 등 여러 곳을 돌아다니며 기세를 올렸다. 그들의 두령 김형식과 김용선은 직산, 평택, 목

천, 천안을 총괄했고 접주인 김용희와 김구섭은 목천, 안치서는 온양, 홍
승업은 천안에 살고 있었다. 일본 순사의 조사에 따르면 천안 백성 중
여덟아홉 명은 동학당에 속해 있었고 더욱 커지고 있다고 했다(「주한일
본공사관기록」). 이들은 수원을 비롯해 평택, 안성, 죽산, 이천, 여주 사람
들이었다.

이 지역은 아산만과 성환에서 청일전쟁이 일어났을 때 청나라군이
쫓겨와서 큰 피해를 입은 적이 있었다. 패배한 청나라군은 흩어져 아산
일대를 헤매고 다녔다. 그들은 몇십 명 또는 몇백 명씩 떼를 지어 돌아
다니면서 양식을 구걸하거나 약탈했다. 그들을 추격하는 일본군도 골골
을 누비면서 소란을 피웠다. 그리하여 아산을 비롯해 덕산, 예산, 태안
등지의 백성들은 큰 피해를 입었다.

한편, 2차 봉기 무렵 안성군수 홍운섭이 관군을 거느리고 경기도 통
로로 나갈 즈음 진잠, 목천 등지에서 농민군이 출몰해 관군은 골골을
누비며 그들을 포살했다. 또 천안 일대에서는 관군측 의병이 크게 일어
나 주변의 농민군, 곧 아산·유구 지방의 농민군 토벌에 나섰다. 천안에
거주하며 감찰을 지낸 토호 윤영렬과 그의 아들 윤치소(윤보선 대통령의
아버지), 아산에 사는 무관 출신 조중석은 수성군 300여 명을 모집해
이 지역 농민군 토벌작전에 나섰다. 천안 일대에서는 토호인 윤씨 문중
이 위세를 떨치고 있었다. 그리하여 윤영렬과 조중석은 농민군 토벌의
공로를 인정받아 우선봉진 별군관(別軍官)으로 발탁되었다(『갑오군정실
기』).

그다음은 이 권역의 본무대라 할 수 있는 호서의 연해 지역을 살펴보자. 어부들이 많이 사는 이곳 해안지대에는 초기부터 격렬한 양상을 보였다. 금강 일대의 농민군은 2차 봉기가 일어나자 호남의 농민군과 연계작전을 모색해 그 기세를 더욱 올렸다. 또 내포 일대의 농민군은 금강을 거슬러올라가 공주로 진격하기 위해 안간힘을 썼다.

그해 9월 그믐께 최시형은 "우리 교도가 죄가 있고 없고 간에 이 세상에서는 생활하기 어려운지라. 약차하면 각지 두령은 낱낱이 모두 죽을 지경을 당할 테니 글이 도착한 즉시 속속 기포하여 스스로 살길을 찾아라"라는 훈시문을 보냈고 예산, 홍주 일대 농민군은 용기를 백배로 올려 일제히 공주로 진출하려 했다.

앞에서 설명한 대로 일본군과 관군의 주력부대는 공주로 진격하기로 작전계획을 세웠다. 이에 따라 순무영에서는 9월에 들어 도성과 경기의 방어를 맡았던 장위영군을 중심으로 토벌군을 편성했을 때 장위영 영관 이두황을 호서 해안지대로 보내 공주로 합류하지 못하게 하는 작전계획을 짰다. 이때 각지 농민군은 공주로 오는 중도에서 접전을 벌이면서 때로는 승리를 하고, 때로는 패전을 거듭했다.

조정에서는 10월에 홍주목사 이승우를 호연초토사로 임명해 그곳 농민군을 평정하는 책임을 맡겼다. 이 호서 해안 지역은 한산·서천·부여 등 호남 접경 지역, 천안과 아산 아래 예산·당진·홍주 등 내포 지방, 내포 지방의 외곽지대인 서산·태안·해미 등 세 권역으로 나눌 수 있다. 특히 내포 지방은 12월 말경까지 순무영에서 특별히 위험 지역으로 주목할 정도로 저항이 드셌다.

먼저 남쪽 접경 지역인 한산, 서천, 임천 지방의 실상부터 살펴보자. 1894년 10월 이 지방에는 여러 하부 조직이 연합해 임천의 금강 가에 있는 칠산에서 도회를 열어 "호남을 지켜 보국안민을 한다"고 선언하고 나섰다. 그리고 부호들에게서 곡식과 돈을 거두어들이며 군사 연습을 했다. 이때 어민들이 대거 동원되었다. 또 호남 농민군이 군산, 장항을 거쳐 충청도 해안 지방에 상륙했고 이어 한산, 서천의 농민군과 연합해 한산관아와 서천관아를 점령하고 임천과 홍산으로 진출했다.

이 권역 대접주 이종필은 10월 15일 임천읍의 도회에 수천 명의 농민군을 이끌고 나갔다. 임천은 당시 금강 하류에 있어서 많은 나루가 호남의 함열·용안, 호서의 한산·강경을 잇는 요충지였다. 그달 22일에는 전라도 농민군 수천 명이 임천읍에 들이닥쳐 군기를 빼앗았고 그 다음 날에는 부여 양화면에 있는 입포를 습격했다. 임천과 홍산은 부여를 거쳐 공주로 가는 통로였다.

경리청군과 한산 수성군, 보부상패의 연합부대는 서천에서 퇴각해 한산 지경에 다시 들어온 농민군과 일대 접전을 벌였다. 관군은 농민군을 향해 위아래에서 협공해 수백 명을 포살했다. 일본군과 관군은 군산진까지 진출해 농민군에 협조한 도포수 등을 죽이고 서산으로 전진했다.

그 무렵 함열, 웅진의 농민군이 한산읍성을 다시 공격해왔다. 그들이 마을에 불을 지르고 다녀 그곳 백성들은 죽산나루에 나와 배를 타고 피란길에 올라야 했다. 관군은 죽산나루에서 이를 목도하고 고을민들의 피란길을 금하고 웅포 앞바다를 거쳐 전라도 함열로 상륙해 공격전에 나섰다. 이것이 접경 지역에서 일어난 봉기의 실상이었다.

서산군수 성하영은 공주전투를 끝낸 뒤 부여와 홍산을 거쳐 이 지역으로 출동해 잔당을 토벌했다. 이때 그는 한산의 정경을 보고 "성에 가득찬 민가가 깡그리 불에 타버렸고, 각처의 관아가 한갓 네 벽만 서 있었으며, 이민(吏民)이 울부짖는 참상을 차마 볼 수 없었다"고 보고했다. 한산전투는 그의 표현처럼 처절했다.

이어 예산과 홍주 전투에 앞서 태안과 서산에서는 큰 사달이 일어났다. 태안 농민군은 태안부사 신백희가 농민군 지도자들을 색출해 처단하는 것을 보고 끓어오르는 분노를 참지 못했다. 그리하여 주변 고을에 지원을 요청했다. 마침내 9월 그믐날 태안에서는 원북면 방갈리에서 장성국, 문장준 등 접주를 중심으로 근흥면 수룡리, 남면과 안면도 농민군이 태안관아로 쳐들어갔다. 그들은 다음날 새벽 제폭구민, 광제창생이라 쓴 깃발을 앞세우고 태안관아로 몰려갔다. 먼저 처형 직전에 놓인 농민군 30여 명을 구출하고 태안부사 신백희와 순무사 김경제를 잡아 장터에 있는 경이정 아래에서 처단했다. 그 과정에서 관아 건물이 모조리 불에 탔다.

같은 날 서산에서도 농민군이 일어나 서산군수 박정기를 처단하는 사건이 벌어졌다. 서산 농민군 수천 명은 관아로 몰려가 군수와 악질 구실아치인 송봉훈을 처단하고 창고를 헐어 빈민들에게 나누어주었다. 이 지역에서 고을 수령을 처단하는 사례가 매우 드물었던 탓에 조정에서는 특별 조치를 취했다. 이에 대해 유회군을 조직해 반격전을 지휘한 김약제는 다음과 같이 기록했다.

> 도인 무리가 크게 일어나서 서산 수령을 타살하고 해미읍의 군기를 탈취했으며 태안군수를 두들겨패서 죽음에 이르게 했다. 그 밖에 양반을 타살한 것이 많았다. 김경제도 죽이고 게다가 경제의 집에도 불을 질렀다. 도인들은 모두 나와서 골골 마을마다 남자는 없고 도인이 아니면 곤경에 처했거나 상처를 입었다. 하나도 남김없이 짐꾼으로 끌려갔다.
>
> —『김약제일기(金若濟日記)』

이처럼 태안과 서산은 한때 농민군 세상이 되었다. 태안에 거주하는 벼슬아치 출신 유순택은 분기가 일어나자 수성군을 조직해 숨은 농민군 색출에 나서 직접 처형을 하거나 형벌을 가했다. 수성군은 농민군 색출을 핑계삼아 마구잡이로 약탈과 악형을 자행했다. 이곳으로 진격해온 관군과 일본군은 무고한 양민을 살해하고 머리를 잘라 효수했다. 10월 15일부터 태안의 김병두가 중심이 되어 무기를 모으고 서산·당진·예산 농민군과 함께 당진 승전곡에 집결했다.

농민군은 10월 24일 이두황이 이끄는 관군 및 아카마쓰 고쿠호가 지휘하는 일본군과 전투를 벌여 승리를 거두었다. 이에 농민군은 사기가 올랐고 관군과 일본군은 홍주성으로 물러가서 나타나지 않았다. 이

당진 승전곡전투지 당진 승전곡에서 동학농민군과 일본군 사이에 전투가 벌어졌는데, 이때 동학농민군이 승리했다.

들 전투는 공주전투에 참여하지 못하게 막으려는 작전에 따른 것이었다.

11월 7일에는 해미읍성전투와 11월 8일에는 매현전투가 연달아 벌어졌다. 두 전투에서 농민군은 이두황의 관군과 일본군에게 공격을 받아 많은 희생자를 내고 흩어졌다. 이때 농민군 지휘자는 아산 접주 안교선이었다. 아산의 농민군이 여기까지 내려와 합동작전을 펼쳤던 것이다. 안교선은 경기도와 충청도를 넘나들면서 활동을 벌였는데, 뒷날 '농민군 괴수'로 지목되어 서울 서소문에서 김개남, 최재호와 함께 효수되어 머리가 조리돌려졌다.

마지막 단계에서 태안 백화산에 많은 농민군이 집결해 있었다. 이때 농민군은 추위와 굶주림 속에서 의분심 하나로 버티고 있었다. 관군과 수성군이 몰려와 11월 13일 크게 접전이 벌어졌는데, 세가 불리한 농민군은 이곳에서 다시 해안 지방으로 흩어졌다. 이때 통위영군은 태안 읍내를 샅샅이 뒤져 분탕질을 쳤다. 관군은 비류 괴수를 잡는다고 양민들

교장바위와 추모비 태안 백화산 교장바위에서 동학농민군이 처형되었다. 문장로 수접주의 손자 문원덕이 중심이 되어 추모비를 건립했다.

을 학살하고 재물을 빼앗았다. 그리하여 이곳에서는 무수한 살상이 벌어져 1000여 명 이상이 희생되었다. 잔여 농민군은 근흥면에 있는 토성산으로 진지를 옮겨 저항했으나 다시 수많은 희생자를 남기고 전투를 끝냈다(김영규, 『태안에서 점화된 동학농민혁명의 횃불』).

태안 백화산은 태안팔경의 하나로 꼽히는 명산이다. 그 산에는 이름에 걸맞은 많은 유적과 유물이 보존되어 있다. 이 산 중턱에는 유서 깊은 교장바위가 자리잡고 있다. 특이한 이름을 지닌 교장바위는 우리가 잊어서는 안 될 많은 사연을 간직하고 있다. 태안 농민군이 관군과 일본군에 쫓겨 최후로 백화산 언저리에 집결했을 때 김원회, 문종운, 정손권 등 수백 명이 붙잡혔다. 그들은 포승줄에 묶여 교장바위에서 목을 매이

거나 몽둥이에 맞거나 창과 칼에 찔려 죽었다.

그리하여 이 바위에서 교살되거나 장살되었다 하여 교장바위라 불렸던 것이다. 교장바위는 그야말로 농민군의 처참한 죽음을 상징하는 바위다. 지금 태안초등학교를 바라보고 앉아 있는 평퍼짐한 교장바위는 핏자국도 없이 흰색을 드러내고 있다. 근래에 교장바위의 유래를 적은 기념조형물을 세워 그 내력을 알려주고 있다.

조운선이 실어온 세미를 보관했던 안흥성은 농민군이 분탕을 쳐서 폐성이 되었고 그 안에 있던 태국사도 소실되었다. 현재 태국사 안내판에 따르면 1982년 다시 창건되었다고 기록되어 있다. 안면도에도 당시 농민군이 봉기해 참여했다. 오지영의 『동학사』에 "김동두는 태안에서 기병하고…… 주병도는 안면도에서 기병하고……"라고 기록되어 있어 이곳 농민군이 공주 대회전에 참여했음을 알 수 있다. 태안전투에 참여한 안면도 정당리 농민군의 자세한 내력은 별로 알려져 있지 않았다.

앞에서 살펴본 것처럼 오늘날 충청남도 해안 지역의 농민 봉기는 경기도와 호남의 농민군이 연합해 전개되어 호남의 남쪽지대와 비교될 정도로 치열했다.

곳곳이 해방구였던 강원도

강원도는 지역적 특성에 따라 세 방면으로 나누어 살펴볼 수 있다. 남쪽에서 올라가는 통로 중 하나는 충청도와 경상도 접경 지역에서 동해안 울진을 따라 왕래하는 도로가 뻗어 있었고, 또하나는 경기도 접경 지역인 양평과 지평을 거쳐 북한강 길을 따라 춘천, 홍천으로 이어지는 통로가 있었다. 그리고 마지막 하나는 그 중간에 강원감영이 있는 원주에서 북쪽으로 연결되는 길이 놓여 있었다. 이 지역들은 대관령과 오대산 또는 운두령을 사이에 두고 각기 생활권이 형성되어 있었다. 1880년대부터 오지였던 이 지역에 최시형의 포덕으로 동학 조직이 확산되었다.

이를 알려주는 이야기가 있다. 해방 공간에서 활동한 정치가 여운형 조상은 북한강 언저리에 있는 양평에 세거지를 두고 대지주로 군림했다. 최시형은 1881년 『동경대전』의 처음 간행지(刊行地)를 단양 천동에 있는 여규덕의 집으로 정했다. 여규덕은 여운형의 작은할아버지다. 언제인지 확실하지 않지만 여운형은 단양으로 이주해 살았던 것으로 보인다. 그 무렵 여규덕은 최시형을 비롯해 동학 지도자로 떠오른 김연국, 박인호, 손병희 등을 만났다(이돈화, 『천도교창건사(天道教創建史)』). 여규덕은 동학 접주로 활동하면서 자신의 조카요, 여운형의 작은아버지인 여승현을 입도시켰다. 여승현은 1894년 동학농민혁명이 일어났을 때 경기도와 강원도에서 맹렬하게 활동한 인물로 알려져 있다.

그의 집안은 여주, 원주 등지의 민란을 피해 1885년 단양으로 피란을 갔다. 그때 여운형의 어머니 이씨는 여운형을 임신하고 있었다. 동학농민혁명이 잠잠해진 1896년 여운형은 어머니의 고집으로 고향으로 돌아왔다. 이런 경험은 여운형의 청소년 시절에 영향을 미쳤고 그는 이를 평생 교훈으로 삼았다(여운홍, 『몽양 여운형』). 여운형의 집안 내력을 통해 그 일대의 사정을 짐작할 수 있다. 여운형은 뒷날 노비를 풀어주고 토지를 소작인에게 나누어주어 화제가 되었다.

홍천에는 차기석의 이야기가 곳곳에 남아 있다. 차기석은 1893년 3월 보은집회에 홍천 대접주로 홍천 지방의 농민군을 이끌고 참여했던 점으로 보아 일찍부터 동학에 입도했던 것으로 여겨진다. 차기석은 최시형의 충실한 제자로 처음에는 온건한 인물이었다. 선교장의 주인 이회원은 다음과 같은 기록을 남겼다.

> 운두령 아래 내면 땅에 차기석이란 자가 있는데, 스스로 득도했다고 일컬으며 어리석은 백성을 꾀어낸 것이 1000여 명이었다. 전해지는 말로 그들은 호남의 비도와 달라 학업으로만 일을 삼고 의롭지 않은 거동은 하지 않는다고 한다. 이는 그 도당을 보호하려는 말이지 진실로 믿을 것은 못 된다.
>
> ─『임영토비소록(臨瀛討匪小錄)』

이로 보아 그 세력의 규모를 짐작할 수 있다. 1894년 9월 차기석은 최시형의 동원령에 따라 많은 농민군을 이끌고 북접의 주력부대에 합류하려 했다. 그러나 지평현감 맹영재가 이끄는 민보군이 북한강 쪽의 남쪽 길을 막아 그는 다시 자신의 근거지인 운두령 물골로 올라갔다.

1894년 여름에는 원주, 영월, 평창, 정선 등 네 고을에 동도들이 접소를 차렸다. 9월 초에는 충청도의 청주, 제천 농민군과 강원도의 영월, 평창, 정선 등지의 고을 연합농민군 1000여 명이 일제히 봉기했다. 곳곳에 도소를 설치하고 읍내로 들어와 집강소 같은 일을 벌이면서 삼정을 바로잡고 백성을 구제하겠다고 소리쳤다. 다음 기록을 살펴보자.

> 동학도가 지나가는 곳의 길목에서 말을 빼앗아 타고 총과 칼을 가져갔으며, 심지어 부중에 사나흘을 머물렀다. 공물, 군세, 환곡 등의 삼정을 마음대로 삭감했고 요호(饒戶)를 불러다가 재물을 요구하고 전답 문서를 빼앗았다. 관원과 백성을 구타하여 관아의 옥사에 가두고 민간의 송사를 쉽게 처결했으며 주리를 트는 형벌로 위협하고 도당을 불러모았을 뿐 아니라 군기를 탈취했다.
>
> ─『동비토론(東匪討論)』

남쪽의 집강소 시기의 농민군 활동을 그대로 따르고 있는 모습이다. 농민군은 마침내 9월 초에 대관령을 넘어와 강릉 지경에 머물렀다. 그들은 빗속을 뚫고 강릉관아로 물밀듯이 내려왔다. 하지만 강릉관아 점령은 농민군이 공격해서 이루어진 것이 아니었다. 작청(作廳)의 아전들이 며칠 전부터 마을마다 부호에게 쌀과 돈을 거두고 있었다. 농민군이 밀려들자 아전들이 관아의 문을 활짝 열어주었던 것이다.

강릉관아를 쉽게 차지한 농민군은 동문에 "삼정의 폐단을 뜯어고치고 보국안민을 이룩하겠다"는 방문을 내걸었다. 그리고 나서 돈과 쌀을 농민군이 머무는 점막마다 나누어주었고 관아 안에서는 술과 고기를 대접했다. 게다가 토호의 집에서도 농민군을 불러다가 접대했다. 이때의 상황은 다음과 같이 전해진다.

> 말을 타거나 가마를 타고 있는 자가 수십 명이고 나머지는 모두 걸어서 뒤를 따랐다. 길게 늘어져서 모이고 흩어지는 데 통솔이 되지 않았고 존비도 없었다. 반은 대낮에 우비를 입었고 검은 때가 묻은 누더기를 걸쳤으며 귀신 얼굴을 한 수백 무리의 병사는 도심지를 통과하여 시장에 가는 백성들처럼 보였다. 13자 천주 주문을 외우는 소리는 상가에서 죽은 사람의 혼을 부르는 곡소리처럼 들렸다. 눈썹을 치켜세우고 눈을 깜박이며 웃으면서 귓속말을 하는 비루한 모습들을 모두 적을 수 없었다…… 양반에게 눌린 분노가 있어도 지체가 낮아 펴지 못한 자나 남의 재물을 빼앗을 마음이 있으나 재주가 모자라서 빼앗기 어려운 자도 스스로 운수가 형통하리라 말하며 다투어 지름길을 찾아 몰려들었다.

—『임영토비소록』

그날 밤 농민군은 관아와 점막에 나뉘어 자면서 고을민들에게 햇불을 들어 비추게 했다. 그리하여 햇불이 강릉 읍내를 비롯해 경포대의 온 천지를 뒤덮었고 이로써 농민군은 자신들의 존재를 과시했다. 그들은 물러갈 때까지 햇불로 밤을 밝혔다. 농민군을 도운 사람들은 아전뿐만이 아니었다. 진사 박재호, 유지 김상호 등도 가담해 사족을 잡아들이고 돈을 받은 증서인 전표(錢票)를 돌렸고 심부름꾼에게 주는 족채(足債)도 거두었다.

또 그들은 강릉의 부호로 승지 벼슬을 받아 지내면서 잠시 귀가해 있던 선교장 이회원의 집에 진격할 계획을 세웠다. 이회원은 인심이 넉넉해 명망을 얻고 있었던 터라 농민군도 함부로 다룰 수 없어 머뭇거렸던 듯하다. 마침 비가 많이 와서 선교장은 아무 탈 없이 밤을 넘겼다.

이 소식을 들은 이회원은 농민군에 가담하지 않은 일부 아전 및 사인(士人)과 협력해 수성군을 급하게 조직했다. 마침 강릉에는 부사가 공석이었다. 이회원은 강릉관아의 농민군에게 쌀과 돈을 보내 일부러 침입을 늦추고 부근 동네에서 장정들을 규합해 밤을 틈타 습격했다. 마침 비가 억수같이 내렸는데 농민군은 방심하고 있다가 제대로 싸워보지도 못하고 폭우를 뚫고 달아났다. 이때 농민군 50여 명이 희생되었다.

강릉관아 점령은 동해안의 중심 지역이 농민군의 손에 넘어가 해방구가 된 의미를 띠고 있으나 사일천하가 되고 말았다. 한 가지 밝혀둘 것은 농민군의 지도자로 대관령과 운두령을 차지하고 있던 차기석과 충주 지방에서 농민군을 이끌고 올라온 성두한이 참여했을 가능성이 있다는 점이다. 관련 기록에는 농민군 두령의 이름이 밝혀져 있지 않다. 그 뒤 이회원과 최동집은 민보군 1000여 명을 모아 강릉관아를 지켰다. 이때부터 농민군은 강원도 각 고을에서 계속 출몰했다.

조정에서는 강릉관아 탈환을 이끈 이회원을 강릉부사 겸 소모사로 임명한 뒤에야 통수 계통이 제대로 이루어졌다. 이 시기 농민군은 수백 명씩 몰려다니면서 활동했고 정선과 평창에는 수천 명이 모여 있었다.

이에 강릉관아에서는 중군 이진석이 포군을 거느리고 대관령에 머물고 있는 농민군을 공격했다. 그즈음 11월 3일 강원감영에서 증원군이 왔고 이어 일본군 2개 중대도 도착했다.

한편, 주력군인 차기석의 농민군은 홍천군 내촌면 물걸리에 결집해 그곳에 위치한 동창의 곡식을 턴 뒤 불을 지르고 이웃의 장야촌으로 물러갔다. 맹영재가 이끄는 민보군과 횡성의 관군이 장야촌으로 진격했다. 연달아 홍천 서석의 자작골에서 큰 전투가 벌어졌다. 이때의 사정을 맹영재는 다음과 같이 설명한다.

> 지난 10월 21일 행군하여 홍천 장야촌에 이르러서 비류 30여 명을 포살했다. 이튿날 서석면으로 가보니 비류 수천 명이 백기를 세우고 진을 치고 모여 있었다. 총을 놓아 접전했는데, 탄환에 맞아 죽은 자는 그 수를 헤아릴 수도 없었다.
>
> ─『갑오실기(甲午實記)』

홍천에서 치열한 싸움이 벌어졌지만 화승총이나 죽창으로만 무장한 농민군은 무너질 수밖에 없었다. 이 싸움에서 800여 명이 죽었고 음력 10월 22일에는 홍천 풍암리에서만 1970년까지도 30여 호가 한날 제사를 지냈다 한다. 또 진등 일대의 밭에서는 길을 넓힐 때 송장 뼈가 무더기로 나왔다 한다(주민 최주호의 증언). 지금 이곳에 세워진 '동학혁명기념탑' 왼쪽으로 뻗어나간 밭 언덕을 '진등'이라 부르는데, 농민군이 '진을

풍암리 전적지와 풍암리 위령탑 차기석의 동학농민군은 홍천 풍암리 자작골에서 맹영재가 이끄는 민보군과 큰 전투를 벌였으나 많은 농민군이 목숨을 잃었다. 후에 위령탑이 세워졌다.

친 등성이'라는 뜻에서 붙여진 이름이다.

차기석은 도망치지 않고 자신의 근거지인 내면으로 진을 옮겼다. 그리고 본격적인 유격 활동을 벌였다. 차기석의 농민군은 내면의 창고 옆에 목책을 세우고 각 마을의 집마다 조와 쌀 여섯 말과 미투리 한 켤레를 나누어주고 가축을 거두어갔다. 또 바다와 내륙을 넘나들며 장사를 하면서 정보를 전달하는 보부상의 재물을 빼앗거나 말을 듣지 않는 보부상 수백 명을 죽였다. 그리하여 양양, 강릉과 홍천, 원주의 통로가 끊겼고 오대산 주변은 해방구가 되었다. 관군이나 민보군은 서로 연락망도 끊겼다.

1894년 11월 초순 강릉의 민보군은 정선을 거쳐 평창으로 진출했고 원주에 주둔했던 일본군 2개 중대도 투입되었으며 춘천의 관군도 모여들었다. 내면의 외곽인 정선과 평창에는 농민군 4000여 명이 집결해 있었다. 차기석은 산악지대의 유격 활동을 벌이면서 강원도의 농민군 총지휘자가 되었다.

민보군은 맨 먼저 평창 후평에 있는 농민군을 공격해 100여 명을 살육했다. 민보군은 농민군의 중심부대가 포진해 있던 내면으로 치고 들어갔다. 내면 골짜기는 깊고도 길었다. 내면에서 청도까지는 60리의 긴 골짜기로 이어져 있었으나 길조차 제대로 나 있지 않았다. 양양을 넘나드는 구룡령에는 나무꾼의 길이 희미하게 나 있을 뿐이었다.

11월의 이곳은 많은 눈이 쌓이고 엄청난 추위가 몰아쳤다. 명화적이 예전부터 이곳을 근거지로 겨울을 났는데, 이때 명화적은 농민군에 합세한 상태였다. 11월 9일부터 14일에 걸쳐 민보군과 관군은 내면 쪽을 향해 사면 포위작전을 펴 추위와 눈을 피해 달아나는 농민군을 잡는 대로 죽였다. 농민군 시체는 골짜기에 쌓인 눈을 붉은 피로 물들였다.

마지막으로 원당리에 대기하고 있던 차기석이 거느린 농민군은 위세를 과시하며 그곳에서 일대 결전을 벌인 끝에 관군과 민보군의 협공을 받아 참패했고 차기석은 부하들이 죽어가는 속에 포로 신세가 되었다. 차기석은 부하들이 포살되는 광경을 지켜보아야 했고 농민군의 집들이 깡그리 불에 태워지는 꼴도 보아야 했다. 다른 지역의 농민군은 견디지 못하고 남쪽으로 달아났고 일부는 함경도로 올라갔다. 성두한은 이때 살아남아 서울에서 전봉준과 함께 재판을 받는 처지가 되었다.

차기석은 11월 22일 강릉관아 옆에 있는 교장으로 묶인 채 끌려나왔다. 그리고 강릉부사 이회원과 많은 백성이 지켜보는 가운데 막걸리 한 잔과 돼지고기 한 점을 삼키고는 포살당했다. 그의 잘린 몸은 원주의 순무영으로 보내져 조리돌려졌다. 지금 그의 이름은 강원도 사람들의 기억에서 거의 잊혔다. 다만 오대산의 한 바위에 그의 발자국이 큼직하게 찍혀 남아 있다는 이야기만이 아렴풋이 전해진다.

차기석 등 지도자들이 처형당한 뒤 잔여 농민군은 그동안 잠잠하던 춘천으로 도망쳤다. 춘천의 관할 마을인 기린면(지금의 인제군)은 깊은 산골이었던 탓에 몸을 숨기기에 안성맞춤이었다. 춘천 소모관 김태진은 "본디 그곳에 있던 비도만이 아니라 충청도, 전라도와 인제, 홍천, 양구 세 고을 비적의 괴수들이 도망쳐 들어와 있다"고 보고했다. 그곳에서 수성군은 마지막 토벌전투를 벌였다(『갑오군정실기』).

황해도는 사금꾼들이 주역

황해도에서 서울로 오려면 개성을 거쳐 임진강을 건너야 한다. 청일전쟁
이 일어났을 때도 일본군은 이 길을 따라 북쪽으로 올라가는 청나라군
을 추격했다. 일본군은 청나라를 압록강 너머로 몰아낸 뒤 개성과 평양
에 병참부를 설치하고 일본군의 물자 보급을 지원했다. 일본군은 황해
도 농민군이 임진강 방어선을 치고 남하하지 못하게 하면서 황해도 일
대로 진격해 토벌작전을 펼쳤다. 그리하여 임진강 방어선은 황해도 농민
군이 남하하는 통로를 차단하는 장애였다. 강원도와 달리 일본군이 이
지역을 눈여겨본 것은 청일전쟁을 수행하는 일본군의 보급로였기 때문
이다.

　이 지역에는 일찍부터 동학이 전파되었다. 1893년 가을 최시형이 보
낸 통문이 이곳에 전달되어 15명의 인사가 보은으로 가서 최시형을 만
났다 한다. 최시형은 최유현에게 해서수접주의 직함을 주었다 한다. 그
해 9월에 본격적으로 봉기가 시작되었다. 남하하지 못한 이곳 농민군
은 해주 황해감영의 공격 준비를 서둘렀다. 그리하여 10월 초순에는
이들 연합세력 수만 명이 해주 서쪽 취야 장터에 모여 늙은 감사인 정
현석에게 민폐(民弊)와 민막(民瘼) 조건을 전달했다. 그리고 나서 일단
물러갔다.

해주성 해주의 동학농민군은 한때 해주성을 점령했다.

그들은 다시 모여 먼저 강령현을 들이친 뒤 현감을 욕보이고 군기를 빼앗아 10월 6일 곧바로 황해감영으로 쳐들어갔다. 당시 황해감영은 방비할 군사도 제대로 갖추어져 있지 않았고 영리(營吏)들의 호응이 있어 농민군 수만 명은 거의 무혈로 점령했다. 그리하여 황해감영은 농민군이 전라감영 다음으로 점령한 감영이 되었다. 이때 농민군 지도자는 임종현, 오응선, 최유현 등이었으나 중심인물은 임종현이었던 것으로 여겨진다. 최유현은 최시형에게 해서수접주로 임명되었지만 가짜 동학당으로 지목되는 임종현이 모든 것을 지휘한 것으로 보인다.

농민군은 황해감영의 군기고를 습격하고 문서를 불태우고 판관 이하 영리들을 잡아들여 욕보였다. 그리고 여든 살 가까운 늙은 황해감사 정현석을 잡아 당 아래에 꿇리고 마구 때렸다. 정현석은 겨우 목숨을 부지하고 영노청(營奴廳, 심부름꾼이 있는 건물)에 몸을 눕혔다. 농민군이 황해감영 주위를 물샐 틈 없이 지키고 있던 터라 정현석은 새끼에 위급을 알리는 보고를 몇 줄 써서 아들 정헌시에게 보내면서 금천에 있는 일본군 병참소에 구원을 요청하라고 일렀다.

농민군은 한 달이 되는 11월 7일에 동서 두 대로 나뉘어 질서정연하게 성을 빠져나갔다. 아마도 농민군 지도자들이 일본군과 관군이 대거 출동한다는 정보를 입수했던 것으로 보인다. 그리하여 다음 기회를 도모하고 후퇴했던 것이다.

순무영에서는 현지 병영과 수영의 군사들에게 황해감영에 출동하라고 지시했고 일본군 파견을 요청했다. 일본군은 동정을 엿보다가 출동을 개시했으며 황해감영에서는 정헌시가 주선해 격문을 곳곳에 보내고 명의소(明義所)를 두어 민보군 조직을 서둘렀다. 모인 사람들에게는 물침첩과 개인지(蓋印紙, 도장이 찍힌 종이)를 나누어주어 신분증처럼 사용하게 했다. 또 조정에서는 황해감사 정현석을 파면하고 관서 선유사인 조희일을 새 감사로 임명했다.

일본군은 이미 금천에 병참부를 두고 있었는데, 이노우에 가오루의 작전계획에 따라 공주에 내려가 있던 스즈키 아키라 소위는 일본군 50여 명을 이끌고 황해도로 올라왔고 뒤이어 일본군 중대가 증파되었다. 그가 평산에 도착했을 때 평산의 전신은 완전히 파괴되었고 관아는 불에 탔다. 이를 본 그는 "인민의 가재도구는 모조리 파괴되었고 게다가 집들이 큰 돌에 맞아 무너졌으며 인민 모두 도피해 한 사람도 볼 수 없었다"고 기록했다(『황해도동학당정토약기(黃海道東學黨征討略記)』). 그가 해주로 전진했을 때 수령과 토호 들은 이제 살길이 열렸다고 하면서 융숭히 대접했다.

그 무렵 황해감영에서 물러난 농민군 3만여 명은 신천, 옹진 등 10여 고을과 주변의 군사 기지를 습격하면서 횡행했다. 이때 북방 보루성인 장수산성과 수양산성이 농민군에게 함락되었다. 그리하여 스즈키 아키라가 그 지역 3분의 2가 동학도 또는 농민군이 차지했다고 보고할 정도로 큰 세력을 이루어 관군의 힘으로는 농민군을 제압할 수 없었다.

한편, 평양에 있는 일본군은 신천 방면으로 나가 수십 명의 농민군을 참살했다. 신천에서는 포수 노제석이 포군 70여 명을 모으고 진사 안태훈(의사 안중근의 아버지)이 민정 100여 명을 모집해 농민군과 맞서 싸웠다. 이때 농민군이 많이 희생되었다. 안중근은 당시 열세 살의 소년으로 아버지를 따라 참여했다. 안태훈은 뒤이어 농민군과 서로 침범하지 않겠다는 약속을 했다고 한다.

10월 20일 무렵에는 스즈키 아키라가 이끄는 일본군이 해주로 진격해 감영에 도착해 있었다. 농민군의 활동이 더욱 기세를 올리던 때였다. 해주 언저리에 있는 죽천과 취야 장터에는 농민군 7000여 명이 모여 있었다. 배천과 강령에서도 전투가 벌어져 민가 400여 채가 불에 타서 골골마다 함성과 연기가 가득찼다. 이때 아기 접주로 알려진 김창수(후에 김구로 개명)가 선봉에 서서 농민군을 지휘했다.

이 대목에서 아기 접주 김창수에 대해 좀더 알아보자. 김창수는 해주 백운방 텃골에 대대로 터를 잡고 살아온 안동 김씨의 집안에서 태어났다. 하지만 그의 아버지 김순영은 순 무식쟁이였다. 그는 "우리는 판에 박힌 상놈으로 텃골 근동에서 양반 행세하는 진주 강씨, 덕수 이씨에게 대대로 천대와 압제를 받아왔다"(『백범일지』)고 했다.

김창수는 사춘기에 접어들었을 때 이웃 마을에 사는 최유현과 오응선을 통해 동학에 입도했다. 그는 동학 경전을 열심히 익히고 또 포덕에도 적극적이었던 터라 많은 사람이 그에게 몰려와 동학에 입도했다. 이때 그는 창암이라는 이름을 창수로 바꾸어 불렀다. 열일곱 살의 김창수를 사람들은 '아기 접주'라고 부르며 높여주었다. 그는 최유현과 오응선을 따라 보은에 있는 최시형을 찾았고 그때 손병희 등 동학교단의 지도자들을 만나기도 했다. 그가 보은에서 서울을 거쳐 해주로 돌아올 때 동학농민혁명이 일어났다. 그가 사는 마을 뒷산이 팔봉산이어서 팔봉접주라는 호칭도 얻었다. 그는 이때부터 '적과 동지'를 구분해 민족운동에 처음 뛰어들었던 것이다.

취야 장터에 모인 농민군은 평산·배천·연안 농민군이 연합한 부대였다. 황해감영에서는 일본군 50명과 포군 100여 명이 새벽 취야 장터로 나가 먼저 싸움을 걸었다. 약 2시간에 걸친 싸움 끝에 농민군이 패주했다. 이때 농민군 쪽에서는 피살 11명, 화약 500근, 말 33필, 연환 5000개를 잃는 피해를 입었다. 이때 활동 범위가 넓었던 일본군은 곳곳에 출동했다.

11월 27일 한낮, 농민군 3만여 명은 산포수 300여 명을 앞세우고 깃발을 휘날리며 북을 울리면서 말을 몰아 전진해 해주성을 포위한 뒤 성 안을 내려다보았다. 해주 영병들이 절체절명의 위기에 빠져 있을 때 일본군 40명이 도착해 처절한 접전을 벌였다. 이때 김창수는 막강한 산포수 700여 명을 거느리고 있었다. 그런 이유로 해주성 공격의 선봉장으로 지명되었다. 이에 대해 그는 『백범일지』에서 "내가 평소에 병서에 소양이 있고, 또 내 부대에 산포수가 많은 것도 이유겠지마는 자기네가 앞장서서 총알받이가 되기 싫은 것이 아마 가장 큰 이유일 것"이라고 밝혔다. 솔직한 기록으로 여겨진다.

팔봉접의 농민군은 먼저 해주성 서쪽 선녀산에 진을 치고 성중을 내려다보며 총공격령이 떨어지기만을 기다리고 있었다. 김창수는 선발대로 하여금 남문을 공격해 성내의 관군을 그쪽으로 끌어낸 뒤 서문을 공격해 입성하는 작전을 세웠다. 그러나 남문을 공격하던 선발대는 불의에 일본군의 기습을 받았다. 선발대는 일본군과 격전을 벌였지만 결국 달아나고 말았다. 김창수는 어쩔 수 없이 서문을 공격했다. 전투가 계속될 때 총지휘부에서 퇴각하라는 명령이 떨어졌다. 선두에 있던 김창수는 농민군을 이끌고 해주성에서 빠져나와 용케 살아남았다. 5시간여에 걸친 접전 끝에 농민군은 다시 패주했다.

김창수는 해주에서 80리 떨어진 회학동으로 질서정연하게 퇴각하고 나서 점검해보니 "무장한 군사는 축이 안 나고 거의 전부 따라와 있는 것이 대견했다"고 했다. 그러나 일본군과 관군의 기록에는 농민군을 30리까지 추격하자 농민군은 사방으로 흩어졌고 산포수 20여 명을 포살하고 15명을 사로잡았다고 했다. 아무튼 농민군은 이 전투로 인해 기세가 한풀 꺾였다.

이때 새 황해감사 조희일이 부임해와 유화 정책을 펴자 김창수를 동학에 입도시킨 최유현, 오응선 등은 바로 농민군의 "무기를 거두고 해산시켜 귀화한다"는 글을 올렸다. 김창수는 신천 청계동의 안태훈이 보낸 밀사의 서로 공격하지 말자는 제의를 받고 수락했다. 김창수가 홍역을 앓아 자리에 누워 있던 탓에 저항을 포기하고 숨어 지내다가 안태훈에게 몸을 의탁했던 것이다. 김창수는 이때 얼굴이 살짝 얽게 되었다.

한편, 마지막 단계인 12월 중순, 용산에 주둔해 있던 일본군 중위 나카야마 시게지로(中山治郎)가 군사 103명을 거느리고 해주에 진주했고 이어 개성 병참부 일본군 34명도 합류했다. 일본군은 섬멸작전을 벌였고 구월산 농민군을 공격해 해산했다. 이로써 황해도 농민군 활동은 끝을 맺었다. 마지막 단계에서 문화현 접주 이동엽과 농민군에 가담했던 승려 금월 등이 포살되었다. 구월산 일대의 승려들도 가담해 활동을 벌였던 것이다(『사법품보(司法稟報)』). 이곳 잔여 농민군은 끈질기게 활동을 전개했지만 다른 지역처럼 좌절하고 말았다.

이곳 농민군 활동은 다른 지방의 분산성과는 달리 황해도 농민군의 역량이 결집해 전개된 것이었다. 또 일본군이 포로들에게 입수한 문서를 살펴보면 농민군이 감사 이하 각 고을의 수령과 판관, 중군을 임명했던 사실도 알 수 있다. 막바지 2개월쯤에 걸친 이곳 농민군의 활동은 동학농민혁명사에서 주요 부분을 차지한다.

이곳 농민군에는 황해도 일대에 있는 사금 채취 노동자들도 포함되어 있었다. 그들은 집도 없이 홀몸으로 지내면서 유랑 노동자로 떼를 지어 몰려다녔다. 그들은 지난해 조정에서 사금 채취를 금지하자 이에 불만을 품고 농민 봉기에 뛰어들어 맨 앞에 서서 활동했다. 이는 황해도 농민군의 특수한 성격을 보여준다.

스즈키 아키라는 동학의 가르침을 믿는 진정동학당, 일시에 끼어든 일시동학당 외에 '위동학당(僞東學黨)'이 있다고 분석했다. 곧 외국인을 혐오하는 무리, 강도나 절도 또는 그 밖에 범죄자 및 무직자로 생계가 어려운 무리, 지방관의 부정에 원한이 있는 무리, 사금 채취를 금지당한 유랑 광부 등이 그 중심 세력을 이루고 있었다고 보았다.

> 원래 이 사금 광부 같은 자는 거의 집도 없고 마누라도 없고 따라서 애들도 없으며 오직 하루 품팔이로 자신의 몸을 유지하는 무리들이라 한다. 그런데 하루아침에 채집을 금지했기 때문에 먹고살 길을 찾을 수 없어서 도당과 결합하여 스스로 동학당이라 일컫게 되었다.
>
> ―『황해도동학당정토약기』

조정에서 사금 채취를 금지한 것은 논밭과 길, 다리를 마구 파헤치고 파괴한다는 이유에서였다. 신천, 송화, 장연 등지의 냇가에서 사금이 많이 채굴되었다. 이들 노동자는 유랑생활을 하면서 지리를 훤히 꿰뚫고 있었기에 길잡이 역할을 했다. 남쪽에서는 백정과 노비 들의 활동이 두드러졌지만 이곳에서는 유랑집단인 사금 노동자들인 천민이 행동대 역할을 했다.

산포수들도 산악지대에 근거지를 마련하고 장기 전투태세를 갖추었다. 한편, 위동학당의 괴수 임종현은 스스로 황해감사가 되려 했고 김명선은 해주 수대산에 108명의 무리를 모아 양산박을 흉내냈다고 했다. 이들 특수부대인 농민군 복장은 홍의(紅衣)였다고 한다. 붉은옷을 입은 것은 예전 의적인 홍건적을 흉내낸 것이라고 볼 수 있을 것이요, 의적 임격정이 이 일대에서 활동한 이야기를 들었을 것이다.

그래도 임종현과 최유현은 민활하게 함경도 쪽으로 도망쳐서 살아남았지만 수성군은 보잘것없는 농민군을 색출해 처단했다. 어쨌든 아전, 상놈, 산포수, 사금 광부가 합세해 그 열기가 강원도나 경기도보다 높았다. 스즈키 아키라의 말에 따르면 적어도 3분의 2 정도의 고을민이 농민군에 가담해 관아를 점령한 뒤 해방구처럼 다스렸다. 게다가 황해도는 동학농민혁명 당시 전라도 다음으로 감영을 점령한 곳이었다.

이곳 농민군은 북방에서 침입하는 적을 막기 위해 쌓은 장수산성과 수양산성을 차지해 근거지로 삼고 유격작전을 벌이기도 했다.

보복과 복수, 대량 학살과 약탈

마지막 농민 봉기의 지역적 전개를 정리해보면 조금 특이 현상을 발견

할 수 있다. 평안도 지역은 용강 같은 곳에서 농민군 봉기가 산발적으로 있었던 것으로 알려져 있다. 하지만 청일전쟁 시기에는 일본군과 청나라 군에게 큰 피해를 입었고 동학 조직도 제대로 갖추어지지 않아 조직적 봉기는 일어나지 않았다. 더욱이 일본군이 휩쓸고 다니던 지역이어서 쉽게 봉기할 수 없는 조건이었다. 황현이 청나라군의 약탈로 인해 "100리에 걸쳐 마을에 밥 짓는 연기가 보이지 않았다"라고 기술할 정도로 평안도는 많은 피해를 입었던 지역이었다.

함경도는 곧 터질 것 같은 불안한 상태에 놓여 있었는데, 일단 표면적으로는 봉기가 일어나지 않았다. 순무영에서는 함경감사 박기양에게 "다른 도의 비류들 중에 경내로 들어와 민심을 선동하고 미혹하는 자들이 있어 잡는 대로 효수하여 사람들을 경계하라"고 지시했다. 그리하여 함경감영에서는 강원도, 평안도 접경 지역에 경비를 삼엄하게 서고 남쪽 농민군의 진출을 막았다. 그 결과 작은 규모의 활동만 있었을 뿐 군현 단위로 봉기하지는 않았다. 하지만 농민군의 망명지 또는 피난처가 되었다.

이와 관련된 사례를 살펴보자. 홍범도는 함경도 산속에서 산포수 노릇을 하고 있었는데, 남쪽에서 전봉준이 일본군과 전쟁을 벌였다가 순국했다는 풍문을 듣고 독립군으로 나서기로 결심했다는 이야기가 전해진다. 홍범도는 누구에게서 전봉준의 활동 이야기를 들었을까?(『홍범도 일지』)

제주도에 얽힌 이야기도 있다. 1차 봉기 시기에 제주도 사람들이 쌀을 사기 위해 호남의 영산포 등 항구에 올라와 농민 봉기에 합류하려는 의사를 보였다는 기록이 전해진다. 제주도 사람들은 농민 봉기 마지막 단계에서 남도의 농민군에 협조했다고도 하고 많은 농민군이 그곳으로 피란을 갔다고도 하나 구체적 실상은 별로 전해지지 않는다.

앞에서 살펴본 대로 일본군과 관군이 농민군을 닥치는 대로 학살하고 약탈, 방화 따위의 만행을 저질렀다. 일본은 근대 시기, 먼저 동아시아에서 침략전쟁을 벌이면서 조선에서 처음으로 제노사이드(genocide), 즉 대량 학살의 만행을 자행했고 청일전쟁을 일으켜 랴오둥, 중국 본토, 타이완에서도 주민을 마구잡이로 학살했다. 농민군은 이런 시대적 환경 속에서 동족인 이른바 수성군에게 더 참혹하게 죽임을 당했다. 다시 이를 정리해 새겨두기로 하자.

농민군은 일본군과 관군의 싹쓸이 토벌작전에 밀려 1895년에 이르러서는 거의 활동을 멈추었다. 토벌군이 서울로 귀환한 뒤 살아남은 농민군 지도자들은 나주 초토영을 비롯해 전국 골골에서 체포되어 서울로 끌려오거나 현지에서 불법적 방법으로 처형되었다.

현지에서는 2차 봉기 이후 순무영에서 전국 요지에 소모영을 두어 민간인 군사 조직을 만들어 농민군 토벌작전에 투입했으나 중앙군이 물러날 무렵 거의 해산했다. 대신 군현 단위에서는 향병(鄕兵)인 수성군, 민보군, 유회군 등이 새로 조직되어 잔여 농민군 토벌에 나섰다.

용어를 살펴보면 서울을 수비하며 임금을 호위하는 군사를 경군이라 하고 지방병은 각 도의 병영, 수영, 감영에 딸린 군사 말고도 친군영(親軍營), 곧 기영(箕營, 평양), 심영(沁營, 강화도), 진남영(鎭南營, 청주), 무남영(武南營, 전주), 남영(南營, 대구) 등의 소속부대에 군사들이 있었다. 이들을 편의상 관군으로 불렀다.

이와 달리 지원병으로 모인 향병은 민병 또는 의병을 말한다. 이들은 여러 이름으로 불렸으나 동학농민혁명 당시에는 모두 양반 사족을 비롯해 군교(아전), 보부상패로 구성되어 있었다. 종들이 많이 소속되어 있었던 이전의 양상과는 달랐다. 이들은 정규 군사 조직이 없는 군현 단위로 편성되어 있었다. 또 현지 사정에 따라 별군관(別軍官)이라는 직책을 주어 농민군 토벌에 협조하게 했다. 이들은 중앙 조정의 통제가 느슨한 탓에 '제멋대로'였다. 쥐여준 칼자루를 제멋대로 휘둘렀던 것이다. 이들의 횡포가 심해지자 조정과 순무영은 단속을 강화하고 처벌을 내렸으나 쉽게 통제되지 않았다. 그리하여 차첩(差帖, 임명장)을 하나씩 거두어들였다.

그들은 농민군을 잡아 불법으로 처형하면서 무엇보다도 집단 학살을 저질렀다. 방법은 가지가지였다. 먼저 처형 대상자의 손발을 묶어 큰 구덩이를 파고 생매장을 했다. 홍천 서석의 자작고개에서는 이런 방법으로 학살했다. 또 손발을 묶어 강이나 바다에 수장하는 방법도 사용했다. 섬진강 섬진나루 언저리에 수장한 것으로 전해진다. 하동 고성산의 약사암 바위틈에 있는 우물에는 시체를 집어넣어 쌓아두었다고 한다. 골골에 있는 우물이 시체 저장소가 된 것이다.

한편, 개인을 죽일 때도 효수라는 전통방식을 따랐다. 갑오개혁에 따라 참형인 효수를 법으로 금지했는데도 현지에서는 아랑곳하지 않고 이런 방법을 썼다. 전주 장대(서교장)에서 효수당한 김개남의 머리는 서울에서 조리돌려졌고 김인배는 광양관아에서 효수되어 머리가 내걸렸다. 태안 백화산 바위에서는 끈으로 목을 졸라 죽이는 교형과 몽둥이로 때려죽이는 장형을 자행했다. 고창에서는 정수리에 간솔을 박아 불을 붙여 간솔이 골속으로 타들어가게 해서 죽이기도 했다. 또 여산에서는 두꺼운 종이를 물에 적셔 입과 코를 틀어막고 천천히 고통스럽게 죽이기도 했다.

양반 사족들은 자기네 문중에 피해를 준 농민군을 가려내어 가족을 몰살시키거나 재산을 빼앗아 나누어 가졌다. 장성에서는 사족 거주의 문중 사람들이 동학을 믿는 마을을 습격해 방화와 약탈을 일삼았다. 라이벌관계의 반감 또는 숙원(宿怨)의 일대 복수전이었다. 농민군의 아내와 딸을 강제로 빼앗아 첩으로 삼는 일도 잦았다. 예천의 최맹순 며느리는 이를 거부하다가 자살했다.

조금이라도 농민군 활동을 한 것이 알려지면 고향에서 살 수 없었기에 농민군은 도망을 다녔다. 고부의 송대화는 타향에서 성을 바꾸고 머슴살이를 하면서 목숨을 부지했다. 그는 나중에 고향으로 돌아와 살면서도 자손들에게 입도 뻥긋하지 않고 비밀에 부쳤다. 나주의 오권선은 도망쳐 깊은 산골에 살면서 죽을 때까지 고향에 나타나지 않았다. 많은 농민군은 깊은 산골로 들어가 화전민이 되거나 섬으로 들어가 어부로 숨어살았다. 전봉준의 아들딸은 정읍 지금실에서 살다가 도망을 쳤다고 알려져 있으나 신분을 숨기고 도망 다니면서 세상에 나타나지 않았고 이방언의 손자들은 종이 몰래 길렀다고 한다.

여기서 한 가지 짚고 넘어가자. 선비와 양반은 입만 열면 일본 사람들을 '왜놈, 오랑캐'라 부르면서 얕보았고, 그들이 경복궁을 점령했을 때는 '나라님을 욕보였다'고 하면서 임금에게 충성을 다짐했다. 그런 그들이 농민군 토벌에는 신명을 바치면서도 일본군 타도에는 외면을 한 까닭은 무엇일까? 그 이유는 다른 데 있지 않았다. 바로 자기네들이 누리는 기득권을 방해하는 농민군을 더 큰 적으로 보았기 때문이다. 이런 세력이 역사의 발전을 가로막아왔다. 그들은 한국 근대사의 반동이었다.

1896년 민비 살해와 단발령 실시로 인해 먼저 제천에서 의병이 일어나자 숨어 지내던 농민군이 다시 항일운동에 뛰어들었다. 하지만 의병을 총지휘한 유인석은 '역도들을 가려낸다'는 가당찮은 명분을 내세워 농민군 출신을 찾아내 먼저 처단했다. 그리하여 농민군 출신은 의병에 가담할 수 없었다.

이 땅에서 살 수 없어서 만주로 도망친 사람들도 있었다. 북간도에는 '동학 마을'이 생겨나 농민군이 집단 마을을 이루고 살았다고 한다. 이곳에는 경상도 마을, 전라도 마을이 있어 서로 티격태격하며 살았다. 일제 강점기 시기에는 더욱 압제를 받아 철저하게 '비국민'으로 취급되어 벙어리 노릇을 했다.

당시 농민군 참여자는 대체로 전체 인구 2000여만 명 중에서 10분의 1인 200여만 명쯤으로 추산하고 있다. 그러면 그 희생자 수는 얼마나 될까? 박은식은 『한국독립운동지혈사(韓國獨立運動之血史)』에서 죽은 자가 30만 명, 권병덕은 「갑오동학란」에서 죽거나 다친 자가 10만 명 이상, 『전주부사』에서는 죽은 자가 3만 명 이상이라고 기록했다. 표영삼은 근래에 현장 답사를 통해 추정한 바에 따라 사망자 수가 5만여 명이 맞을 것이라고 했다. 특히 박은식은 그 참상을 이렇게 표현했다. "그 유혈의 참사는 우리 역사 이래 있어본 적이 없다."

당시에는 총알이 아까워서 한 명 한 명 직접 손으로 죽였다. 한 건장한 수성군 장수는 칼로 이리저리 쳐 20여 명쯤 죽인 뒤에 너무 힘이 들어서 칼을 부하에게 건네주면서 "네가 죽여봐, 땀이 나네"라고 말했다고 한다. 나중에 이런 무용담을 자랑하다가 어느 날 방에서 머리가 터지고 사지가 찢긴 채 발견되었다고 한다. 악명이 높았던 어느 수성군 장수는 아들이 나들이를 갔다가 칼에 찔려 죽었고 끝내 가족이 몰살되었다고 한다. 처절한 복수극이었다(최순식 수집 증언).

한국 역사에서 가장 많은 민중이 참여한 동학농민혁명이 진행된 1년쯤 되는 기간에 조선은 사회 갈등과 분열 현상을 빚은 끝에 변혁 지향의 대전환기를 맞았다. 갈등과 분열은 새로운 사회를 여는 소금이 될 수도 있다. 그리하여 완고한 양반사회는 향촌의 밑바닥에서부터 해체의 길을 밟았고 농민군이 지향한 민족자주의식은 3·1혁명으로 이어졌다. 당시 민족 대표 33인 중에는 농민군 출신 인사 아홉 명이 포함되어 있었다. 너무나 값비싼 대가였다.

5 장

대량 학살의
참극

지옥과 같은 초토영 감옥

동학농민혁명은 1894년에 끝이 났지만 마무리는 다음해에 들어 단계적으로 이루어졌다. 전국에 걸쳐 대량 학살이 자행되어 이 땅은 지옥과 같은 소용돌이에 휘말렸다. 이때 죽은 자들은 거의 민초(民草)라 불리는 무지렁이들이었다. 그 하수인들은 일본군의 힘을 믿고 복수전을 펼친 양반과 수성군이었다.

농민군 지도자들은 서울로 끌려와 풀려나기도 하고 처형을 당하기도 했다. 하지만 현지와는 달리 일본은 교활한 수법을 써서 많은 연루자를 풀어주고 다섯 지도자만 골라 정식 재판으로 처형했다. 이런 이미지 조작은 치밀하게 준비된 정한론의 '로드맵'에 따른 수법이었다. 하지만 그 속내를 아는 사람은 많지 않았을 것이다. 당시의 많은 민초도 일본의 이런 수법에 넘어가 일본군을 환영하는 분위기도 있었다.

하지만 이를 훤히 꿰뚫어본 지도자들이 있었으니 바로 종로 거리에서 처형당한 다섯 지도자였다. 이들은 온갖 회유와 압박에도 순국해 이 땅의 수호신이 되었다. 그들의 그 굳건한 의지를 살펴보자.

나주 초토영은 호남초토사 민종렬의 지휘 아래 호남 농민군 토벌의 총본부가 되었다. 일본군은 남조선대토벌작전을 끝낸 뒤 마무리 작전으로 호남에 숨어 있는 농민군 지도자를 색출하는 수색전을 벌였다. 초토영에 딸린 군교들도 한철 만난 메뚜기처럼 날뛰었다.

미나미 고시로는 자기 휘하의 일본군을 '대일본제국 동학당 정토군'이라 부르고 그 본부를 나주에 두었는데, 순사청이란 이름으로 자기네가 다룰 죄수의 감옥을 별도로 만들었다. 나주목의 감옥에 모두 수용할 수 없다고 판단해 토굴을 파서 새 감옥을 급히 마련했다. 또한 일본군은 나주에 임시 재판소를 설치하고 잡혀온 죄인을 판결했다. 이는 서울에서 정식 재판을 받기에 앞서 예비 재판 업무를 불법으로 한 것이었다.

미나미 고시로는 1894년 12월 중순 무렵 다시 나주로 나와 호남의 수령들에게 "모든 농민군을 잡아들이되 두령은 특별히 현지에서 처형하지 말고 나주 순사청으로 보내라"고 지시했다. 농민군은 신분이 평민이었던 탓에 일본법에 따라 군인들이 함부로 취조할 수 없었다. 당시 현지 일본군은 조선의 법질서를 무시하고 못 할 짓도 없었다.

그리하여 호남의 군현에서 두령급 농민군 장수들이나 주요 인물이

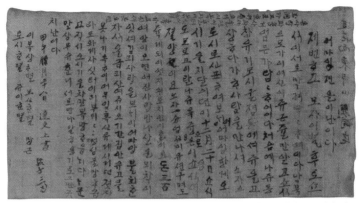

한달문 편지 한달문은 나주 동오면 의거소에서 잡혀 나주 감옥에 있으면서 고향집에 있는 어머니에게 자신을 구명해달라는 내용의 편지를 보냈다(동학농민혁명기념재단).

잡히면 선별해 나주로 압송했다. 여기에는 농민군에 협조한 수령들도 포함되어 있었다. 일단 혐의자들이 오랏줄에 묶여오면 나주관아의 문루 앞에 세웠다. 그러면 수성군 수백 명이 몰려와 몽둥이로 두들겨패거나 발길질을 했다.

나주의 관아 거리와 감옥 언저리는 난장판이었다. 잡혀온 농민군을 짐승처럼 몰면서 미쳐 날뛰는 수성군과 민보군은 기세가 등등했고 잡혀온 농민군과 그 가족, 친지 들은 오들오들 떨면서 한탄 섞인 소리로 울부짖었다. 그리고 수감자의 친지들은 뇌물을 바치기 위해 돈꾸러미를 들고 이리저리 뛰어다녔다. 한마디로 처참한 지옥이나 다름없었다. 농민군 지도자 김낙철은 그 정경을 다음과 같이 기록하고 있다.

군교들이 몽둥이, 철편, 주장을 들고 세 시간 동안 발로 차고 때리는데, 그 광경은 입으로 옮길 수 없을 지경이었다······ 진영(鎭營)의 토굴에 들어가니 사람들이 삼대처럼 묶여 있었다. 사람들은 어깨가 부러지고 옆구리 뼈가 부서져 피가 내처럼 흘렀다.

— 『김낙철역사』

이처럼 나주목 감옥은 아비규환이나 다름없었다. 김낙철의 설명에 따르면 감옥 안은 50여 명의 죄인을 수용하기에는 너무나 비좁아 앉을 수 없어서 질펀한 바닥 위에 서서 버텼는데 피를 흘리는 자, 갈비뼈가 부러진 자, 다리를 다친 자, 머리통이 깨진 자가 신음하며 있었다. 죄인들은 물을 마실 수도 없었고 밥도 먹지 못했다. 죄인의 가족이 뇌물을 바치면 석방되거나 밥을 얻어먹을 수 있었으며, 장작을 사오면 온돌을 덥혀주었고, 토시나 버선을 들일 수도 있었다.

더욱 한심한 꼴은 구실아치들이 버젓이 입의책(立義冊, 의연금을 적은 장부)을 들고 돌아다니면서 뇌물을 건넬 사람의 이름과 액수를 적었는데, 미처 돈을 마련하지 못하고 돈을 내겠다고 약속한 사람들의 이름은 맨 끝에 적었다. 가족들은 뚜쟁이의 팔을 잡고 호소하거나 구실아치를 따라다니며 "돈은 얼마든지 줄 테니 이름을 올려달라"고 졸랐다.

가족이 없어 뇌물을 바치지 못하는 죄인들은 임시 재판의 결정에 따라 하나씩 불리거나 수십 명씩 묶여 즉결 처분되었다. 날마다 저녁 무렵이 되면 죄수를 불러내 포살했다. 사령이 처형할 죄인의 이름을 적은 장대를 앞세우고 나오면 뒤에 군사 수십 명이 줄을 지어 따라왔다. 옥사 앞에서 처형할 죄수의 이름을 부르면 감방 안의 죄수들은 사색이 되기도 하고 안도의 한숨을 내쉬기도 했다. 유전무죄(有錢無罪)라는 오랜 불법적 관행이 이때에 벌건 대낮에 다시 살아난 것이다. 학살된 시신은 길가에 버려졌고 버려진 시신은 가족들도 함부로 거둘 수 없었다. 일반 백성의 접근을 금지했기 때문이다. 그리하여 파수를 보는 포교 또는 군졸에게 뇌물을 쓰고 나서야 시신을 찾아갈 수 있었다.

그 무렵 장흥의 여자 동학농민군 이조이가 잡혀왔다. 관변에서는 "요사스러운 말을 떠들어대서 어리석은 백성을 현혹시킨 일대 요물"(『우선봉일기』)이라 하여 큰 화제를 불러일으켰다. 모진 고문을 받은 뒤 이조이는 풀려났으나 이후 그녀의 행방은 묘연해졌다.

김낙철, 김낙봉 형제의 말을 통해 감방의 형편과 서울로 끌려온 사정을 좀더 알아보자. 이들 형제가 감옥에 갇힌 지 사흘 뒤, 곧 1895년 정월 6일에는 이들 형제를 포함해 죄수 29명이 순사청으로 이감되었다. 이때 순사청 옥사에는 이미 보성군수 유원규, 장흥 대접주 이방언 등 거물급 수십 명이 수감되어 있었다. 전봉준, 손화중, 최경선 등은 어제 서울로 끌려갔다는 말을 들었다. 나주 감옥에 있던 27명은 순사청으로 이감되지 않고 즉결 처형되었다.

한편, 이들 형제의 편지를 받은 종제 김낙정은 급하게 소를 팔아 400냥을 마련해서 나주로 달려갔다. 하지만 돈을 어디에 낼지 몰라 헤매다가 처형된 시체 더미에서 형제의 시신을 찾아 헤매고 다녔다. 어느 사람에게서 이들 형제는 순사청에 수감되어 있다는 말을 듣고 순사청

감옥으로 달려갔다. 김낙정은 음식을 사서 감방에 들여보내고 장작을 사서 온돌을 덥혔다.

지난해 제주 사람들은 흉년이 들어 부안 등지로 와서 쌀을 사려고 했으나 뜻을 이룰 수 없었다. 이때 김낙철이 이들을 도와 쌀을 실어나르게 주선했다. 그 무렵 다시 제주도 사람들은 영산포에 왔다가 김씨 형제가 체포되었다는 소문을 듣고 민종렬을 찾아가 그들을 살려달라는 등장(等狀)을 냈다. 민종렬은 그 등장을 들고 미나미 고시로를 찾아가 그 연유를 말하고 살려달라고 간곡히 요청했다. 아마도 제주도 사람들이 민종렬에게 뇌물을 듬뿍 쓴 것으로 보인다.

그러자 미나미 고시로는 "그러면 이번에는 처형을 면하게 해주겠다" 하고 약속했다. 이에 민종렬은 임금에게 그 사유를 적은 장계를 올렸다. 임금은 "곧바로 놓아 보내라"는 비답을 내렸다. 이 대목에서 한 가지 덧붙이면 당시 나주에는 서울과 직통할 수 있는 전보시설을 갖추고 있었다. 민종렬이 임금의 비답을 들고 다시 미나미 고시로를 찾아가 석방을 요청했다. 그러자 미나미 고시로는 "오늘의 일은 권한이 나에게 있으니 이와 같은 큰 두목은 처형은 면하게 할지라도 석방은 할 수 없다"라고 했다. 미나미 고시로는 임금의 결정도 거부했던 것이다.

이들 형제와 이방언은 서울 진고개에 있는 일본인 순사청 감옥에 수감되었다. 이곳에는 전봉준 등 죄인 수백 명이 갇혀 있었다. 여기에서도 죄수들에게 밥을 제대로 주지 않아 김낙정이 이들 형제에게 밥을 간간이 넣어주어 겨우 목숨을 부지했다고 한다. 이들 형제는 네댓 차례 신문을 받은 뒤 3월 21일 풀려났다.

　이것이 나주 초토영 감옥의 실상과 서울로 압송되는 과정, 그리고 일본영사관 감옥의 실상을 전해주는 유일한 기록일 것이다. 이렇게 체포되어 끌려다닌 과정을 통해 그 실상을 대충 엿볼 수 있다. 미나미 고시로나 민종렬은 이와 관련해 거의 기록을 남기지 않았다.

전봉준, 끝내 잡히다

전봉준은 태인전투를 치른 뒤 장사꾼 차림으로 부하 열댓 명만을 데리고 말을 타고 장성의 입암(笠巖)산성으로 숨어들었다. 이들은 용케도 관군의 눈을 피해 민활하게 움직였다. 입암산성은 군사의 요충지로, 입암이라는 이름은 산 정상이 삿갓 모양과 비슷해 '갓바위'라 부른 데서 유래되었다. 이 산 위에는 산성을 지키는 군사들이 주둔해 있었다.

　전봉준은 이 산성을 잘 알고 있었다. 당시 입암산성의 별장(別將, 특수 임무를 맡은 장수)인 이종록은 전봉준과는 친분이 있는 동지였다. 전봉준은 산성에서 이종록을 만나 한동안 이야기를 나누었다. 이종록은 '역적의 두목'을 자신의 처소에서 하룻밤 묵게 해주었고 밥까지 먹여주었다.

　다음날 아침 이종록은 관군이 산성으로 오고 있다는 연락을 받고 전봉준에게 이 사실을 알려준 뒤 성문까지 따라나와 그를 배웅해주었다. 전봉준은 모처럼 배불리 먹고 잠도 푹 잘 수 있었다. 이종록과 그의

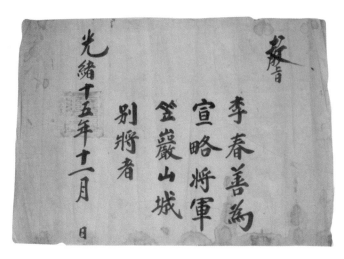

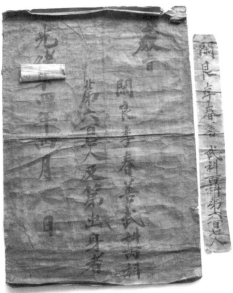

입암산성 임명장과 이종록(이춘선) 홍패 전봉준이 입암산성에 숨어들자 당시 입암산성 별장이었던 이종록은 편의를 제공해주었다(동학농민혁명기념재단).

부하들은 전봉준이 떠난 뒤에도 관군에게 아무 연락도 취하지 않고 입을 굳게 다물어 비밀을 지켰다.

남쪽으로 내려가던 좌선봉장 이규태는 전봉준이 입암산성에 있다는 첩보를 받고 군사를 보내 입암산성을 덮쳤다. 그러나 전봉준은 이미 달아난 뒤였다. 이규태는 곳곳에 정보요원을 심어놓고 전봉준과 그 일행의 행방을 추적했다. 그러나 산성의 군졸들과 산성 안에 사는 고을민들은 입을 다물고 아무도 사실을 알려주지 않았다.

전봉준 일행은 백양사 근처 어느 암자로 자리를 옮겼다. 입암산성 옆 동쪽에 백암산이 있었다. 백암산 아래 아늑한 곳에 백양사가 자리를 잡고 있었는데, 입암산성과 백양사는 20여 리 정도 떨어져 있었다. 전봉준은 백양사와도 인연이 깊었다. 원평집회 때 백양사의 승려가 집회에 참여한 적이 있었으며 집강소 기간에 전봉준은 백양사에 대장소를 차려놓고 장성의 유지들을 백양사로 불러 협조를 당부한 적도 있었다. 그래서인지 백양사 승려들은 평소에 알게 모르게 농민군을 돕거나 가담했다는 소문이 파다하게 퍼져 있었다.

전봉준이 암자에서 나와 잠시 백양사로 들어가 휴식을 취하고 있을 때 입암산성의 군졸이 와서 관군이 입암산성을 수색해 전봉준을 잡으려고 하니 도망치라고 알려주었다. 전봉준은 심복 세 명만 데리고 백양사 뒷길로 재빨리 탈출했다. 그는 타던 말을 버렸으나 총은 들고 갔다. 많은 부하를 데리고 다니면 사람들 눈에 잘 띄기 때문에 위장을 하기 위해서 일행의 수를 줄이고 말을 타지 않았던 것이다. 이규태에게 다시

〈피노리 가는 길〉, 박홍규, 2014년.

전봉준이 백양사에 숨어 있다는 첩보가 들어왔다. 이에 관군과 일본군 일대가 백양사를 덮쳤으나 또 허탕을 치고 말았다. 이규태는 두 번이나 농락을 당했다.

이규태는 이 일로 "이른바 산성별장은 한 곳을 지키는 장수로 방어의 직책이 있는데 도둑놈을 숨겨주고 처음부터 나에게 통지해주지도 않았다. 또 부하들을 단속하지도 않고 서로 얽히고설키어 정보를 누설까지 하니 앞뒤로 따져보면 죽을죄에 해당된다"(『선봉진일기』)라고 말한 뒤 별장의 상관인 전라병사에게 그를 '불고지죄(不告知罪)'로 잡아가 문초하라고 엄하게 지시했다.

전봉준 일행은 백양사의 숲길을 따라 도망쳐 순창 장터 주막에 들었다. 전봉준은 함께 온 부하 세 명인 양해일, 윤정오, 최경선 등과 그곳에서 하룻밤을 묵었다. 그는 옛 부하인 김경천이 이 마을에 살고 있음을 떠올렸다. 전봉준이 고부 접주로 있을 때 김경천은 그 수하에서 접사 일을 보았다. 김경천은 무슨 연유인지 고향인 정읍을 떠나 이 산골로 옮겨 와 살고 있었다.

약삭빠른 김경천은 전봉준이 총대장이라는 것, 전봉준에게 많은 현상금이 걸려 있다는 것, 전봉준을 따라다니는 부하가 많지 않다는 것 등을 면밀히 살펴보았다. '에라, 한 번 마음 고쳐먹어 팔자를 고치자'라고 생각하고 김경천은 은밀하게 움직였다. 그는 이웃 마을에 사는 선비인 한신현에게 전봉준이 주막에 머물고 있다고 밀고했다. 한신현은 마침 농민군을 수색하기 위해 민보군을 조직하고 있었는데 뜻밖에도 호박이 굴러들었던 것이다. 그는 동네 장정들을 동원해 동정을 살피다가 밤을 틈타 전봉준 일행을 덮쳤다.

전봉준이 소란스러운 소리에 위험을 느껴 천보총을 들고 방문을 박차고 나가 나뭇단을 밟고 담을 뛰어넘을 때였다. 주막을 포위하고 있던 마을 장정들이 개머리판과 몽둥이로 전봉준을 사정없이 내리쳤다. 전봉준은 여러 군데 몽둥이를 맞고 땅바닥에 떨어졌다. 이렇게 전봉준은 하찮은 부하의 밀고와 무지몽매한 장정들의 손에 잡히고 말았다. 12월 2일 밤이었다.

전봉준은 발목과 허리 등 온몸의 상처로 움직일 수가 없었다. 더욱이 장정들은 잡힌 몸인데도 그에게 죽지 않을 만큼 연달아 몽둥이찜질했다. 한신현은 전봉준과 부하 세 명을 마을 공회당에 가두었다. 이 보고를 받은 순창 소모사 임두학은 절차에 따라 그들을 전라감영으로 압송하려 했다. 마침 토벌전투를 벌이면서 그 근처에 머물고 있던 미나미

고시로는 전봉준의 신병 인도를 임두학에게 요구하면서 다음과 같이
말했다.

> 우리가 남쪽으로 내려온 것은 오로지 이 한 놈을 잡기 위해서였다.
> 그러니 서로 공동으로 지켜서 서울로 압송하여 신문함이 당연할 것
> 이다.
>
> —『선봉진일기』

임두학은 일본군의 요청을 거절할 수 없었다. 만일 전봉준이 전주로
압송되었다면 김개남처럼 즉결 처분으로 죽임을 당했을 것이다.

전봉준은 순창 소모영에서 뜻밖에도 최경선을 만나게 되었다. 최경선
은 광주와 나주에서 패한 뒤 화순 동복의 한 토굴에서 숨어 지냈는데,
고을민의 밀고로 순창 소모영의 군사들에게 붙잡혀 순창으로 끌려왔다.
순창 소모사 임두학은 그를 순창 감옥에 가두고 돌봐주었다. 전봉준도
순창 감옥에 갇혔는데, 이곳에서 최경선과 만나 나주 순사청 감옥으로
호송되어왔던 것이다.

미나미 고시로는 전봉준과 양해일, 최경선을 데리고 가면서 윤정오
는 잔챙이라고 생각했는지 순창에 남겨두었다. 순창 민보군은 전봉준을
놓아준 분풀이 때문이었는지 윤정오를 전주감영으로 보내지 않고 현장
에서 총살했다.

한편, 황현은 전봉준이 체포당할 때의 정황을 앞에서 언급한 것과 다

르게 기록하고 있지만 앞에서 이야기한 순창 소모영의 공식 보고가 정확할 것이다.

전봉준이 체포되었다는 사실을 전국 곳곳에 방문을 내걸어 알렸다. 그야말로 당시로서는 '빅뉴스'였다. 전봉준이 체포되었다는 소식이 나돌자 사람들은 땅을 구르며 통탄해 마지않았고 밀고자 김경천은 세상 눈총이 무서워 몸을 숨겼다. 한신현은 그 공로로 금천군수가 되었고 마을 사람들은 1000냥을 상금으로 받아 나누어 가졌다. 그런데 배반자 김경천은 피노리에서 살지도 못하고 몸을 숨기며 떠돌이생활을 했다고 한다.

서울로 끌려온 농민군 지도자들

전봉준 일행은 나주로 옮겨졌다. 나주 초토영 감옥에는 앞에서 이야기한 많은 지도자가 잡혀와 있었지만 김개남은 그곳에 없었다. 김개남은 자신의 집이 있는 태인 지금실에서 매부의 집이 있는 태인 산내면 종송리로 피신해 있었다. 종송리는 험준한 회문산 언저리에 있는 깊은 산골 마을이었다. 그때 김개남은 이 마을에 사는 친구 임병찬의 밀고로 체포되어 전라감영으로 압송되었다. 한 사람은 옛부하, 한 사람은 옛친구의 밀고로 12월 2일 한날에 잡혔다. 묘한 인연이요, 운명이었다.

김개남은 전주로 끌려와 전라감사 이도재의 신문을 받았다. 이도재는 정식 재판 절차를 거치지 않고 그를 현지에서 처형했다. 그 이유는 김개남의 부하들이 드세어 그를 탈출시킬지도 모른다는 염려와 그가

김개남 고택터 김개남이 동학농민혁명 당시 살았던 집으로 정읍 산외면 동곡리 지금실 마을에 있다.

처형한 남원부사 이용헌의 아들 등이 복수하게 해달라는 요구 때문이었다. 그를 전주 서교장에서 처형한 뒤 그의 배를 갈라 간을 큰 동이에 담으니 보통 사람의 것보다 컸다고 한다. 원수진 사람들이 그 고기를 빼앗아 씹기도 하고 제사를 지내기도 했다. 그의 머리만 함지박에 담아 서울로 보내 조리를 돌렸다.

　김개남이 잡혀갈 때 백성들은 "개남아 개남아 진개남아(호남에서는 김을 진으로 발음한다. 이는 김제를 진개라 부르는 것과 같다), 그 많던 군대 어데 두고 짚둥우리가 웬 말이냐?" 또는 "개남아 개남아 진개남아, 수많은 군사 어데 두고 전주야 숲에는 유시(遺屍) 했노"라는 노래를 부르며 안타까워했다. 지금 그의 무덤은 남아 있지 않고 다만 효수된 사진만이 전해진다.

김덕명의 근거지인 금구 용계동과 원평 장터는 폐허가 되었다. 김덕명은 이 광경을 보고 참담한 심정을 가눌 길이 없었다. 그는 전봉준과 헤어진 뒤 집 뒷산인 안정사(安靜寺) 절골에 있는 산지기 집으로 몸을 피했다. 산지기는 폐사가 된 안정사에 부처를 모셔놓고 무당 노릇을 하고 있었다. 그는 이곳에서 김씨 문중의 토호들에게 구명을 호소했다고 한다. 그러나 그들은 구명은커녕 오히려 관가에 밀고했다고 전해진다. 설날 태인의 수성군이 산지기 집으로 들이닥쳐 김덕명에게 짚둥우리를 씌우고 상투와 양쪽 팔을 묶어서 끌고 가자 설 준비로 부산하던 부녀자들은 눈물을 흘리며 애통해했다고 한다.

손화중은 광주에서 패한 뒤 발길을 돌려 옛 연고지인 흥덕현 안현리(지금의 고창군 부안면 안현리)에 있는 이씨 재실에 부하 두 명과 함께 몸을 숨겼다. 고창 산내면에 거주하는 이봉우는 이 사실을 알아내 김기환과 함께 장정 여섯 명을 데리고 가 손화중을 체포했다. 고창현감 김성규는 다음과 같이 보고했다.

이 도둑은 평소에 거괴로서 여러 도둑 무리 중에 첫째로 꼽을 수 있습니다. 가짜 참설을 꾸며내 퍼뜨리고 사설을 찍어 돌린 전후의 정상이 김개남, 전봉준과 더불어 하나이면서 둘입니다.

— 『갑오군정실기』 12월 24일

손화중은 나주로 압송되었다. 이봉우는 그를 잡은 공로로 포상을 받았고, 훗날 황해도 증산현령이 되었다. 손화중은 일본군에게 인계되어 나주 초토영 감옥에 갇혔다. 그는 그곳에서 먼저 잡혀온 전봉준과 만나게 되었다. 전봉준과 손화중이 나주로 끌려왔을 때 민종렬이 이 두 지도자를 직접 다루었다.

나주 감옥에서는 현지에서 수백 명을 즉결 처형하고 중죄인만 서울로 압송했다. 1895년 새해 들어 미나미 고시로는 수십 명의 중죄인을 데리고 서울로 출발했다. 전봉준과 손화중, 최경선은 정월 5일 서울로 압송되었다. 일본군은 대포와 총을 앞세워 삼엄한 경비를 펼치며 죄인들을 호송했다. 죄인의 가족들은 물건을 지고 행렬의 뒤를 따랐다.

일본군은 전봉준이 체포될 당시부터 그를 보호하고자 했다. 더욱이 압송 도중에는 전봉준이 노출되어 농민군이 몰려와 탈출시킬 위험성도 있었을 것이다. 실제로 전봉준의 모습을 보려고 곳곳에서 사람들이 떼를 지어 나왔다. 특히 서울에서는 군중이 거리를 가득 메울 정도로 사람들이 몰려나왔다. 그래서 더욱 삼엄한 호위 속에서 압송했다.

전봉준은 일본군에게 끌려오면서 행동에 조금도 거리낌이 없었다. 지나는 여러 고을의 벼슬아치들이 마중을 나와 일본군을 접대했다. 전봉준은 그들을 향해 서슴없이 '너희들'이라고 불렀다. 또한 전봉준은 그들에게 조금도 굴복함이 없었으며 자기 마음대로 부리려고 했다. 조금이라도 불손한 모습을 보이면 주저 없이 꾸짖기까지 했다.

전봉준은 호송 수행원들에게도 죽력고(竹瀝膏, 대나무를 이용해 만든 특이한 술)와 인삼, 미음을 가져오라고 호령했다. 자신이 먹고 싶은 약이나 음식을 가져오라고 명령한 것이다. 전봉준은 자신의 말을 고분고분 듣지 않으면 큰 소리로 꾸짖었다.

> 내 죄는 종묘사직에 관련되니 죽게 되면 죽을 뿐이다. 너희들이 어찌 감히 이러쿵저러쿵 떠들어대느냐.
>
> —『오하기문』

전봉준을 잡아가는 자들이나 감시하는 자들 모두 그의 말을 듣고 오직 겸손한 몸짓으로 "예, 예" 하면서 고분고분 따르며 감히 거부하는 모습을 보이지 않았다. 다른 농민군 지도자들도 전봉준의 이런 모습을 보고 "녹두장군은 과연 영걸이로다"라고 감탄했다 한다. 다른 지도자들도 당당한 모습을 보여 일본 기자들은 과연 큰일을 벌인 지도자답다는 칭송을 아끼지 않았다.

그들은 일본영사관 순사청 감옥에 갇혔다. 그곳에는 전국에서 잡혀 온 중죄인 수백 명이 수감되어 있었다. 일본영사관은 진고개(지금의 충무로와 명동 일대)에 있었고 경찰 업무를 보는 순사청(뒤에 본정경찰서 자리)을 두고 있었다. 이곳에 전봉준 일행뿐 아니라 황하일, 성두한 등 충청도에서 잡혀온 농민군 지도자들도 함께 갇히게 되었다.

당시 남산 밑의 진고개 주변에는 일본인 거주 지역이 있었다. 진고개 일대는 조선인 출입을 제한했고 경비도 삼엄했다. 이곳은 안전지대였으므로 일본인들은 게다를 신고 멋대로 활개를 치며 다녔다. 또 일본 음식점과 주점에서는 유성기를 통해 일본 노래가 흘러나오기도 했고 기모노를 입은 일본 여인들도 자유롭게 돌아다녔다.

미나미 고시로는 전봉준과 연루자들을 일본공사관에 인계하면서 전봉준 신문서인 구공서(口供書)도 함께 제출했다. 일본공사 이노우에 가오루는 전봉준을 공사관 앞뜰에서 신문하면서 기본적인 사실을 먼저 파악했다. 이노우에 가오루는 일본에 대항한 2차 봉기의 목적에 대해 집중적으로 물었고 전봉준은 일본을 몰아내기 위해 봉기한 사실을 진술했다. 그런 뒤 이노우에 가오루는 전봉준의 신병을 일본영사관에 인도했다.

전봉준이 일본영사관에 갇혀 있다는 소문이 삽시간에 서울 거리에 퍼지자 서울의 백성들은 진고개 거리로 꾸역꾸역 몰려들었다. 어떤 사람은 동학군 괴수를 보러 왔다 하고, 어떤 사람은 역적의 거괴를 보러 왔다 하고, 어떤 사람은 창의군 대장을 만나러 왔다고 하며 자신들의 목적에 따라 여러 말을 늘어놓으면서 떠들었다. 물론 서울 백성들은 전봉준이 일본 경찰의 엄중한 호위 아래 갇혀 있었기 때문에 그의 모습을 쉽게 볼 수는 없었다. 일본 언론에서는 이런 일본영사관 앞의 모습을 "흑산(黑山)을 쌓아놓았다"고 표현했다. 흑산은 사람이 많이 몰려 있는 것을 일본식으로 표현한 말이다.

전봉준은 최경선과 함께 한동안 일본군 군의관에게 치료를 받았다. 영사인 우치다 사다쓰치(內田定槌)는 일본수비대의 군의관을 불러 두 사람을 치료해주어 생명에는 지장이 없도록 했으며, 이어 일본영사관에 유치한 뒤에도 치료를 계속했다. 이노우에 가오루를 비롯해 일본군 수뇌부와 일본공사관 관계자들은 전봉준 등 남접 지도자들을 순사청에 잡아놓고 나서도 긴장을 풀지 못하고 있었다. 무엇보다 이들을 역적으로 다스리는 것뿐 아니라 이들의 입을 통해 흥선대원군과의 연루 사실을 캐내어 죄를 물을 수도 있었기 때문이다.

전봉준이 일본영사관 순사청 감옥에 갇혀 있을 때의 모습이 비참했다는 일본의 기사가 보도되자 일본 내에서도 화제가 되었다. 전봉준이 이불에 싸여 누워 있으면서 연달아 신음소리를 냈는데, 다리의 총상 때문이라거나 무릎 위의 부상 때문이라고 보도했다. 이 부상이 순창에서 체포될 때 입은 것인지, 서울에서 고문을 받아 생긴 상처인지는 알 수 없다.

또하나의 증거가 있다. 전봉준이 법무아문으로 압송될 때 순검들이 앞뒤로 호위를 한 가운데 일꾼들이 짊어진 '들것'에 실려갔다. 그가 부상을 당해 걸을 수도 없었거니와 주요 국사범을 다루는 예우에 따른 것이기도 했을 터다. 사진에는 전봉준이 들것에 앉아서 화가 난 듯 정면을 노려보고 있는데, 전봉준의 기상을 순간의 표정으로나마 엿볼 수 있다.

잠시 화제를 돌려 감옥의 광경을 살펴보자. 1895년 1월 중순부터 연루자를 곳곳에서 잡아와 감옥에 가두었다. 몸도 제대로 눕힐 자리가 없을 만큼 감옥은 미어터졌고 하루 끼니조차도 제대로 제공하지 않았다.

전봉준 압송 사진 전봉준은 법무아문으로 압송될 때 '들것'에 실려 이송되었는데, 이때 어용 사진사 무라카미 텐신이 찍은 사진이다.

감옥에 갇혔다가 무죄로 풀려난 김낙봉의 기록을 살펴보자.

감옥에 갇힌 뒤 몇 차례 받은 신문은 견딜 만하나 추위와 주림을 참아내기가 어려워 지게미라도 달게 먹는지라. 낙정(김낙봉의 종제)은 혹 물장수도 하고 밤에는 짚신을 삼아서 하루 한 차례씩 음식을 넣어주었으며, 날이 새면 감옥 문 앞에 홀로 서 있는지라, 이때 감옥의 죄수가 500여 명이었는데 경성 안의 귀인도 많았으되 새 정식(政式)에 겁을 집어먹어 한 사람도 그림자조차 비치지 않았다. 그랬으되 유독 낙정은 날마다 문 앞을 떠나지 않았다. 그리하여 서장이하 순사까지도 칭송이 그치지 않아서 '조선의 한 사람'이라 칭송했다. 그래서 죄수를 날마다 한 차례씩 문을 열고 바람을 쐬게 할 적에 순사가 낙철, 낙봉 형제를 인도하여 문틈으로 서로 만나게 해주었다.

—『김낙봉이력(金洛鳳履歷)』

이 기록대로라면 당시 500여 명이 이곳에 갇혀 있었고, 밥은 하루 한 끼를 주어 사식을 넣어주었으며, 면회를 허락하지 않았음을 알 수 있다. 또 개별 신문을 해서 1차로 많은 혐의자를 풀어주었다.

전봉준을 살려주자

천우협 소속의 일본 낭인들은 배후에서 전봉준 구출작전을 전개했다. 집강소 기간에 전봉준을 만났던 일본 낭인들은 동학농민혁명 2차 봉기가 일어난 뒤 전봉준에게 접근해 다시 회유작전을 벌이고자 공작을 꾸몄다. 농민군이 일본군을 몰아내기 위해 2차 봉기를 단행하자 일본 정부에서는 낭인패들이 일본 국내법을 위반했다고 하여 폭탄 제조범, 강도범 등의 죄명으로 체포령을 내렸다. 그리하여 그들은 이리저리 흩어져 도망치는 신세가 되고 말았다. 그들의 지도자인 다케다 한시는 신병이 도진 상태로 일본으로 도망쳤다.

다케다 한시는 전봉준이 체포된 사실을 모르고 히로시마의 대본영을 찾아가 전봉준에게 자신이 쓴 편지를 전해달라고 부탁했다. 그는 한문으로 된 이 편지에서 '동학당'의 본질을 설명하고 여러 가지 계책을 제시했다. 그러고는 친근한 표현으로 하룻밤 전봉준을 생각한 나머지 한 통의 편지를 쓴다고 전했다. 긴 문장으로 쓰인 이 편지가 전봉준에게 전 달되었는지는 확인할 수 없으나 세상에 떠돌아다니면서 많은 사람이 읽 게 되었다. 이를 요약하면 다음과 같다.

명숙(明叔) 족하(귀하와 같은 뜻), 순창 장청 모임에서 변고를 만나 다시 찾지 못한 지 눈 깜짝할 사이에 반년이 지났소. 나는 여러 병 을 얻었지만 하루도 족하를 잊은 날이 없소. 나는 깊은 병을 안고 귀향했소. 하지만 옛친구의 정리를 스스로 금할 길이 없어 다시 만 날 길이 아득하구려. 족하는 지금 무슨 일을 도모하고 있소? 일전 에 족하가 전주감영에서 동학교도들이 폭발하지 않도록 경계하고 타이른다고 들었소. 족하의 총명함을 생각해보니 필시 경거망동으 로 이름 없는 죽음에 이르지 않았으리라 짐작하오. 동학당은 우리 일본이 조선을 돕는 것을 바라지 않고 일본을 배척하는 기치를 내 걸고 거병하여 직접 움직였소. 족하는 이미 동학의 영수가 되었으 니 당장 그 일을 기약할 수 있겠소? 나는 그것 때문에 몹시 두렵소.
조선인은 항시 이렇게 생각하오. 조선은 빈약한 소국이라 반드시 대국에 의지해야 스스로를 보전할 수 있다고. 청국은 대국이고 이 웃 나라이므로 우리 선조들 역시 줄곧 그 나라에 복종했으니 우리 는 의당 청국과 시종 함께할 뿐이라고. 오로지 청국의 환심을 잃을 까 두려워하오. 무릇 사람이 자립하지 못하면 사람이 될 수 없소.

나라가 독립하지 못하면 나라가 되지 못하오. 나라도 없고 사람도 없으니 이를 무엇이라고 하리까. 조선인은 스스로 재부를 구하지 않는 까닭에 가난하고, 스스로 강함을 구하지 않는 까닭에 허약하오. 가난하고 허약한 까닭에 독립할 수 없소. 독립할 수 없기 때문에 원기가 쇠진하오. 사람이 스스로 주인이 될 마음이 없으면 그는 스스로 주인이 될 수 없소. 누군가 부국강병의 계책을 내고 와신상담하여 스스로 분발한다면 어찌 조선의 독립이 어렵겠소.

　비록 세계 속에 나라를 이룬 곳이 70여 국이고, 그중 조선보다 작으면서 독립한 나라는 서너 나라나 되오. 하늘이 어찌 조선만 독립시키지 않으려고 하겠소. 진실로 스스로 포기한다면 하늘의 도움을 구할 수 없을 뿐이오. 스스로 포기한 경우 인도와 같이 큰 나라도 오히려 작은 나라인 영국에 복종하고 그 편달을 맡겨 다시 일어서기 불가능할 뿐이오. 그런즉 부강이 나라의 대소에 있지 않고 빈약은 사람의 나약에 기인하오. 별다른 조선인이여. 작은 나라가 그 독립을 돕고자 하나 도리어 그 의로움을 버리오. 대국의 주인에게 신하로 복속되어 부끄러울지라도 기꺼이 이를 받드오. 오직 나라의 거대함만 알고 국력을 비교하는 것을 모르오. 나라만 크다고 반드시 의탁할 수 있겠소. 사람이 크다고 반드시 용맹스럽다고 생각하는 것과 하등 다를 게 있겠소. 큰 사람을 보면 늘상 내 주인을 팔아 그의 노예가 되지 않으면 나는 그에게 죽임을 당하리라고 말하오. 나약함이 어찌 그리 심하오. 나는 총명한 선비가 이 백성을 고 무시키고 자주독립이란 명칭이 그 실제에 부끄럽지 않게 하길 바라오. 이것이 바로 내가 족하에게 구구절절 이야기하는 까닭이오.

명숙 족하. 족하가 만일 비루한 내 의견을 채택한다면 곧 재차 족하를 위한 나의 계책, 내 흉중의 것을 의당 말할 것이오. 서로 대면하여 깊이 헤아리면 가히 섭섭지 않으리오. 족하에게 전화위복의 기회가 되길 바라오. 족하가 만날 장소를 택하여 알려주시오. 내가 이미 천리를 달려가 재회를 허락받지 못한다면 평생의 한스러운 일이 될 것이오.

─『홍주유적(洪疇遺績)』

또한 전봉준이 추구하는 유불선 합일의 동학사상을 존중하고 유지하도록 도와주고, 귀천이 없고 평등이 보장된 개혁을 이룩하는 데 도움을 주겠다고 했다. 그 밖에도 부정부패가 없는 좋은 세상을 여는 데 도움을 주겠다고 제의했다.

이처럼 천우협 소속 낭인들이 벌인 전봉준 포섭작전 또는 구명운동은 끈질기게 진행되었다. 그들은 전봉준을 직접 만나 설득하는 공작을 펼쳤다. 전봉준이 일본영사관 순사청에 갇히자 이를 절호의 기회로 여기고 이용하려는 공작을 꾸몄다. 예전 다케다 한시와 함께 전봉준을 만난 적이 있는 다나카 지로(田中次郎)는 서울로 잠입했다. 그는 일본영사관 경찰의 양해를 얻어 죄인으로 가장하고 감옥으로 들어가 전봉준을 만났다. 다나카 지로는 전봉준과 여러 정세의 변화에 대해 이야기하고 천우협의 행동에 대해서도 설명했다.

그런 뒤 전봉준에게 일본으로 탈출하라고 권고했다. 그러나 전봉준은 그 후의에 감사하다 말하고 "내 형편이 여기에 이른 것은 필경 천명이니 군이 천명을 거스르면서까지 일본으로 탈출하려는 의사는 없다. 근일 사형에 처해질 테니 그뒤에는 천우협의 손으로 동학당(농민군을 가리킴)을 구해주었으면 한다"고 부탁하며 태연하고 여유 있는 모습으로 움직이지 않았다. 이에 다나카 지로는 전봉준을 위로하고 감옥에서 빠져나왔다(『홍주유적』).

다나카 지로는 이노우에 가오루 일본공사를 만나 전봉준을 사형시키지 말아달라고 요청했다. 이노우에 가오루는 처음에 여느 일본군과 마찬가지로 '동학당'을 흉적으로 여기고 미워했다. 그러나 전봉준이 순사청 감옥에 갇힌 뒤 인격이 고결하고 행동거지가 엄숙한 것을 보고 감동을 받았다 한다. 그는 다나카 지로의 요청을 받아들였다. 이노우에 가오루는 전봉준을 권설재판소에 인도하면서 "사형을 시키지 말아달라"는 특별한 희망사항을 붙였다. 이노우에 가오루가 본국으로 돌아가 머무는 동안 전봉준이 사형을 당해 구명운동은 실패로 끝이 났다. 일본영사관에서는 먼저 그를 국사범으로 다루어 살려준 뒤 일본의 협조자로 만들려는 공작을 꾸몄던 것이다. 이것이 전봉준 구출작전의 개요다.

낭인들은 이처럼 전봉준이 추구하는 개혁이나 변혁을 전폭적으로 지지하는 척하면서 회유책을 썼으나 전봉준은 그들의 음모를 알아차리고 귀를 기울이지 않았고 손을 잡으려고 하지도 않았다. 자신의 꿋꿋한

신념을 변함없이 내세울 뿐이었다. 그는 마음먹기에 따라서는 높은 자리를 보장받을 수도 있었고, 많은 재산을 얻을 수도 있었으며, 출세의 길을 걸을 수도 있었다. 하지만 전봉준의 신념은 너무나 굳건해 결코 타협이 있을 수 없었다.

만일 그가 이용구처럼 변절해 일본에 협조하는 인물이 되었다면 후세에 어떤 평가를 받게 되었을까? 일본은 한일합병의 공작을 꾸미면서 이용구를 친일 부역배로 만들어 이용했다. 전봉준이 그와 같이 변절했다면 동학농민혁명의 역사적 의미는 평가받지 못했을 것이다.

나를 어찌 죄인이라 이르는가

전봉준은 '동학당의 대거괴'로 농민군 지도자 중 유일하게 미나미 고시로에게 집중 신문을 받았다. 이 구공서에는 다음과 같은 내용이 쓰여 있다.

> 첫째, 일본군에 항거하여 싸운 동기는? 일본이 왕궁을 점령하고 새 정부를 세우면서 일본이 우리나라를 병탄하려 했기 때문이라는 것
>
> 둘째, 처음 봉기한 동기는? 민씨 일가가 벼슬을 팔아먹고 가혹한 세금으로 백성의 고혈을 짰다는 것과 수령의 부정부패를 막으려 했다는 것

셋째, 자신들이 불의에 항거하여 봉기한 것이지 홍선대원군의 영지(슈旨, 지시의 글)를 받고 봉기하지 않았다는 것과 이씨 왕조와 국왕을 인정하지 않는다는 것

우치다 사다쓰치는 이 구공서를 면밀히 검토한 뒤 이노우에 가오루의 지시를 받아 다시 전봉준 신문에 나섰다. 여러 차례에 걸친 치밀한 신문에는 다음과 같은 내용이 들어 있었다.

첫째, 동학당의 주의는 보국안민과 경천수심(敬天守心)이라는 것, 이를 전봉준 자신이 받든다는 것을 밝히면서 3년 전에 입도했다고 말했다.

둘째, 자신이 두령으로 추대된 것은 동학당 60만 명 중 자신과 생사를 같이할 무리 4000명이 있었기 때문이라는 사실을 밝혔다.

셋째, 서울로 올라와 주석(柱石, 신념이 굳음)의 선비를 내세워 정치를 맡기고 자신은 전사(田舍)로 내려가 농업에 종사하겠다고 밝혔다. 또 국사를 한 사람의 세력가에게 맡기면 큰 폐단이 일어나므로 몇 사람의 명사가 협의하여 합의법에 따라 정치를 맡게 하려 했다고 말했다.

이노우에 가오루는 이 신문에서 알아낼 것은 대체로 알아냈다고 판단했다. 그는 합법을 가장해 이들을 조선 조정의 법무아문으로 이관시

켜 재판을 받게 하는 조치를 내렸다. 다만 재판관이 아닌 일본영사를 회심(會審)이라는 이름으로 참석하게 하여 실질적으로 재판에 간여하게 했다. 전봉준, 손화중, 김덕명, 최경선, 성두한 등과 중죄인으로 다룰 혐의자 61명이 법무아문으로 넘겨졌다.

당시 개화 정권은 총리대신 김홍집이 이노우에 가오루에게 소외를 당해 박영효, 서광범 등이 실권을 잡고 있었다. 이들도 일본 사람들보다 더 긴장했다. 개화 정권에서는 전봉준과 농민군 지도자들을 의금부가 아니라 법무아문 산하에 임시로 재판소를 만들어 다루게 했다. 이를 권설재판소(權設裁判所)라고 부른다. 권설재판소의 '권설'은 임시로 설치했다는 의미이며 예전의 의금부 추국청(推鞫廳)을 개편한 것과 다름없는 기구였다. 추국청은 역적질을 한 중죄인을 다루는 기구여서 때로는 임금이 참석해 신문을 하기도 했다. 권설재판소에도 사법의 총책임자인 법무대신 서광범이 재판장 역할을 맡았다.

전봉준과 농민군 지도자들은 의금부의 감옥인 서린동의 전옥서(당시 감옥소로 개편, 지금의 종로 1가)와 좌포도청 감옥이었던 좌감옥(옛 단성사 부근)에 갇혔다. 일본영사의 보고에는 이때 죄수들을 관례에 따라 고문했다고 기록했는데, 전봉준 등 지도자들에게도 고문을 했는지는 정확하게 확인이 되지 않는다.

권설재판소에서는 전봉준을 인계받는 형식을 취해 재판을 진행했다. 전봉준은 재판소에 출석할 때 걸을 수 없어서 짚둥우리에 누운 채 들어갔다. 담당 법관(장박)은 위압을 부려 좌우의 나졸에게 호령해 전봉준을

의금부터 전봉준과 농민군 지도자들은 의금부의 감옥인 서린동의 전옥서와 좌포도청 감옥이었던 좌감옥에 갇혔다.

일으켜 앉히려고 했다. 장박이 "너는 일개 죄인이라, 감히 어찌 법관 앞에서 불공함이 심하는고?"라고 언성을 높이자 전봉준은 "네, 어찌 감히 나를 죄인이라 이르느냐?" 하고 호통을 쳤다. 이때부터 긴장감 속에서 묻고 대답하는 두 사람의 대화가 이루어졌다.

> 문 : 소위 동학당은 조정에서 금하는 바라, 네 감히 도당을 불러모아 난리를 지은 자라, 반란군을 몰아 고을을 함락하고, 군기와 군량을 빼앗았으며, 크고 작은 벼슬아치를 마음대로 죽이고 나라 정사를 참람하게 멋대로 처단했으며, 나라의 세금과 공공의 돈을 사사로이 받고 양반과 부자를 모조리 짓밟았으며, 노

비 문서를 불질러 강상(綱常)을 무너뜨렸으며, 토지를 평균 분배하여 국법을 혼란케 했으며, 대군을 몰아 왕성을 핍박하고 조정을 부수어버리고 새 나라를 도모했나니, 이는 대역 불궤(不軌, 역적의 행동)의 법에 범한지라, 어찌 죄인이 아니라 이르나뇨?

답 : 도 없는 나라에 도학을 세우는 것이 무엇이 잘못이냐? 동학은 "사람이 하늘이라" 하니 과격하다 하여 금한단 말이냐? 동학은 과거 잘못된 세상을 고쳐 다시 좋은 세상을 만들려고 나선 것이라, 민중에 해독되는 탐관오리를 벌하고 일반 인민이 평등적 정치를 바로잡는 것이 무엇이 잘못이며, 사복을 채우고 음탕하고 삿된 일에 소비하는 국세와 공전을 거두어 의거에 쓰는 것이 무엇이 잘못이며, 조상의 뼈다귀를 우려 행악을 하고 여러 사람의 피땀을 긁어 제 몸을 살찌우는 자를 없애버리는 것이 무엇이 잘못이며, 사람으로서 사람을 매매하여 귀천이 있게 하고 공토로서 사토를 만들어 빈부가 있게 하는 것은 인도상 원리에 위반이라, 이것을 고치자 함이 무엇이 잘못이며, 악한 정부를 고쳐 선한 정부를 만들고자 함이 무엇이 잘못이냐? 자국의 백성을 쳐 없애기 위해 외적을 불러들였나니 네 죄가 가장 중대한지라, 도리어 나를 죄인이라 이르느냐?

—『동학사』

장박 등 법관들은 연달아 전봉준이 흥선대원군과 연계했는지를 캐물었다. 전봉준은 이를 완강하게 부정하면서 대답했다.

> 너는 나의 적이요, 나는 너의 적이라. 내 너희를 쳐 없애고 나라 일을 바로잡으려 하다가 도리어 너희 손에 잡혔으니 너는 나를 죽이는 것뿐이요, 다른 말을 묻지 말라.

전봉준은 말을 마치고 입을 굳게 다물었다. 법관은 다시 손화중, 김덕명, 최경선, 성두한 등을 차례로 불러 심문했으나 이들도 전봉준과 같은 뜻의 말만 할 뿐 특별한 비밀은 토설하지 않았다. 이들도 재판관들에게 너무나 당당하게 맞서 일본 기자들의 감탄을 자아냈다고 한다.

왜 신속하게 재판을 진행했을까

권설재판소의 1차 심문은 1895년 2월 9일에 있었다. 우치다 사다쓰치는 문초가 있을 때마다 거의 입회해 실태를 파악한 뒤 그 내용을 이노우에 가오루에게 보고했다. 재판관 장박은 고부의 1차 봉기와 무장 봉기 등을 차례로 물었다. 그 밖에도 다른 지도자의 역할, 농민군의 규모 등을 물었다. 31일 동안 모두 다섯 차례 심문했고 총 문항은 275개였다.

전봉준은 같은 심문을 여러 차례 받으면서도 당당하고 주저함 없이 대답했고 기억이 희미하면 다시 되살려 대답하기도 했다. 특히 그는 질문이 중대한 일과 관련된 내용이면 자신의 책임을 강조해 결코 다른 사람에게 죄를 전가하지 않았다. 일관되게 의연한 모습을 보였다.

이 과정에서 찍힌 전봉준의 사진은 역사 기록으로서 중요한 자료를 제공하게 되었다. 일제 통감부에서 어용 사진사로 활동한 무라카미 텐신(村上天眞)은 2월 27일(양력) 일본영사인 우치다 사다쓰치의 허락 아래 조선의 법무아문으로 압송되기 직전의 전봉준 모습을 일본영사관 구내에서 촬영했다. 이 사실은 나라여자대학의 김문자 교수의 논문 「전봉준의 사진과 무라카미 텐신」에서 인용한 다음의 기사를 통해 확인할 수 있다.

> 수괴 전봉준 및 최경선 두 사람은 발에 중상을 입어 신체가 자유롭지 못했기 때문에 영사는 의사를 초치하여 정중하게 치료하도록 했으며 법무아문으로부터 회송해온 들것에 태워 호송했다. 나는 미리 그들에 대한 촬영 건을 영사에게 조회해두었기 때문에 즉각 달려가서 그 같은 사실을 봉준 등에게 알렸더니 그들은 얼굴 가득히 희열을 보이면서 들것 그대로 찍겠는가라고 물으면서 스스로 명을 내려 일산을 치우게 했다. 그러나 촬영하는 동안에도 다친 곳이 아픈 모습이었다. 듣건대 봉준은 전라도 태인의 일개 농민으로 금년 40세로 평소에 대단히 학문을 좋아하고 공맹의 가르침을 믿었으며 동학도의 무리에 들어간 것은 지금으로부터 3년 전이었다고 한다.
>
> ―『메사마시신문』

이 사진은 찍은 날짜보다 10여 일이 지난 3월 12일자 『오사카마이니치신문』에 "압송당하는 전봉준 장군"이라는 제목을 붙여 사진과 같은 구도로 그린 삽화를 설명과 함께 실었다. 그런데 사진에는 나무 건물 앞에 전봉준을 포함해 다섯 명이 있고 뒤에 제복을 입은 순검이 보이나, 삽화에는 건물을 삭제하고 다섯 명을 그려넣었는데 왼쪽 순검복을 입은 사람의 위치가 바뀌어 있다. 이런 과정을 거쳐 전봉준의 사진이 전해지게 되었다.

또 여러 차례의 심문과정에서 흥선대원군과의 관계에 대해 집요하게 추궁했다. 이는 전봉준의 입을 통해 흥선대원군의 개입을 확인해 정치적 타격을 입히려는 의도였다. 하지만 전봉준은 "흥선대원군은 유세한 사람이어서 상관이 없었다"라고 일관되게 대답했다. 다만 흥선대원군이 보낸 비밀 사자를 만난 적이 있다는 사실만은 인정했다. 전봉준은 흥선대원군을 끝까지 보호하려고 했던 것일까? 이 문제는 끝내 확실하게 밝혀지지 않았다.

마침내 판결은 3월 29일(양력 4월 23일)에 내려졌다. 판결문의 주문에서는 그가 동학농민혁명을 일으키고 동도대장이 되어 활동한 사실과 전주성을 점령한 뒤 화해를 한 조건과 일본인을 몰아내기 위해 2차 봉기를 주도해 공주전투를 벌인 일 등을 언급했다. 그리고 마지막에 "함께 모의를 꾸민 몇 사람과 의논하고 각기 옷을 바꾸어 입고서 가만히 서울로 들어가 정세를 알고자 하여, 피고는 장사꾼 맨도리(맨드리, 옷을 입고 매만진 맵시)를 하고 홑몸으로 서울로 올라가려고 태인을 떠나 전라도 순창을 지날 새 민병한테 잡힌 것이니라"라고 기재해 전봉준의 마지막 행동을 제시해 판결의 증거로 삼는 것으로 결말을 지었다(「전봉준판결선고서」).

전봉준의 죄목은 조선 말기에 편찬된 『대전회통(大典會通)』에 규정된 '군복기마작변관문자부대시참(軍服騎馬作變官門者不待時斬)'으로 꽤 긴 죄명이었다. 이를 풀이하면 '군복 차림을 하고 말을 타고서 관아에 대항해 변란을 만든 자는 때를 기다리지 않고 즉시 처형하는 죄'이다. 그리하여 전봉준과 같이 사형 언도를 받은 손화중, 김덕명, 최경선, 성두한 등 네 명은 판결이 난 다음날 새벽 2시에 곧바로 교수형에 처해졌다.

농민군 지도자들의 재판은 12월 2일 전봉준이 체포되어 일본영사관에서 신문을 시작한 이래 175일, 법정 출석이 모두 31회, 취조한 연루 피고인 61명, 증빙 서류를 압수해 검열한 건수가 1496건이었다는 기록을 남기고 마무리되었다. 판결 선언서에 따라 그들의 신상을 살펴보면 다음과 같다.

이름	주소	직업	신분	나이
전봉준	전라도 태인 산외면 동곡	농업	평민	41
최영창(자 경선)	전라도 태인 주산동	농업	평민	37
손화중	전라도 정읍	농업	평민	35
김덕명	전라도 금구	농업	평민	51
성두한	충청도 청풍	농업	평민	48

손화중 묘역 손화중은 전봉준과 같이 재판을 받고 1895년 3월 30일 새벽 교수형을 당했다. 후손들이 시신을 수습하지 못해 허묘를 만들었다.

이들의 직업 및 신분을 모두 농민과 평민으로 기록했고 나이는 만으로 계산해 김덕명이 가장 많고 손화중이 가장 젊지만 모두 장년이었다. 직업을 모두 농업으로 기재했지만 실제로는 정확하지 않을 수도 있다.

베일에 싸인 성두한

이 대목에서 베일에 싸인 성두한의 행적을 살펴볼 필요가 있다. 성두한은 미궁 속의 인물처럼 보였지만 정식 재판을 받은 다섯 명 중 한 명이었다. 이는 그가 북접이나 남접의 중심부가 아닌 주변부에서 활동해 주목을 덜 받았기 때문이지만 그의 활동 영역은 매우 넓었다.

먼저 그의 이름부터 알아보자. 제천현감 오진영이 그의 근거지를 토벌하고 난 뒤 올린 첩보(『군정실기』)에서는 그의 형인 운환의 이름을 밝히고 있다. '환'은 성씨들의 돌림자인데, 그의 판결문에는 무슨 연유인지 두한으로 표기되어 혼선을 빚게 되었다. 돌림자에 따르면 환이 맞을 테지만 그 자신이 활동하면서 '두한'으로 바꾸어 불렀던 것으로 보인다.

성두한은 청풍의 송계리(지금의 제천시) 출신으로 전해진다. 송계리의 뒤쪽으로는 월악산 아래 깊은 계곡인 송계계곡이 길게 뻗어 있다. 당시 이곳은 오지였다. 그가 동학에 입도한 내력이 전해지지 않은 것도 동학 교단에서 중심 역할을 하지 않은 탓으로 보인다. 다만 그의 아버지 성종연이 동학교도로 최시형과 친밀하게 지냈다는 기록이 전해진다.

1894년 4월 호남 농민군이 남쪽 고을을 석권할 무렵 호서 지방인 회덕, 진잠과 두 도의 경계 지역인 금산, 여산 등지에서 많은 농민군이 활동을 전개했다. 이런 사정에 대해 황현은 다음과 같이 기록했다.

호서 지방은 본디 사대부가 모이고 훈척과 재상의 집들이 서로 바라보이는데 서로 패거리를 짓고 무단으로 풍속을 이루어 억지를 써서 집들을 사들이고 강제로 묘지를 빼앗았다. 그래서 힘이 없는 백성들은 원한이 뼈에 사무쳤다. 동학이 일어날 적에 분연히 한번 부르짖자 호응하는 자가 백만이었다. 김씨, 송씨, 윤씨 같은 3대족과 그 밖의 재상, 명가, 토호, 졸부로 낭패한 것이 수를 헤아릴 수도 없었다.

―『오하기문』

여기에서 말하는 김씨는 연산 일대에서 군림하던 김장생의 후손인 광산 김씨, 송씨는 회덕 일대에서 웅거하던 송시열의 후손인 회덕 송씨, 윤씨는 노성 일대에서 살았던 소론의 거두 윤증의 후손들을 말한다. 이들은 사족 또는 양반으로 위세를 떨치고 있었다. 황현은 계속해서 다음과 같이 쓰고 있다.

> 재상을 지낸 신응조는 진잠에 살았는데 그 손자인 일영이 불법한 짓을 많이 했다. 도둑들이 일영의 아들을 묶어 그 불알을 까면서 "이 도둑의 종자를 남겨두어서는 안 된다"라고 말했다. 수암 권상하(權尙夏)의 종손 호(浩)는 청풍에 살면서 탐학한 짓을 많이 했는데 도둑들이 몰려오자 도망쳤다. 도둑들이 분연히 수암서원을 가리키며 "이곳은 도둑의 소굴이다"라고 말하고 헐어버리려고 했다. 어느 늙은 도둑이 서원의 음식을 제공하고 무릎을 꿇고 빌기를 "호는 죽여도 좋지만 문순 선생(文純先生, 권상하)은 염려해보아야지 않겠소?"라고 하여 중지했다.
>
> ─『오하기문』

권상하는 사림 출신으로 노론의 거두로 군림했다. 그런데 농민군이 청풍에서 이처럼 과격한 행동을 보인 데는 그만한 까닭이 있었다. 이곳의 접주 성두한의 활약이 매우 컸기 때문이다. 성두한의 「판결선고서」에 평민으로 농업에 종사했다고 쓰여 있는 것으로 미루어보아 그는 한미한

오늘날의 청풍 성내리 집결지 성두한은 청풍을 중심으로 관아를 습격하거나 양반과 토호를 징벌하는 등 남쪽 집강소 활동을 방불케 하는 일을 벌였다.

집안 출신임이 틀림없을 것이다. 그를 사형에 처한 이유를 다음과 같이 적었다.

> 무리를 모아 작당해서 관고의 군물을 약탈하고, 민간의 전곡을 노략질하면서 더러 관아와 마을에 소요를 일으켜 분수와 의리를 범함이 그 끝이 없기로……
>
> —『동학관련판결문집』 성두한의 "판결선고서원본"

이 내용이 바로 성두한의 활동 모습이었다. 그는 초기부터 농민군 수백 명을 모아 청풍을 중심으로 주변 고을을 횡행하면서 관아를 습격해 무기와 양곡을 거두어가고, 양반과 토호를 혼내주면서 양곡을 털어 굶주린 백성들에게 나누어주었다. 그리하여 청풍 일대에서는 남쪽의 집강소 활동을 방불케 하는 일들이 벌어졌던 것이다.

이어 1894년 10월 남북접이 연합전선을 형성해 논산에 집결할 무렵 그는 포고문을 선포했다. 그는 일본의 앞잡이인 개화 세력을 몰아내고 도인을 죽이고 백성을 압제하는 유림을 징치하겠다는 통문을 돌린 뒤 이를 행동으로 실천했다. 이후 그는 수성군에게 쫓겨 한때 동북쪽 접경지대에서 활동하다가 강원도 강릉으로 진출했다. 하지만 그 실상은 자세히 알려져 있지 않다.

성두한의 신분이 평민이어서 행동이 과격했다고 볼 수도 있을 것이다. 마치 천민부대를 거느리고 고창 일대에서 활동한 홍낙관과 비슷한 활동을 벌였다. 그 결과 그는 양반과 토호 들에게 많은 원한을 사게 되었다.

제천의 유생 서상무 등은 1894년 11월 24일 창의군 120여 명을 거느리고 청풍의 학현 언저리에 있는 산골 마을을 습격했다. 이 마을은 성운환(성두한의 맏형)의 근거지로 40여 가구가 살고 있었다. 이때 농민군 100여 명이 몰려나와 대항하다가 13명의 시체를 버리고 달아났다. 성운환은 달아나 잡히지 않았다. 이어 이들은 발길을 돌려 성두한의 은신처로 알려진 충주 적곡 마을을 공격했으나 성두한은 잡지 못하고 그의 아버지 성종연을 체포했다. 성종연에 대해서는 다음과 같이 보고했다.

종연은 이른바 대선생 최북술(崔北述, 최제우의 아명)의 도제로 보

성운환의 근거지였던 청풍 학현 성두한을 잡기 위해 성운환의 근거지였던 청풍 학현을 습격했으나 실패했다. 이때 성운환은 달아나 무사했지만 성두한의 은신처였던 충주 적곡 마을에서 그의 아버지가 체포되었다.

> 은의 도둑 최시형, 단양의 도둑 강차주, 전중삼, 김봉암 다섯 놈이
> 함께 사술을 전파한 자로서, 성두한과 여섯 종형제를 역적질하게
> 한 것은 이놈의 지휘였다.
>
> — 『군정실기』 12월 20일

이때 성종연과 성두한 그리고 그의 가족과 일가붙이는 차례차례 잡혀 모두 제천 감옥에 갇혔다. 이들은 단양 등지를 뒤져 성두한을 잡으려 했으나 실패했다. 하지만 성두한은 끝내 잡혀 거괴로 전봉준 등과 함께 재판을 받았으나 그의 활동상은 자세히 알려져 있지 않다. 그 원인

은 두 가지로 요약할 수 있다. 첫째, 그가 북접교단과 밀접한 관련을 맺지 않고 독자 노선을 걸었기 때문일 것이다. 동학교단이나 천도교 관련 기록에는 그의 이름이 거의 보이지 않는다. 둘째, 남북접 연합군에 합류하지 않고 청풍을 중심으로 충청도 북쪽과 강원도 남쪽 일대에서 활동했기 때문일 것이다.

다만 그가 태어나 살았던 송계 마을에는 그의 단편적 영웅담이 전해지고, 그의 아들이 한국전쟁 때 월악산 일대에서 유격대원으로 활동했다 한다. 이로 보면 훗날 자손들이 고향 마을에서 살았던 것으로 보이지만 그 연유를 확인할 수 없다.

한날 순국한 다섯 동지

권설재판소의 선고가 끝난 뒤 법정은 소란스러웠다. 특히 일본인 기자들이 더 들떠 있었다. 재판관인 장박은 조금 불안한 목소리로 전봉준을 보며 물었다.

> 장 : 나는 법관의 몸으로 죄인과 한마디 말하지 않을 수 없다. 너는
>   목숨이 아까우냐?
> 전 : 국법을 적용했다고 하니 어쩔 수 없는 것 아니냐?
> 장 : 그렇다. 우리나라에는 너희가 저지른 것과 같은 범죄에 대해
>   아직 분명한 규정이 없다. 문명한 여러 나라에서는 국사범으로

다루어 사형을 면할 수도 있을 텐데 어쩔 수 없구나. 너희는 스스로 생각해보라. 오늘의 죽음은 매우 유감스럽지만 네가 전라도에서 한번 일어나자 일청전쟁의 원인이 되었고, 우리나라도 크게 개혁되었다. 너희가 탐관오리로 지적한 민영준 등도 국법에 처했고 나머지 사람들도 흔적을 감추었다. 그래서 너희의 죽음은 오늘의 공명한 정사를 촉진한 것이므로 명복을 빈다.

여기에서는 1차 동학농민혁명으로 청일전쟁이 유발되고 갑오개혁이 이루어진 것과 민씨 정권이 타도된 사실을 언급했다. 또한 '공명한 정사'는 갑오개혁을 의미하는 것으로, 사실 갑오개혁은 농민군의 요구 조항을 참고해 수용한 것이었다. 개화 정권은 이를 인정해 전봉준의 명복을 빌었던 것이다. 기회주의자 장박의 천박한 의식으로는 이 정도의 수준에 머물러 있었던 것이 아니겠는가?

전봉준은 '부대시참'이라는 판결문을 듣고 불편한 몸을 벌떡 일으키면서 "올바른 도를 위해 죽는 것은 조금도 원통하지 않으나 오직 역적의 누명을 받고 죽는 것이 원통하다. 어찌 나를 이 컴컴한 도둑 소굴에서 남몰래 죽이느냐? 종로 거리에 내놓고 피를 뿌려라"라고 큰 소리로 외쳤다. 다섯 명의 지도자들은 3월 29일(음력) 사형 언도를 받고 다음날 새벽 2시(양력 4월 24일) 한날에 처형되었다. 판결이 선언된 이날에는 아침부터 길바닥이 질척거릴 정도로 비가 내렸다.

전옥서 감옥에서 그들이 죽은 시간은 중요한 의미를 가진다. 그들은

전봉준 단소 전봉준은 1895년 3월 30일 새벽에 교수형을 당해 시신을 수습하지 못했는데, 천안 전씨 종중에서 1954년 전봉준 고택 인근에 단소를 설치하고 제사를 지냈다.

온 세상이 잠들어 있을 시각인 새벽 2시에 처형되었다. 다섯 명을 한꺼번에 단단한 끈으로 목을 졸라 소문도 내지 않고 은밀하게 죽였던 것이다. 우리나라 형벌제도가 생긴 이래 최초의 교수형이었다.

이들을 교수형에 처한 판결은 갑오개혁 때 개정된 법을 적용했기 때문이다. 종전에는 역적죄에 해당하는 사형수는 모두 참형에 처해 잘린 머리를 관아의 문 앞에 걸어두거나 여러 사람이 보도록 조리를 돌렸다. 예전에는 중죄인을 죽일 때 서울의 경우 사람들이 많이 모이는 서대문 언저리에 있는 서문시장이나 동대문 언저리에 있는 수구문 밖에서 거행했으며, 잘린 머리는 여러 지방을 순회하며 매달아두기도 했다. 이를 효수경중(梟首警衆)이라고 한다.

그런데 사형을 즉각 집행한 조치에는 중대한 음모가 숨겨져 있었다. 개화 정권은 형법을 개정해 "모든 재판과 소송은 2심으로 한다"는 조항을 두고 4월 1일(음력)부터 시행한다고 공포했다. 이들 다섯 명에게는 그 시행을 불과 이틀을 앞두고 사형을 집행했다. 따라서 사형 선고와 사형 집행을 전격적으로 단행해 2심을 할 수 없게 만들었다. 속전속결로 들끓는 민심을 가라앉히려고 한 조치였다.

이때 법무아문으로 잡혀온 나머지 60여 명은 죄의 경중에 따라 무죄를 받기도 하고 곤장을 때리고 유배 조치를 받기도 했다. 농민군에 협조한 수령인 여산부사 유제관은 장 60대, 함평현감 권풍식은 장 100대, 보성군수 유원규는 무죄, 운봉에서 농민군을 토벌하면서 불법행위를 한 참모관 박봉양은 장 60대, 같은 혐의를 받은 운봉의 소모관 백낙중도 장 60대를 언도받고 풀려났다.

그런데 장흥전투의 총지휘자 이방언과 농민군과 함께 활동한 접주 김방서 등은 무죄로 풀려났으며, 고창에서 천민부대를 이끌고 활동한 홍낙관은 장 100대에 유배형을, 북접 지도자 황하일은 태형 100대에 유배형을 받았다. 매우 너그러운 조치였다. 왜 그랬을까? 또 지역으로는 황해도, 충청도, 경상도, 서울, 경기도 인사들이 망라되어 있었다. 다만 평안도와 함경도 출신은 보이지 않았다.

이렇듯 일본과 개화 정권은 농민군 지도자들 중에서 핵심 인물 다섯 명만 골라 사형에 처하고, 나머지 사람들은 살려주어 관대한 은전을 베푼 것처럼 보이려고 했다. 그리하여 장흥전투를 일으킨 장본인인 이방언이나 북접의 강경파로 2차 봉기를 주도한 황하일 등이 벌인 일을 훤히 다 알고 있으면서도 증거 불충분이라 하여 풀어주었던 것이다. 농민군 의 강력한 저항운동을 이런 방법으로 누그러뜨리려고 했다. 교활한 전 술이었지만 과연 민중이 이해할 수 있었을까?

그런데 정부에서는 2003년부터 4월 25일을 '법의 날'로 기념하고 있 다. 이는 근대적 사법제도의 도입 계기가 된 재판소구성법이 시행된 날 을 기념하기 위해서다. 이에 대한 한 젊은 역사학자의 외침을 들어보자.

이 국가기념일은 124년 전인 1895년 4월 24일에 처형된 전봉준 등 농민군 지도자의 죽음을 기억하지 않으려는 기념일이라는 이중의 의미를 가지고 있다. 갑오개혁 정부가 위로부터의 개혁 노선에 서서 기존의 양반 관료, 지주 지배층의 이해를 관철시키려는 입장을 취 하고 있었던 것처럼, 아직 시신도 찾지 못한 동학농민군 지도자의 무덤 위에 현재 대한민국 정부는 근대법의 제정을 자랑스럽게 매년 기념하고 있다는 역설이 존재한다.

― 왕현종, 「전봉준 장군의 전옥서 수감과 교형의 의미」

전봉준은 죽기 직전에 그를 한동안 지켜본 간수의 부탁으로 감회를 담은 시 한 수를 지었다. 이 시는 전봉준의 마지막 유시로 알려져 있는 데 『도쿄니치니치신문』에 게재되어 널리 알려졌다.

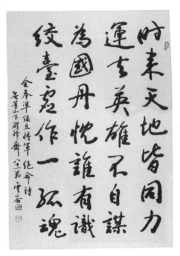

전봉준 절명시 전봉준은 간수의 부탁으로 감회를 담은 시 한 수를 지었고 일본의 『도쿄니치니치신문』에 게재되어 알려졌다.

때를 만나서 천지가 힘을 합했건만   時來天地皆同力

운이 다하니 영웅도 스스로 어쩌하지 못하는구나 運去英雄不自謀

백성을 사랑하고 정의를 세움에 내게 무슨 허물 있으랴만

             愛民正義我無失

나라를 위하는 일편단심 그 누가 알아주리 爲國丹心誰有知

 그런데 마지막 두 구절이 약간 달리 표현되기도 한다. "나라 위한 붉은 성심 누가 알리, 교수대에서 헛되이 외로운 혼이 되누나(爲國丹枕誰有識 絞臺虛作一孤魂)." 누가 그럴듯하게 덧붙인 듯하다. 시에는 그의 올곧은 정신이 배어 있다.

 전봉준을 교수형에 처할 때 집행 절차의 총책임을 강 아무개가 맡았다

한다. 강 아무개는 전봉준의 최후 모습을 다음과 같이 전하고 있다.

나는 전봉준이 처음 잡혀오던 날부터 형벌을 마칠 때까지 그의 앞
뒤 행동을 잘 살펴보았다. 그는 과연 만나보기 전 풍문으로 듣던 것
보다 훨씬 돋보이는 느낌이 있었다. 그는 외모부터가 천 사람, 만 사
람의 특별한 인물이라고 할 수 있었다. 그의 청수한 얼굴과 정채 있
는 눈썹과 눈, 엄정한 기상과 강장한 심지는 세상을 한번 놀라게 할
만한 큰 위인, 큰 영걸이었다. 그는 과연 평지돌출(平地突出, 보잘것
없는 집안에서 돌봐주는 사람 없이 출세함)로 일어서서 조선의 민중
운동을 대규모로, 대창작적으로 한 자이니 그는 죽을 때까지도 그
의 뜻을 굽히지 아니하고 본심 그대로 태연히 간 자이다. 그는 형을
받을 때 교수대 앞에서 "가족에게 할말이 있거든 말하라"는 법관
의 말을 듣고 이렇게 말하였다 한다. "나는 다른 말은 없다. 나를
죽일진대 종로 네거리에서 목을 베어 오고가는 사람들에게 내 피
를 뿌려주는 것이 옳거늘 어찌 나를 이 컴컴한 도둑 소굴에서 남
몰래 죽이느냐?"하며 준절히 꾸짖었다고 한다.

―『동학사』

전봉준은 결코 내외의 정세와 일본의 침략 의도를 모르고 맹목적 복
수심에 불탄 고리타분한 의식의 소유자가 아니었다. 일본인 기자들은
손화중 등 다른 지도자들도 처형을 앞두고 의연한 모습을 보였다고 보

도했다. 그들은 한결같이 자신들의 행동은 나라와 겨레를 위한 것이지, 결코 사사로운 이익을 찾아 벌인 일이 아니라고 주장했다. 일본 기자들은 그들의 이런 법정 태도를 일제히 보도했다.

그런데 그들이 교수형에 처해지자 많은 벼슬아치와 유생들은 "역적의 목을 베어 조리를 돌리지 않았다"고 야단법석을 떨며 개화 정권에 항의하고 나섰다. 곧 역적들을 종전처럼 참형이나 효수형에 처하지 않았다는 것이다. 개화 정권은 벼슬아치들과 유생들의 압력을 견디다 못해 이들의 시체 일부를 내주었다 한다. 그러자 그들은 시체의 목을 베어 길바닥에서 조리를 돌렸다 한다.

이는 동학당의 거괴로 서울 거리에 효수된 최재호, 성재식, 안교선 등의 이야기로 보인다. 김개남은 전주 서교장에서 처형된 뒤 전주 언저리에서 조리돌려진 후 서울로 보내져 서울 수구문 밖 남벌원에서 다시 조리돌려지고 서소문 거리에 효수되었다. 해주 출신으로 황해도에서 활동한 성재식, 수원 출신으로 경기 또는 충청도 일대에서 활동한 안교선, 최재호 등도 남벌원과 서소문 거리에서 3일 동안 조리돌려졌다. 이보다 앞서 강릉에서는 차기석, 광양에서는 김인배, 무안에서는 배상옥 등 대접주의 머리를 효수한 적도 있었다.

일본의 『메사마시신문』에 효수된 동학군 사진이 처음 실렸으며 영국의 이사벨라 비숍 여사가 조선을 돌아보고 쓴 『한국과 그 이웃 나라들』에도 효수된 동학군의 수급 사진이 실려 있다. 한때 이 책에 실린 김개남의 효수 사진을 전봉준으로 오인한 적이 있었다. 행인과 아이들은 효수된 수급을 나무막대기로 때리면서 장난을 쳤다고도 한다. 하지만 이때의 효수는 불법이어서 새 법률에 따라 예전 천주교도들에게 적용했던 것처럼 널리 이루어진 것은 아니었다.

권설재판소의 판결이 끝난 뒤 4월에는 법무아문 특별법원에서 흥선대원군의 손자인 이준용이 지방 유생 및 동학당과 손을 잡고 서울에서 변란을 일으켜 왕위를 찬탈하려고 한 역모사건을 마무리지었다.

이 역모사건에 연루된 인사들 중 이준용은 종신 유배형, 박준양 등 네 명은 각각 교수형에 처해졌다. 이 재판도 농민군 재판과 마찬가지로 재판장은 서광범, 판사는 장박이었다. 이 사건이 어디까지가 사실인지는 모를 일이나 이때 동학농민군 지도자 처형과 함께 다루어져 결말을 지은 것이다.

개성 정몽주 선생의 유적지 숭양서원에서(2005년 11월 19일)

봉오동 저수지에서 박완서, 송우혜 작가와 함께

성두한의 동학농민군 집결지였던 청풍 성내리를 답사하며(2019년 9월 9일)

대접주 성두한 일가가 살던 충주 적곡 마을을 신영우 충북대 명예교수와 함께 답사하며(2019년 9월 9일)

황토현정화기념비 앞에서(2019년 4월 25일)

황토현 전적지에 있는 전봉준 동상에서(2019년 4월 25일)

이이화의 동학농민혁명사 2
침략에 맞서 들불처럼 타오르다

1판 1쇄 2020년 7월 6일
1판 4쇄 2023년 3월 2일

지은이 이이화

편집 박민영 이희연 | 디자인 김이정 이주영
마케팅 김선진 배희주 | 브랜딩 함유지 함근아 김희숙 고보미 박민재 정승민
저작권 박지영 형소진 이영은 | 모니터링 정소리
제작 강신은 김동욱 임현식 | 제작처 영신사

펴낸곳 (주)교유당 | 펴낸이 신정민
출판등록 2019년 5월 24일 제406-2019-000052호

주소 10881 경기도 파주시 회동길 210
문의전화 031.955.8891(마케팅) | 031.955.3583(편집) | 031.955.8855(팩스)
전자우편 gyoyudang@munhak.com
인스타그램 @gyoyu_books | 트위터 @gyoyu_books | 페이스북 @gyoyubooks

ISBN 979-11-90277-54-9 04910
　　　979-11-90277-52-5(세트)

* 교유서가는 (주)교유당의 인문 브랜드입니다.
　이 책의 판권은 지은이와 교유서가에 있습니다.
　이 책 내용의 전부 또는 일부를 재사용하려면 반드시 양측의 서면 동의를 받아야 합니다.